情感结构及其教育原理

The Affection Structure and
Its Educational Principles: An Introduction
to the Philosophy of Affective Education

情感教育哲学引论

王平 著

天津出版传媒集团

天津人民出版社

图书在版编目（ＣＩＰ）数据

情感结构及其教育原理：情感教育哲学引论／王平著. -- 天津：天津人民出版社，2024.1
ISBN 978-7-201-19813-2

Ⅰ.①情… Ⅱ.①王… Ⅲ.①情感教育—教育研究
Ⅳ.①G44

中国国家版本馆 CIP 数据核字(2023)第 184492 号

情感结构及其教育原理：情感教育哲学引论
QINGGAN JIEGOU JI QI JIAOYU YUANLI:QINGGAN JIAOYU ZHEXUE YINLUN

出　　版	天津人民出版社
出 版 人	刘锦泉
地　　址	天津市和平区西康路35号康岳大厦
邮政编码	300051
邮购电话	（022）23332469
电子信箱	reader@tjrmcbs.com

责任编辑	武建臣
封面设计	李　一

印　　刷	天津新华印务有限公司
经　　销	新华书店
开　　本	710毫米×1000毫米　1/16
印　　张	18.25
插　　页	2
字　　数	225千字
版次印次	2024年1月第1版　2024年1月第1次印刷
定　　价	79.00元

谨以此书致敬并永远怀念我的老师

朱小蔓先生

目 录

导　论

一、背景与问题

众所周知,人是所有动物中最为复杂的。人的一生既是他／她自己的选择,也与他／她生活的时代紧紧相连。无论哪一种情况,都不能否定和阻碍人追求美善和幸福的人之本性。因为没有人天生就喜欢丑恶,也没有人不希望自己获得进步、拥有幸福。在这个过程中,情感对于人的发展,特别是教育而言,其重要性都是不言而喻的。研究情感、关注情感问题、推进情感教育既是对现实社会生活的回应,也拥有坚实的人性基础,更具有深刻的教育意义。

(一)再论情感及其教育:必要和可能

1. 新时代对教育使命与内涵提出的挑战和吁求深刻地反映在人的"情感"层面,并且需要也可能从"情感"这一维度获得回应与解释

新时代是社会转型与全球化浪潮并存的时代,"虽然一些人认为世界就

是一个村落,但是对绝大多数人而言,他们的村落就是整个世界"①。一方面,现代性的弊端已经显露;另一方面,整个社会的启蒙并未完善。现代社会生活的变化带来的不仅是物质生活上的极大丰富,还有精神生活上的极度困惑。在物欲的疯狂中,人们精神与情感的彷徨无依与各种现代性问题裹挟在一起,不仅成为这场"中国式启蒙"的主旋律,而且也深刻地影响到教育和人的发展中来,使教育深陷其中,造成了教育和个体发展中各种各样的新问题、新挑战。"对于学校来说,最坏的事情是,主要靠恐吓、暴力和人为的权威这些办法来进行工作。这种做法摧残学生健康的情感、诚实和自信,它制造出顺从的人。"②应该说,现代教育(尤其是学校教育)面临的主要问题已经不再是资金问题,人所面临的问题也不再是单一的知识学习和身体发育问题。无论是教育还是人的发展,都逐渐要求并呼唤一种内质性的生长。这时候,正视情感、认识情感、尊重情感、培育情感,通过情感影响人的发展与心灵成长,就成为教育的重要使命。

现代社会生活的变化引起了情感的改变,传统以"家"为依托的个人生活中心逐渐边缘化,人们逐渐失去"家"这个情感寄托之所。"家"的印象越来越模糊,"家"离我们越来越远,人渐渐成为没有历史、失去传统的人。而"一个没有传统的人是一个缺少历史想象的人,只能完全靠技术想象贫瘠的意识形态饮食为生。这意味着不立足地球上一个(或两三个)特殊的地点或中心,人们就会失去双重约束"③。在这样的情况下,学校教育就成为个人情感

① [英]斯图尔特:《解析全球化》,王艳莉译,长春:吉林人民出版社,2003:70.
② [美]爱因斯坦:《爱因斯坦文集》(第三卷),许良英等编译,北京:商务印书馆,2009:171.
③ [匈]阿格尼丝·赫勒:《现代性理论》,李瑞华译,北京:商务印书馆,2005:264.

与精神成长的重要依托①，既要承担起学生知识与认知教育的任务，也要关注学生的情感与精神发育。不仅如此，就是在知识教学中，现代教育面临的问题也已经不再是"如何教"的问题，而是"如何有效地教"的问题。前者是单向的技术问题，在其中，"学生以为，教育的目的就是获取、再现知识，就是从一个学习科目转向下一个，就是从一个班级、年级和学位到下一个班级、年级和学位。学生就像在教育的百货商店里待得太久而变成茫然、被动的消费者"②。后者则是关涉"所教"与"所学"的双向互动问题，其中，学生与教师一起，是教育的主动参与者、评价者，教育的有效性与学生的情感状态密不可分。

2.全球化时代，研究通过教育引导并培育人的积极健康情感，是寻找个体共通性、提升人们共同生活福祉，建设人类伦理道德大厦基础的必要所在

与全球范围内的移民运动以及资本、劳动力的跨国流动相关，来自不同文化背景，持有不同价值观念的人们的交往逐渐频繁。无论是对于他人生活方式和认识差异的尊重，还是对于自我文化的重新审视，情感都是极为重要的核心要素之一。学校教育中能否从关注人的发展开始，既孕育并培养学生

①　今天学校教育中所出现的留守儿童问题、学生寄宿问题、农民工子女教育问题、学生心理健康问题、教师虐待儿童问题……有一些是教育中的老问题，大部分则是以往学校教育中所未曾遇到过的，伴随社会发展而出现的新问题。其中牵涉到的不是简单的知识学习、教育公平问题，而且包含对学生成长的情感与心灵关怀，关系到一个健全的生命的成长，关系到教育者自身的情感与精神状况。我们已经在教育中看到太多的不顾学生情感发展特点、忽视学生真实情感体验、漠视学生情感反应的例子。至于具体教育活动中，教师用"美好的未来"圈套学生的情感，并冠之以"理想"；教师要求学生克制自己的情感，并冠之以"听话"；而教师不顾自己的情绪，随时发泄到学生身上，并冠之以"爱"的名义的例子更是举不胜举。这些教育活动中看似平常的事情，往往会在学生心灵中埋下伪善的种子。久而久之，他们被教育成不善于表达自己的情感，并伪装自己的情绪、欺骗他人情感的人。这是导致学生心理和人际关系中各种问题和紧张局面的情感根源。因此，从根本上说，情感问题关涉的是教育的人道主义和终极目的问题。

②　［美］托宾·哈特：《从信息到转化：为了意识进展的教育》，彭正梅译，上海：华东师范大学出版社，2007：37.

积极向上的情感品质，又帮助师生之间很好地认识、了解自己的情感，同时保持对他人情感的适度敏感性，做到彼此承认与尊重，不仅关系到学生和教师个人的情感与精神成长，而且牵涉到德性培育与公民教育等现代教育和人类发展的重要议题。

然而各种价值观之间的交流碰撞既复杂化了人们之间的关系，也造成了新的矛盾和紧张局面。人们之间联系的快捷与频繁并不等于相互关系的亲近，取而代之的是日益严峻的文化冲突与挑战。"地球村不是真正的家，可是却真实地存在着……地球村的到来，远远不能成为人们欢庆的理由"①，人类面临着新的生存困境。教育中对于这个困境的回应，应该着眼于人的情感，因为"一旦公共领域的生活更充满友爱，沉湎于想入非非的局面就会有所好转；只要人与人之间多些情谊，多疑症便会不治而愈；一旦大家不怀某种自我目的地乐善好施，慷慨就能显示其意义；只要人人都怀有同情心，假恩赐的姿态便无地自容；只要人与人之间多些往来，与世隔绝之墙便不攻自垮；一旦更深刻更全面地揭示出正义的真相，妄自尊大的现象就会克服"②。教育对人的情感的培育已经超越了单纯的个体层面，具有普世的人性与社会意义。

3. 人类个体情感的特征以及它与人的发展和教育之间的密切关系，使得解释并探索情感持存和发展规律，寻找情感培育背后的原理、机制成为教育学研究的必要，并且为教育学理论提供新的生长可能

情感既是不断变化、发展的，又是人性中较早表现出来的、最稳定和持久的部分。现代心理学、脑科学、认知神经科学的研究结果已经大量地表明，

---

① 杜维明：《超越启蒙心态》，转引自陈涛主编《国学问题争鸣集》，桂林：广西师范大学出版社，2010：355.

② ［加］史密斯：《全球化与后现代教育学》，郭洋生译，北京：教育科学出版社，2000：32.

情绪、情感在人的发展过程中比认知产生得早。①不仅如此,人的存在也体现为情感的存在,情感是人性的一部分。因为,"在人是思之在者或意愿之在者之前,他就已是爱之在者"②。这就意味着,尽管随着社会生活的变化,情感会表现出一些新的特征,但是其人性基础是不变的。尽管人们持守的情感观不同,情感在不同文化中的意义不同,情感对于人的影响有正负之分,但是我们必须承认的是,作为人自身的一部分,从出生开始,情感就伴随其一生。情感发展与人的生命状态和生命成长交融相关,急迫且重要。情感及其在教育中的地位也就不言而喻。

　　不仅如此,在学校教育和人的发展过程中,本来就存在着由于遗传、环境、心理等的差异而引起的诸多不确定因素,而真理与价值的相对性更是为教育内容的选择和价值观的确立增加了困难,"任何的知识都应该获得经验的证据,但是任何经验的证据都是不充分的……根本不存在对认识对象的终极解释"③。教育中对于"什么是知识""如何选择和确立价值观"等问题的争论从未停止,或许将会永远继续下去。事实上,一切争论和茫然的背后,都有着高度普遍性的东西在发挥作用,这就是人的情感。无论在人的认知发展、价值养成、行为学习甚至是更深的思维结构层面上,情感都作为一种"基础性"的存在而发挥着全息性的作用。因为,在现代社会中,"发展"本身的观念已经发生了改变,"发展越来越被看成是一种唤醒的过程,一个激发社会大多数成员创造性力量的过程,一个释放社会大多数成员个体作用的过程,

---

　　①　"情绪先于认知的发生已经可以由生物学作出解释。情绪从进化过程中带来的,超越认知而直接发生的神经机制,已为情绪的脑环路所证实。从进化的观点看,情绪首先是一种先天预制的心理能力,随着儿童认知的发展,情绪亦随之社会化并与认知相结合"。(参见孟昭兰主编:《情绪心理学》,北京:北京大学出版社,2005:74)

　　②　[德]马克斯·舍勒:《舍勒选集》,刘小枫选编,上海:上海三联书店,1999:751.

　　③　石中英:《知识转型与教育改革》,北京:教育科学出版社,2001:82.

而不是被看成是一个由计划者和学者从外部来解决问题的过程"①。人的发展亦是如此,它所依赖的不是外界的灌输和强制,而是个体对外部信息的接受、理解和内化。在这样的情况下,对情感本身及其培育的思考与探索,对于更好地厘清论争,促进人的健全而饱满地发展意义重大。

(二)教育为何对现代情感诉求回应乏力:根源探寻

美国人本主义哲学家,精神分析心理学家埃里希·弗洛姆曾在20世纪50年代发出惊呼说,"19世纪的问题是上帝死了,20世纪的问题是人类死了。在19世纪,不人道意味着残酷,在20世纪,不人道系指分裂对立的自我异化。过去的危险是人成了奴隶,将来的危险是人成为机器人"②。到了今天,我们看到,在物质财富日益丰富,科技发展日新月异的时代,人类的问题却似乎并没有减少,弗洛姆在半个多世纪以前所言的问题在今天似乎还有愈演愈烈的趋势:金融危机、恐怖主义、人与自然的关系、不同民族文化之间的碰撞等一系列的问题都在不断挑战人类文明的发展,也冲击每一个个体的生活,尤其是他的情感和精神世界。一方面,生活中充斥着快节奏生存状态下的情绪情感压力、功利主义思想驱使下的低级欲望、狂热的情绪发泄、冷漠、浮躁、浅显、虚荣等,另一方面,在文化多元、繁荣的时代,人们追求审美的自由、对美好生活的向往和意愿、热情等,也更加强烈,全社会对真诚、信任、关爱、公正等美好价值和情感的诉求业已成为在不确定时代中少有的共识之一。可以说,今天人所面临的情感上的状况比以往任何时候都要严峻和复杂,它们既反映在个体精神和人格的各个方面,也体现在广泛的社会生活领域,构成社会发展和文明进步中新的情感和文化现象。

---

① 石中英:《知识转型与教育改革》,北京:教育科学出版社,2001:79.
② [美]埃里希·弗洛姆:《健全的社会》,孙恺祥译,贵阳:贵州人民出版社,1994:291.

人要过一种积极健康的生活，人类社会要获得良好和谐的发展，都不得不依赖全人类的共同努力，其中教育便是一个重要的方面。作为发掘、提升人的素质和能力，促进人的健全发展并帮助人过积极生活的"利器"，无论在个体还是社会层面，人们都对教育寄予厚望，教育在促进个体成长与社会文明进步中具有责无旁贷的责任和崇高而艰巨的使命。开始于 21 世纪初的新一轮基础教育课程改革明确将"情感态度价值观"与"知识技能""方法过程"并列作为课堂教学的目标之一提出来，近些年提出的核心素养理念和教育等，也暗含对人的情感发展的重视日益凸显。尽管如此，现代教育在面临转型时期的社会状况以及与此相关的人的情感和精神问题时，依然还存在不少困惑，甚至在某些方面表现乏力。现实的状况是，情感仍然没有像知识那样成为课堂教学的主要内容，大多时候仅仅是充当了知识教学的工具，"情感"被作为与知识、过程、方法相割裂的一部分看待，而不是被放到人的生命中，当作统一的整体来认识。比这还要糟糕的事情是，教育（特别是学校教育）本应正视人的存在，解决人成长中的情感问题，促进人的发展，现在却有可能成为各种问题，包括情感问题的制造者——学校中不知道学生情感发展规律、错失学生情感培育机会、压制学生情感表达、伤害学生情感发展的现象还时常发生，严重的甚至酿造了教育中的悲剧。

可以说，尽管当代心理学、脑科学、神经科学等的发展不断为我们认识和了解人的情感提供新的证据，但是在教育领域中，对于人的"情感"之重要性的认识还远远不够，特别是对情感在人的发展以及人类生活和认识、生命（活动）中的"地位"与"作用"的认识还存在理论上的不解、一知半解甚至是误解，学校教育实践中对待情感的态度往往是凭借感觉、经验，而缺少科学的态度和深入的理解，这些是导致教育中不知道情感培育的机制，造成对人的情感扭曲甚至是伤害的认识论根源。

如何理解人的"情感"? 情感之于人到底意味着什么? 教育又该怎样提升人的情感品质? 这既是情感教育研究中的一个根本理论问题,又是一个关乎教育现实的实践问题。本研究中,我们试图从教育哲学的视角,审视人的情感结构及其变化发展规律,建构情感教育的认识论基础,并据此对"教育如何根据情感自身规律来支持其积极生长"这一实践命题给予一定的回应,初步建立一种基于情感视角的、关注人的情感发展和教育的教育学立场和视角。

二、概念与立场

(一)核心概念阐释

凡研究必然要依赖于一定的概念。概念构成研究的基本要素和范畴,对于概念的阐释和说明,既是研究规范的需要,也是进一步明晰研究问题、明确研究论点的需要。概念阐释不仅是一项研究的基础,它本身就是研究内容和问题的一部分,构成严肃完整的研究过程。

1.情感

长期以来,对于情感和情感教育研究的忽视与不足,其原因不仅来源于科学唯理智主义的影响,而且与情感本身的复杂性和模糊性有关。情感和情感教育研究之难, 恐怕与情感边界的含混不清也有一定的关系。情感与感觉、感情、情绪等之间是一种什么样的关系? 有什么区别? 为了接下来论述中概念表达的清晰和严谨起见,这里对"情感"概念作简要的分析和说明。

在英语国家,表达与"情感"一词意思相关的词汇有 emotion、affect(affection)、feeling 等。它们之间既有密切不可分的联系,甚至很多时候可以相互替

8

代使用①，但是也有各自的不同和侧重点。"emotion"来源于拉丁文"emovere"，指"公众的、公开的干扰和动乱"。其中，"e-"即"ex-"，与"out"同义，表示"出""引出"的意思；"movere"即"move"（迁移、移动）。大约在17世纪的时候，词义逐渐演变为表示"心理的、精神上的骚动不安"。可见，"emotion"是指引出公众心理上的各种正性或负性的情绪。《新牛津英汉双解大词典》中对"emotion"的解释是②：①来自环境、心情或者与他人关系的强烈的感觉；②作为区别于理性或知识的一种本能的或直觉的感受。"affect"的含义稍微有点复杂。表示一种"性格倾向、意向"，来源于拉丁文"affectus"；当"对准……目标"解释，来源于拉丁文"affectare"，引申为"做、影响"，重复多次地、不断地"做、影响"（afficere），即"做作、假装"。作为一个心理学上常用的词汇，"affect"表示受到外部影响而引起的人的感情（尤其在性格意向等人格层面）的变化。并且强调它的引起人的行为和行动改变的方面，它的变化有可能受到外部因素的影响而有假装的、不真实的一面。"feeling"的意思非常丰富，主要指通过触摸等引起的感觉和意识上的变化。《英汉大词典》中给出了12种解释③，这些解释大同小异，概括起来，主要有：触觉和感知觉；感情与敏感性；特殊的正向和负向情感；心情与气氛、氛围；艺术品的感染力等。

　　比较而言，三者存在很多一致的地方，都强调情感是心理上的、与人的性格意向等有关的，并受到外部因素影响而又影响人的行为活动的复杂的

---

　　① 例如，在《教育大辞典》中，将"情感"翻译为"affect"，而将"情感"与"情绪"一起统称为"感情"，并用"feeling"与之对应。（参见教育大辞典编纂委员会编：《教育大辞典》（第5卷），上海：上海教育出版社，1990:68.）而在《简明不列颠百科全书》中，将"情感"翻译为"feeling"，并将其作为一个心理学术语加以解释。（参见《简明不列颠百科全书》（第6卷），北京：中国大百科全书出版社，1986:682）

　　② 英汉双解大词典编译出版委员会编译：《新牛津英汉双解大词典》，上海：上海外语教育出版社，2007:691.

　　③ 陆谷孙主编，英汉大词典编纂处编纂：《英汉大词典》（第二版），上海：上海译文出版社，2007:683.

精神现象。其中,"emotion"表示一种状态和性质,指涉心理状态和精神层面,与身体、理性相对,侧重于情感的生物性方面;"affect"表示一种影响和程度,它既受到外部因素的影响并因此而容易偏离真实的情况,又会反过来引起行为和行动的改变,侧重于情感的社会性方面;"feeling"则着重于来源和机制,它不仅表达感情氛围,而且说明了它的生成基础,侧重于情感的生理性方面。

汉语中,对与"情"有关的情绪、情感有自己的理解。在1979年出版的《辞海》中,对"情绪"的定义是:"①心情;心境。韩偓《春闺二首》:'醒来情绪恶,帘外正黄昏'。②心理学名词。有广狭二义。广义即'情感',狭义指随同复杂的无条件反射(如防御反射、性反射、事物反射)而产生的恐惧、忿怒以及性欲和食欲等的体验。"①"情感"则"亦称'感情'。指人的喜、怒、哀、乐等心理表现。情感是人在社会实践中,在认识世界和改造世界的过程中产生和发展的。情感的表现,是伴随各人的立场、观点和生活经历为转移的。"②可见,"情绪"强调的是对生理反应的体验;"情感"则强调个人立场、观点等社会实践活动的影响,前者偏于生理方面,后者偏于社会方面。1999年再版的《辞海》(普及本)中对"情绪"与"情感"的关系进行了较为详细的说明:"情绪指从人对客观事物所持的态度中产生的主观体验……情绪发生时,往往伴随着一定的生理变化和外部表现。情绪和情感既有区别又有联系。情绪与人的自然性需要有关,具有较大的情景性、短暂性,并带有明显的外部表现。情感则与人的社会性需要有关,是人类特有的高级而复杂的体验,具有较大的稳定性和深刻性,如道德感、美感、荣誉感等。但在实际生活中,情感的产生会伴随着情绪反应,通过具体的情绪才能表现出来;而情绪的变化又往往受情

---

① 辞海编辑委员会编:《辞海》(中),上海:上海辞书出版社,1979:1992.

② 辞海编辑委员会编:《辞海》(中),上海:上海辞书出版社,1979:1992.

感的控制。在西方心理学中,情绪和情感一般不作严格区分。在汉语日常用
语中,多以情绪指兴奋的心理状态或不愉快的情感。"①《教育大辞典》也作了
类似的解释,并对情感、情感与认知、意志等进行了区分:"情感(affect)日常
用语中,与情绪一起,统称感情(feeling)。包括人的喜、怒、哀、乐、爱、恶、欲等
各种体验。苏联心理学界,通常把情绪和情感定义为,人对客观事物是否符
合自己的需要而产生的体验。与机体需要相联系的体验为情绪,是人与动物
所共有;与社会需要相联系的体验为情感,是人所特有。依情绪体验的特点,
区分为心境、激情和应激等不同状态;依情感内容的特点,区分为道德感、理
智感和美感。西方心理学界,对情绪和情感两概念一般不作严格区分,常更
换使用,并认为与认知、意志过程明显不同:①具有独特的主观体验形式,如
喜、怒、哀、惧等不同感受;②具有明显的外部表现形式,如身体姿态、语声和
面部等不同表情动作;③具有极复杂的神经生理、生化机制。"②

　　由上可知,情绪、情感的生发涉及三个相对独立而又逐层递进的方面:
①对生理反应或客观事物的本能体验;②对由生理反应或客观事物引起的
态度的体验;③对社会性需要的体验。作为"情"这一链条上的两个结点,情
绪与情感之间不存在严格的区别和绝对界限。

　　中西文化尽管在情绪、情感的区分上存在一定的差别,但在基本的观点
方面是一致的,具有一些共同点:①"情绪"与自然生理反应和需求的关系更
密切一些,因而具有即时性、情境性和不稳定性等特征。大概可以与英语中
的"emotion"相对应;②"情感"与后天的社会实践和认知发展的关系更大,具
有相对的跨时空性、文化复杂性和基质稳定性等特征。大概可以与英语中的
"affect"相对应;③"情绪"和"情感"都是"感情"的不可分割的组成部分,它们

---

① 辞海编辑委员会编:《辞海》(普及本)(中),上海:上海辞书出版社,1999:2814.
② 教育大辞典编纂委员会编:《教育大辞典》(第5卷),上海:上海教育出版社,1990:68.

11

分享共同的主观体验、外部形式、内部机制，并因此与认知、意志等心理过程相区别。

本研究所用的"情感"主要指哲学认识论上作为"人"这一复杂整体中的"情"。因此，既不等同于英文中的"emotion"，也不仅是"affect"，它是二者的综合体，甚至也包括了"feeling"的含义。主要强调"情"的社会方面，但又不忽视其生理成分，同时还兼顾其生物性的一面。"情"既有"感受性""感觉性"的一面，又是有需求、体验、评价、意志等参与的复杂的心理与精神过程。它既与以上种种生理、心理与认知过程相区别，又与它们不可分割。概而言之，这里对"情"的定义超出了从其自身内部区分的视角，不是就情论情，而是力图还原一个完整的人。①从人的真实性和复杂性出发，研究围绕"情"而展开，但实际上关注的是包括人的信仰、精神、生命在内的整个人生和存在。从某种意义上来说，它指的是"人情"。因此，需要注意的一点是，在研究过程中，我们将在不同层面与意义上使用不同的词语来指称这一概念，侧重点不同，但意图是一致的，即从整个完整的"人"的角度看待"情"的真实状态，观照情感对于人的发展的应然之义，并从此出发探寻其教育中的原理和策略。

2.情感结构

"情感结构"这一概念来源于文艺美学，较早出现在英国文化理论家雷

---

① 就对于情感的认识来说，人的"完整性"主要体现为人的"复杂性"。一个完整的人就是一个具有情感的复杂的人。这一点，从英文中对"人"这个词的含义解释便可以一目了然。"human"（人）的拉丁语形式"humus"，意为"地""大地"。也就是说，作为一个人，我们应该脚踏实地地生活，保持生命状态和自我存在的真实性。因为人不是，也不能生活在真空与抽象之中。不过，英文中表示"人"还有另外一个单词——"person"。问题在于，我们在翻译过程中，常常把"human"与"person"混淆，而后者的拉丁语形式为"persona"，意为"面具"，其中具有欺骗、虚假、不真实的一面。人之复杂就复杂在这里：一方面他与大地相连，生活在真实的世界中；另一方面，又是善于掩饰自己，充满欺骗和不真实性。人的这种状况同样表现在情感中，"人情"既是真实的，也是善于伪装并因此存在欺骗和虚假的可能的。这也是认识人之难，认识情感之难的原因所在。

蒙德·威廉斯（Raymond Williams）于 1954 年出版的《电影序言》一书中。作为其文化唯物主义中的一个专门术语，威廉斯认为，社会环境的变化会影响一代人的情感状况，并体现在他们的情感结构之中。因此，情感结构实际上体现了一个历史时期的文化，它是随着社会历史的进程而不断变化和发展的。威廉斯将文化看成是对社会实践中普通日常生活的反映，一种文化代表了一种特定的生活方式，并集中反映在情感结构中。因而情感结构也是一种动态和溶解状态的社会经验，而不是对某种固定事实的机械呈现，是一种带有强烈个人主观性和生活特质的感受。此后，情感结构还被广泛应用于文本研究、文学、文艺等领域，指代特定社会群体的心理意识结构。

威廉斯的研究给我们的启发是，情感作为一个具象的、不断变化的同时又是生成过程中的个体感受状态和社会文化反映，不仅其自身是社会文化建构的产物，而且人们之间可能由于共享某种特定的情感结构而产生共同生活的心理基础。情感内部结构之间的有机联系不仅丰富了情感的内涵，而且通过对其内部结构的探讨，可以敞开情感背后更为丰富的社会和文化图景，一定程度上彰显了时代的精神状况。

本研究中，对于情感结构的认识和理解，需要放置到教育学的话语体系中加以认识，而不能对其作割裂的甚至是"学科嫁接"式的划分和解释。也就是说，需要在诸如"情感发育过程的因素""情感教育的可能途径""情感在生活中可能的表现""情感培育与人的发展的关系"等具有比较鲜明的教育学意味的问题之中，考察情感结构问题。基于这种考虑，本研究中，我们将"情感结构"界定为，与情感发展、教育等紧密相关的，贴近人的情绪情感本真状况的情感的构成和发展要素。具体而言，包括情感的质料、形式、时空和能力四个方面。①

---

① 亚里士多德在回答关于世界本原问题的时候，提出"实体"的概念，并且认为，"实体"的存在与变化主要受到四个方面因素的影响，即"质料因""形式因""动力因"和"目的因"。"(1)事物所由产生的，并在事物内始终存在着的那东西，是一种原因，例如塑像的铜，酒杯的银，以及包括铜、银这些'种'的'类'都是。(2)形式或原型，亦即表述出本质的定义，以及它们的'类'，也是一种原因……(3)就是变化或静止的最初源泉。……(4)是终结，是目的。"(参见[古希腊]亚里士多德：《物理学》，张竹明译：北京：商务印书馆，2011:37)但是也需要看到，亚里士多德所创立的用于解释事物运动变化的"四因说"是带有唯心主义色彩的。他将一个非物质的、神圣的最高存在，也就是"神"作为推动事物变化的第一推动力，而将事物变化运动的最终目的归结为神或上帝的旨意。

到了康德，尽管其本人并未明确使用"四因"这一概念，但是康德对"四因"中的"质料—形式"维度进行了发挥，并以此为基础建立其先验哲学理论。在康德哲学中，他把"与感觉相应的东西称之为显现的质料，而把那种使得显现的杂多能在某种关系中得到整理的东西称之为显现的形式"(钟汉川：《"先天"概念及其不同的奠基方式》，《学术月刊》，2010(3):52)。这样，"质料"被认为是与感性世界相等同的，因而也是客观的。所以，康德要认识现象与事物，就必须进行认识论上的"哥白尼式革命"，用主观思维也就是形式上的"先验理性"来认识无序混乱的"质料"，质料与形式的二元划分需要在先验领域得到统一。

舍勒对于"四因"特别是其中的"质料"与"形式"的认识不仅具有明显的现象学意义，而且为我们理解情感提供了更为直接的启示。舍勒认为，在我们的认识活动(特别是情感行为)中，"感性内容"不再是"内容"，而只是我们通达认识的"方式"；同样，也不是我们在形式上的主观"先验"赋予事物以本质，通达对事物的认识，而是现象世界的事物，也即"质料"本身就与其本质结构相连。这样，作为现象世界的一种事物，"情感"的质料和形式不能截然分开，而只能在其自身中(也就是质料与形式的统一结构中)显现其本质与规律。在舍勒看来，"质料"的内涵不能放在与"形式"相对立的层面上来理解，对于情感行为来说，"质料"本身就是先天的。"情感"的本质可以在其自身的统一中得到显现。

本研究中，我们借鉴亚里士多德所划分"四因"的"标准"和解释事物运动变化的"视角"与"范畴"，并结合对康德特别是舍勒关于质料、形式及其相互关系的理解，对情感结构作出质料、形式、时空能力的划分。这样划分，主要有几个方面的考虑：其一，"四因说"蕴含的不是简单静止的哲学观点，其中的"动力因"推动事物向前不断发展、变化，具有动态生成的特点，而发展生成的结果又总是指向一个"目的因"，也就是情感培育的目的，因此更符合情感自身的本真特征和发展规律。"四因"分别对应情感的质料、形式、时空和能力。也即是说，情感质料是构成情感的东西，情感形式是情感存在的具体形态和表达方式，时间和空间则构成情感变化和发展的外在条件，而在对象化的实践活动中发现和培育情感能力则是情感发展的目的，指向最终的"善"。借鉴舍勒现象学的观点来看，四者之间的关系既不是绝对分开，也不是逻辑递进，而是在一个立体的"情感"中以整体共同向前进行的，任何一者都可以引起情感的改变并推动其发展，因而对于情感存在及其培育都是有重要意义的。其二，作为一种教育哲学研究，对于情感的理解和认识还必须体现教育学的意义，特别是对"情感如何变化发展""情感如何教育"等问题给予观照和回应，这就需要我们扬弃传统形而上学式的抽象研究，借用现

(二)基本研究立场

当代法国哲学家埃德加·莫兰(Edgar Morin)在其复杂性方法理论中提出"两重性逻辑"(dialogique)这一概念,认为:复杂性的思维改革应该敢于迎战一切的不确定性,用环形和多维的因果关系代替直线式的、单向度的、非此即彼和二元对立式的思维方法,将说明和理解融合起来,在整体中认识人类现象。他认为,不能用孤立封闭的方式来认识对象,对立中蕴藏着互补联系,联系中又保持着对立。在全体背景和整体性的联系中,事物总是保持着变动、转化的动态形式。两重性逻辑"把两个本应互相排斥的原则或概念结合起来,这两个原则或概念在同一实在中是不可分离的……有序、无序和组织之间的两重性逻辑以最为多样化的形式,通过无数的相互—反馈作用,经常地在物理的、生物的和人类的领域发生作用"①。这就"使得可能合理地接受矛盾概念的不可分离性以便认识同一复杂现象……思想应该以两重性逻辑的方式接纳趋于互相排斥的两项"②。

对于人的"情感"而言,一方面,我们承认其不同于"理智知识"和"理性

象学"本质直观"的方法,获得对"情感"及其培育的全局性和真实性了解。而借用"四因"的范畴划分,更加契合这个要求。因为它不是抽象的言说"情感",而是从其质料、形式、时空并最终回归到社会实践中对人的情感能力及其教育问题进行考察,对于探寻运用情感促进人的发展也具有可操作性和说服力。其三,将情感视为四个范畴构成的整体,也更加符合中国文化传统的智慧,能够比较好地概括情感所独有的特征与生长发育的路径。牟宗三先生也认为,"四因"划分和中国文化中的天人合一思想具有相同之处。他就曾经融会亚里士多德的"四因"观点用来阐释中国哲学中的儒释道思想和智慧,研究中国文化中的"物"。(参见牟宗三:《四因说演讲录》,上海:上海古籍出版社,1998:1)

另外需要说明的是,朱小蔓教授在其《情感教育论纲》以及后来的多次报告和讲学中也曾经使用并且将"情感"划分为"性状""品种""品质""能力"四个范畴进行研究,这里的划分部分也是受到她的这种分类的启发。

① 　[法]埃德加·莫兰:《复杂性理论与教育问题》,陈一壮译,北京:北京大学出版社,2004:182.
② 　[法]埃德加·莫兰:《复杂性理论与教育问题》,陈一壮译,北京:北京大学出版社,2004:182.

化思维",认为人的"情感"的持存、变化和发展既保持并发展着它的物理的、生物的部分,同时又不断地生长并发展出其人类的社会性的一面。在一种回归环路和多重的转动关系中呈现出生物性与社会性、非理性与理性彼此交融,循环往复并整体上又表现为螺旋递进上升的复杂过程。另一方面,也要看到,情感并非认知的对立面,对情感的认识和理解离不开认知的参与,传统认识论思维在研究情感中仍然具有其自身的适用性。而且,就其真实情况而言,情感也是人的感性和知性的统一,情感发育的过程同时也是人类个体大脑在长期的自然进化和社会实践劳动中不断发育成熟,结构和构造不断得到优化并符合人的发展和进步需求的过程。正是在以上两个意义上,本研究试图在知性思维和感性思维的张力之中寻求一种立场上的"平衡"——在承认情感"对象化"存在的意义上,回到"情感后"的科学立场,努力用多学科的研究成果对情感进行解释和分析。同时,这一分析过程的态度和观点又是开放和敞开的,我们时刻警惕因为对情感的过分分析而损害到情感的真实性,尽可能保持在"情感中"的状态。总之,如果说以启蒙理性为主要特征的近现代社会是一个"祛魅"的过程,那么现在该是世界重新"返魅"的时候了。对于人的情感及其培育的探索也应当而且必须如此。当然,犹如社会思想领域的"回归"并不意味着要回到"启蒙前"和远古时代一样,情感研究的"返魅"也不是要回到传统巫术和宗教神学的情感依附和盲崇中,更不是要回到人类原始的情绪冲动中。它是立足现代文明和认识成果基础上的人性回归,是对世界,尤其是人的"情感"本身进行系统的、真实的考量。借用列维·布留尔对原始思维特征的概括,对于情感的研究"不是反逻辑的,也不是非逻辑的,(而是)原逻辑的"[①]。

---

① [法]列维·布留尔:《原始思维》,丁由译,北京:商务印书馆,1997:71.

(三)相关研究基础

对于"情感"的理解需要在"情感与人"这一问题中展开。离开"人",不仅无以谈论情感,而且研究情感的意义也将不复存在。情感现象、情感意义,都只有在人的生活、人类社会之中持存并获得明证。古往今来,无论在人的思想认识领域,还是人的生命、伦理、道德领域,对情绪情感地位、作用的解释和研究,不仅构成了对人的情感在认识上的多姿多彩的视角,事实上也在另一个方面反映了人对自然界、社会、他人以及自身的认识和了解,从而丰富了人的社会生活和文化现象。

西方哲学文化传统中对于"情绪""情感"以及与此相关的人的心灵、精神、道德、认知乃至生命整体、存在意义、人生境界等的强调,有着丰富的思想资源。经验主义哲学将人的经验和感觉看成是人的认识和人类知识的主要来源,情绪情感拥有丰富的"感觉"特性,因而不仅是人类获得认识和知识的手段,其本身也是人类认识活动的目标之一。浪漫主义者站在理性主义的对立面,对人的存在、精神、心灵以及与此相关的内心自由、情感张扬等,给予极大的肯定。在浪漫主义者看来,情感不仅仅是私人的东西,还是整个人类精神的灵魂。在人的内心深处,情感、自由、意志等交缠在一起,共同支撑起人类美好的精神家园。总的来看,浪漫主义肯定了情感之于人的不可替代的地位,使得情感成为人类精神中极为重要的因素被凸显出来。生命哲学则提出生命冲动、生命活力等概念,将生命看成是世界的本源,从意识、冲动等多个角度解释生命,强调生命中的非理性因素,重视生命体验、直觉和精神活动。其中,情绪情感不仅是人生命存在和发展中不可缺少的一部分,而且还是蕴藏着巨大潜能的生命能量。对于情绪情感的认识应该放在生命本体的运动发展中,看到它的超理性的、直觉的、潜在的、运动的、不确定的以及个体差异性的一面。现象学关于"意向性"的观点则至少在两个方面给我们以启示：其一，情感活动的过程作为一种意向，是可以改变的。根据自我意向的不同，可以对自我情感进行调控，从而实现情感在价值和品质方面不断转化、获得培育与发展的可能性。其二，意向过程的主观性并不否认它与外部世界之间的联系，与意向不是简单的大脑反应一样，情感也不是单纯的神经和生物反应，而是人脑对自我与外部世界关系的"意向性反应"。意向不是抽象的，而是需要注意到情感形式背后的社会结构和环境条件。存在主义把对情绪情感的解释从微观层面带入人之存在这一宏观领域中，情感既是人表达存在的一种方式，也是人对自身存在的寄托之所，人之存在的意义需要从情感中寻找。情感作为人的一部分，是人之存在意义的确证。

中国文化传统以"人文性"为突出特征，尤其关注人的情感问题，并从整个的"人生"出发，将对情感问题的阐述与人的德性修养和人格境界的提升联系在一起，体现出浓厚的伦理色彩、审美意蕴和积极的理想主义情怀。

首先，情感是人生和人性的真实性流露。孟子看重可贵的赤子之情、婴儿之情，他说，"孩提之童，无不知爱其亲者，及其长也，无不知敬其兄也"①，"大人者，不失其赤子之心者也"②。道家更是将这种原始情感看作是人生的最高境界，老子提倡要过婴儿般的生活，他多次提到"复归于婴儿""复归于朴""复归于无极"③。其次，人生和人性都是充盈并伴随情感的。以儒家文化为例来说，在儒家文化传统中，情感是人的"存在之首"，其对人的影响大过法律和规范，孔子、孟子都将"情"看作人的自然本性的流露，并从此出发解释人的生长以及社会生活中的矛盾和个人行为。孔子认为人们在社会生活

---

① 《孟子·尽心上》。
② 《孟子·离娄下》。
③ 《老子·第二十八章》。

中出于自己的利益考虑而放弃原则和公正是可以理解的，因为人人都是情中之人，人人都有感性和情感的需求。孟子也认为君子为了情感可以放弃一切，他说："君子有三乐，而王天下不与存焉。"①在他看来，拥有天下和权力不是构成君子之乐的必要因素，相反，他将"父母俱在，兄弟无故"看成是三乐之首。再次，情感既是具体情感，也是普遍情感，兼具"形而下"和"形而上"的特点。中国文化传统中的情感，一方面是形而下的具体的、个人层面的情感；另一方面是形而上的指涉人人共有、共通的普遍情感。"仁者爱人"，通过"爱"这一具体的、个人的情感而通达存在之性，最终成全"仁"这一抽象的、共通的情感②；"心性之学"，也就是"心""性"不分，"心"又和"情"相连，所以根本上来说，"心性之学"也就是"性情之学"，其中"情感"是存在于"性""理"之中的，既有具体的层面，也有通达"理"之抽象的、普遍的一面。最后，情感是需要而且能够"上下贯通"的。既然情感既是具体的，又是抽象的。那么是不是意味着二者之间只能取其一，而难以协调呢？儒家的回答是否定的。儒家强调情感的"上下贯通"，并肯定情感升华的重要性。所谓的情感升华，也就是从自然之情逐渐向情感理性的过渡发展。情感在与具体生命内容的结合中，既超越生命，又存在于生命之中；既表现为"性理""情理"，又表现在存在之中的"人同此心，心同此理"。情理就是道德情感，它不是一般自然发生的情绪，而是经过升华的道德情感，这不是从现象到本质的升华，而是在现象中境界的提升。儒家认为人的情感不仅能够而且需要升华。唯有如此，才

---

① 《孟子·尽心上》。
② "爱"是儒家重视并提出的基本情感之一。儒家之"爱"不仅是一般的自然之情，而且具有道德上的意义。孔子强调"泛爱众""爱人"（《论语·学而》），所谓"不忍之心"不仅是对人而言，也是对物而言的。"君子之于物也，爱之而弗仁；于民也，仁之而弗亲；亲亲而仁民，仁民而爱物。"（《孟子·尽心上》）仁爱之心作为一种道德情感，体现了强烈的生命关怀之情。由"爱生""爱万物"而强调天地万物一体，更是一种道德上的大情怀、大境界。

能使生活既有人情味,又有道德信念。

在教育领域,从 20 世纪末特别是 21 世纪以来,尽管情感问题也受到人们的关注,但是,由于各种各样的原因,无论在教育理论研究还是实践中,情感的被忽视、缺失等问题都一直存在。在研究和实践中,人们往往谈论学生和教师具体的情感问题比较多,而对他们情感问题背后原因和原理的研究比较少;把"情感"作为知识教学的工具认识比较多,而对作为人的整全生命一部分的"情感"自身发展以及它之于人的发展的本体价值关注得比较少;谈对负面和消极情绪情感的抑制和纠正比较多,而对积极情感培育的支持和关注比较少;就情感谈情感,把情感与知识、过程、方法分开来研究的认识论和研究范式还依然占教育理论研究的主流,而立足整个人的发展,从整体而真实的状态中把握情感的变化、发育规律,探索情感培育价值和原理的研究还比较欠缺。

20 世纪 80 年代中期,我国教育学者朱小蔓在国内探索并首次开创了情感教育理论。在《情感教育论纲》一书中,朱小蔓认为教育思考的范式必须进行改变,要对教育作完整的理解,就不能离开人的情感层面——抽离情感的人是不完整的,脱离情感的纯粹知性思维充其量也只能关注教育的手段,而忽视教育的主体。基于这样的认识,她把对情感教育的研究放到整个教育学发展的历史长河中进行,运用许多交叉学科的知识综合论证了情感教育的历史形态、特征,并且以她丰富的教育实践和体验为基础,构建了情感教育的目标,提出了进行情感教育的若干内在过程,为情感教育实践的具体机制和操作作了很有意义的开拓性和探索性工作。其中,尤其需要引起重视的是,提出情感教育并不是要排斥知性教育,更不是要将情感与知识、道德等对应或者割裂开来,而是要将"情感"作为辐射教育活动和人的发展全领域的基础性、全息性因素看待。这为从教育哲学角度进行情感教育(实际上是对整个教育理论)研究开创了新的领域,奠定了研究的基础。

时至今日,无论在教育实践还是理论研究中,从关心人的情感发育开始,继而关心一个完整意义上的"人"的发展的工作还远远没有完成。相反,今天的教育(包括它的理论研究和实践工作)似乎在唯科学化的、唯理智的甚至是反人性和违背生命发展规律的道路上越滑越远——"现行的教育在培养完整的人、促进人的情感与认知相互支持并协调发展方面仍存在来自外部的阻力和内部的障碍"[①]。特别是经验和常识中关于"情感"的流动性、不确定性、非理性的认识以及根深蒂固的传统科学研究范式的影响,都使得对于"情感"的研究没有成为像所谓的知识、理性以及纯粹自然科学研究那样引起人们的广泛重视和深刻关注,对于"情感"的认识主要来自人们的经验,而对于"情感"的研究在通往其自身的科学殿堂的道路上,还步履维艰。

关心人、为了人、发展人在今天仍然是所有热爱生命、关心个体精神成长、心忧人类文明发展和人类命运、依然保持教育良知和热情的人所不能不提的话题。教育的使命和责任远远没有完成,教育理论研究还应当在"情感"乃至整个人的发展方面继续下去,情感教育"这个论题依然富有魅力,对其做具体而深化的研究仍大有必要"[②]。

回到本研究中,我们既肯定教育生活中存在着具体的情感问题(例如悲伤、彷徨等负性情感),同时也认为,存在着大量的对于情感的认识、态度、行为上的问题(例如不知道情感规律、不重视情感发育、压抑情感生长等)。前者可以称为"情感的问题",后者可以称为"对于情感的问题"。一个是作为意向过程的"情感"自身的问题,一个是对作为意向对象的情感的认识、理解的问题。二者既相互区别又相互联系。对情感认识和理解上存在的不足和偏差

[①]　朱小蔓:《情感教育论纲》(第二版),北京:人民出版社,2007:222.

[②]　朱小蔓:《情感教育论纲》(第二版),北京:人民出版社,2007:222.

会通过情感素质和能力等方面而影响到具体的情感问题，而具体的情感问题又会蒙蔽、误导我们对情感的认识和了解。在其存在形态上，"情感"既是抽象的，也是具体的，并且最终是以具体的情感状态显现的。

进一步而言，比"情感（的）问题"更重要的问题是解释情感，而不是罗列情感问题。因此，我们所要做的工作是，从研究和探讨人类"情感"的基础性的、恒常性的因而也是"一般"的维度入手，对情感教育的基本原理进行整体性思考，从质料、形式、时空、能力等四个范畴分别对"情感""情感对于人的意义"以及"支持情感发展的条件"等论题进行论证，并且重点从教育学的视角，思考和审视积极情感培育的原理和路径。期待通过对情感结构的认识论阐释，明晰现代社会中重视情感、培育积极情感，建设并不断提高情感文明的可能性和必要性。

第一章　情感质料及其教育

任何事物都由一定的内容构成并体现为一定的存在结构。我们把构成事物的"内容"和这些内容之间的相互关系和排列顺序称为事物的"质料"。历史上,最早明确提出"质料"概念并进行研究的要数亚里士多德。在他看来,质料就是"事物所由产生的,并在事物内始终存在着的那东西"[①]。"情感质料",顾名思义,就是"情感"的构成内容、内容之间的相互关系以及情感类型等。具体包括:①情感本身的"内容"。主要关注并试图回答"情感由哪些因

[①]　[古希腊]亚里士多德:《物理学》,张竹明译,北京:商务印书馆,2011:37. 可以认为,质料不同,它们所构成的事物也就不同,因此也就存在各种各样、千变万化的不同事物,它们一起构成了绚丽多彩的大千世界。要获得对一个事物更清晰、全面的认识,就不能不去认识构成它的那些"内容"和由这些内容所组成的"结构",也就是该事物的"质料"。"质料"是区分并认识不同事物的一个重要切入点。从"质料"的角度认识事物,就意味着:第一,从质料构成上认识事物。即一个事物是由哪些质料构成的。或者反过来说,就是缺少了其中的任何一种质料,事物就会发生变化或者就不能成为其本身。第二,从质料结构上认识事物。即各种质料之间在结构上的不同组合排列会影响到事物的存在状态与性质。第三,从质料类型上认识事物。即一个事物在具体方面按照不同类型所划分出的"类"。这些"类"都具有各自不同的存在状态、性质和影响,然而它们之间又一起分享一个事物的某些共同特征,属于同一个"种"。

素构成"的问题。我们把构成情感的因素称为情感的"构成质料"①。②各种情感"构成质料"之间的相互关系与排列顺序。主要关注情感不同"构成质料"之间的相互关系,尤其是它们之于情感的特殊意义②。③"情感质料"还应该包括各种具体类型的情绪情感,如快乐、悲伤、自信、自卑等,主要考察一些基本的情绪情感类型的状态与性质,我们把它们称为情感的"类型质料"。

---

① 有人对情绪的成分进行了研究,认为主要有这样几种:①评价(appraisal)。情绪与人的行事目标与动机有关,含有判断、评估的成分。②主观体验(subjective experience)。在一种情绪状态中,必然包含个体的一些心理活动的体验在内,如惊讶、愤怒、害怕等。③生理变化(physiological changes)。情绪过程会伴随有体温、心率、血压、内分泌系统等生理方面的变化。④情绪表达(emotional expression)。即个体表达体验到的情绪时所表现出的表情或非言语表达。⑤行动倾向(actiontendencies)。又叫行为意向,即由情绪诱发的行为的准备状态。[See Sutton,R.E.&Wheatley,K.F.(2003).Teachers' emotions and teaching: A review of the literature and direction for future research. *Educational Psychology Review*,15(4):327-358]我们认为,与其说这些是构成情绪的成分,不如说是情绪发生时的伴随状态。情绪的发生会伴随这样一些状态的出现,但它们并不是情绪,尤其是情感的必然构成要素。本研究所说的构成质料,更多的是在情感存在和形成的意义上说的。也就是说,情感的存在和变化,是有这些成分参与的。尽管每一种单独的质料都不是构成情感的充分条件,但它们是情感存在和发生的必要而不可或缺的质料成分。缺少了其中的任何一种,情感要么难以存在和发生,要么会发生性质上的改变。

也就是说,构成某一事物的东西必定也在一定程度上影响到它的产生与发展,例如,如果 A1 是 A 的一部分,那么 A1 不仅构成 A,而且影响 A;A1 的状况、变化等可能会引起 A 的状况和变化。因此,事物的构成因素可能同时也是它的存在和变化的原因。所以,谈论一个事物的构成因素,也就是在谈论它的存在和变化的原因,二者是不可以分开的。但是反过来说,事物存在和变化的原因不一定或者不完全是它的构成因素,因此,对于要分析事物存在与变化的原因,就需要在其构成质料的基础上,进行更为复杂的工作。在接下来对于情感及其构成质料的分析中,我们将保持这一观点和看法。

② 例如,"感受"既可以作为情感"构成质料"中的一种而单独存在,从而作为标示情绪情感产生、性状与发育的基本要素,也可以与其他"构成质料"如"认知",一起加深情绪情感的深刻性、提高情绪情感的价值,从而影响情绪情感的存在与变化。从正面来看,有感受渗透的认知对于人的情感而言就具有特殊性的价值和意义,它区别于冰冷的理智认知,从而在质料构成层面凸显了情感的特殊性。从反面来说,情感的"构成质料"并非总是处于积极统一的状态中。有时候它们"不但不同类,甚至还是对立的"([古希腊]亚里士多德:《物理学》,张竹明译,北京:商务印书馆,2011:2)。在消极甚至对立的意义上,"没有感受"或者"感受迟钝"同样也是情感产生、性状与发育的标示;而"感受"与"认知"上的不统一,更是引起情绪情感变化、产生复杂性情绪情感的一个重要原因。

从"质料"的角度认识人的情感①,就是要分析:哪些因素构成人的情感,并且在情感的产生、发展和变化中发挥作用? 它们是如何与人的情感之间发生关联的,换句话说,就是与人的情感相关的质料有什么样的特殊性,它们又是如何对情感产生影响的? 而对于人的情感发展而言,需要什么样的质料支撑? 如何在教育中因应这些特征,正确看待并处理人的情感发展问题,促进个体情感发展并增进人类生活的福祉?

一、"感受 – 情动"与体验的教育

作为一种最具主观性、隐秘性和个人化色彩的人类复杂的生理、心理和精神活动,情感的产生并非偶然。其中,以生理现象为基础,并引起人的心理反应的"感受"便是一个最基本也是最重要的情感构成因素。情感与感受之间的关系为我们认识情感并通过一定的教育方式引导培育那些有助于人的发展的积极情感提供了很多有益的启示。

(一)情绪的"感受"特质

应该说,情绪情感区别于理智认知的一个显著特点就是它与"感受"之间更直接和紧密的联系。近年来,在认知心理学界,人们发现人类大脑中含有一群特殊的神经细胞,它们不仅能够贮存个人自己的记忆模式,而且还能对别人的行为动作在大脑中作出反应,以感同身受的方式进行模仿并领会

---

① 把情感"质料"单独拿出来分析研究,完全是为了认识与研究"情感"的方便而人为地对"情感"进行的范畴划分,它不排除将情感作整体性看待的观点。尤其不能把情感的"质料"和它的"形式"截然分开,"质料是一种相对的概念,相应于一种形式而有一种质料"([古希腊]亚里士多德:《物理学》,张竹明译,北京:商务印书馆,2011:36),"质料"与"形式"是情感的一体两面。

其含义。由于它们就像是镜子一样,直接在大脑中照出别人的行为,并且帮助人去理解和作出反应,因此被形象地称为"镜像神经元"(Mirror Neuron)。在这个模仿别人行为动作并理解领会其意义的过程中,发挥核心作用的并不是深思熟虑的理智认知,而是来自大脑和神经生理上的直观"感受"。情绪情感的发生也具有类似的生理机制和特征。无论是内含于我们,与我们"共在"的情绪情感,还是伴随我们的行为动作一起发生抑或以某种活动方式呈现出来的情绪情感,都是以直接的、整全的"整体"呈现给我们,而我们以直观上的"面对"为第一原则去接受来自自己、他人或者其他任何形式的活动,并由此产生自己的情绪情感。当生活中的一切人、事物、行为等现象出现的时候,人的大脑首先会以一个整体性的"大画面"来反射它们,并且最先,也是以最快的速度直接通过大脑的镜像神经元"感受"这些现象,引发最初级的情绪感受。

正是"感受"将我们对"情感"的认识从概念化思维带回到生理与心理层面。概念化的思维对象是直观、单一的,而感受对象则是复杂的,它除了直接的视觉、触觉以及生理活动之外,还有心理过程,因而也是有情绪情感参与的。怀特海把这种带有心理过程参与的复杂的感受对象称为"最初的天然的知觉思维对象"。他说,"现在事实的世界不只是一个感觉呈现之流。我们发觉自己带着情感、意志、想象、概念和判断。进入意识中的元素没有一个是独立自主的或能够孤立地存在"①,因此,"当我们识别了那只猫时,我们还意识到它看见我们很高兴。我们仅仅听见它发出的喵喵声,看到它弯成弓形的背,并感觉它靠着我们摩擦它的身体。因此,我们必须区别许多直接的感觉对象与单一间接的思维对象(那只猫)之间的不同"②。正是通过"感受",我们

---

① [英]A.N.怀特海:《教育与科学 理性的功能》,黄铭译,郑州:大象出版社,2010:85.

② [英]A.N.怀特海:《教育与科学 理性的功能》,黄铭译,郑州:大象出版社,2010:80.

的认识超越简单直观的概念化思维模式,从生理向心理过渡,从而有可能通达更完整的情绪情感。人类"感受"的这种复杂和整体特征使得人不仅能够将他们感受到的事物作为一种单纯的信号来处理,而且通过感受,在感受中,人类不断地创造并发展新的事物,从而在实现自我社会化的同时,获得对自身的认识和自我情感与力量的确证。就像马克思所言,"只是由于属人的本质的客观地展开的丰富性,主体的、属人的感性的丰富性,即感受音乐的耳朵、感受形式美的眼睛,简言之,那些能感受人的快乐和确证自己是属人的本质力量的感觉,才或者发展起来,或者产生出来"①。

　　情绪情感的"感受"特质解释了为什么我们很多时候都会对情绪情感有一种莫名其妙,想要说出来,却又无从开始、无法言尽的生活体会。经由"感受"产生的情绪情感之所以让我们觉得朦胧、说不清,一个重要的原因是它们不是最先经由人类理智思维与认知判别,而是与我们生命体本身的生理结构与特征相关联在一起的,是通过混沌的生命感受产生的。历史上,以经验主义为代表,将情绪情感等同于"感受"的观点正是如此,就像心理学中著名的詹姆斯–兰格(James-Lange)情绪理论所认为的那样,"假如知觉了之后,没有身体变化紧跟着发生,那么,这种知觉就只是纯粹知识的性质;它是惨淡、无色的心态,缺乏情绪应有的'温热'"②。可见,无论是对生理状态还是心灵状态的感知,"感受"作为情感的一个重要构成部分,都不可忽视。

　　作为情感的重要成分之一,"感受"并不必然地引起个体的情感,而只是外部现象与内部情感之间的桥梁,是沟通从现象到情感的中介。当外部现象引起的"感受"和内部神经系统中存留的"感受"相同或者类似的时候,现象就可以借助"感受"这个桥梁,与心理内部的神经反应建立直接的连接,从而

---

① [德]马克思:《1844 年经济学哲学手稿》,刘丕坤译,北京:人民出版社,1979:79.
② 孟昭兰主编:《情绪心理学》,北京:北京大学出版社,2005:18.

有可能产生情感。当一个人听到一段舒缓的旋律,这段旋律就会刺激他的听觉神经,让他产生"轻松"的感受;同样,在他以往情感经验和神经系统中所保留下来的"愉悦感"也同样能够带来生理以及心理上的"轻松"感受。这样,借助"轻松"这种感受中介,把外部"舒缓的旋律"与内部心理中的"愉悦感"联系起来,从而促成个体在听到舒缓的旋律时,产生高兴、快乐、愉悦等类似基调的情感。

由于与情绪情感之间的密切联系,"感受"成为人体验、认识并表达情绪情感的最基本机制和条件。深刻的情感体验往往也是与那些刻骨铭心的感受分不开的;而感受得越深刻,也就越有可能全面、清晰、完整地认识和表达自己的情绪情感。"感受"与情绪情感之间的密切联系是通过两个途径产生的:一方面,由于感受可以通过镜像神经元、神经传导等方式直观、直接与外部现象发生关联,在其发生、引起上比情绪情感更容易、简便。因此,如果能够利用神经系统的这种"易感性",有效、快捷地刺激并引起个体对于外界现象的"感受",也就有可能更快地跨过"感受"这一桥梁,激起由于外部现象而引起的情绪情感。另一方面,感受不仅是"易感",而且是"易变"的。也就是说,在从"感受 A"向"感受 B"的过渡中,也会引起情绪情感的变化。并且,这种由于"感受"的变化而引起的情绪情感状态的前后变化往往比单纯的引起和激发起一种感受所带来的情绪情感变化更为明显,其波动也更大,更容易识别。①

情感的产生和发展离不开"感受",但是情感不等同于感受。历史上,詹

———————

① 事实上,往往很少有单纯的激起"感受"并引发情感的情况。在生活中,我们或多或少地都处在从一种感受向另一种感受的转变过程中,情感也大多是在这种感受的"转变"过程中产生并发生改变的。只不过,感受状态之间在性状、强度等方面的差异越大,相应地引起的情感的变化也就越明显、越大。

姆斯-兰格理论在受到人们广泛关注的同时，也因为没有区分感受与情感，过于绝对地将情感等同于"感受"而遭到批评和诟病。维特根斯坦就认为，那些身体和生理上的感受不应该直接地等同于情感，它们至多只能算作是情感发生时的伴随物。①我们认为，之所以不能将"感受"与人的情感之间画等号，大概有这样几个方面的原因值得考虑：第一，感受是当下的、简单和短暂的，而情感，尤其是稳定的心境与人格则是复杂的、长期的、跨越时空的。因此，"感受"与"情感"在某些情况下并不完全一致——同样是"痛苦"的感受，有的人会产生"悲伤"的情感，有的人则会产生"悲壮"甚至"自豪"的情感；"温暖"本身是一种情感感受，但是同样的"温暖"，有的人会感动，有的人会满足，有的人会惬意。与稳定和长期的心境与人格相比，感受更侧重内心短暂且真实的情感体验，作为一些基础性的情感色调，感受是人的情感的基础，而在一系列复杂主客观环境中生发出的多种多样的人类情感也是以这种基本的心理感受为起点的。相比于"感受"，人的情感要更为复杂，尤其是那些深刻的、已经人格化的情感，甚至会伴随一个人的一生，它们的产生、发展甚至已经不怎么需要或者说不主要依赖"感受"作为刺激和中介，而是与一个人的学识、修养、精神、气质融为一体，是个人生命与人格的一部分。第二，感受是主观的体验，更侧重个体性，情感则是可以在主体间传递的。由于感受一般以生理上的感觉为基础，因此，当我们说"某某有什么样的感受"的时候，它往往是一种个体性的心理活动，个体心里的感受如果不能转变或者表现为一定的情感，是很难被他人体会和知道的。就此而论，情感某些时候

① 维特根斯坦的观点是不能用内省或感受的方式来代替、研究情感，因为这样无法为情感找到一个统一的标准的定义。他认为，表示情感的语词之间存在家族相似，因此可以通过对这些语词的意义进行"语法探讨"，在语言环境和各自的用法中去确定它们的含义。对维特根斯坦的观点这里不作过多的讨论与评价，能够确定的是，他的这种观点至少提供了解释与认识情感的一种新的途径，对于更全面地认识情感具有启发意义。

充当了表征并传递感受的中介,在主体之间传递和交流的是人的情感,而人们对彼此之间感受的分享也是通过情感实现的。因此,对于"情感"而言,"感受"才显得弥足珍贵。我们可以知道某人的情感,但是不一定能够知道他的感受。感受是真实的,而情感有可能是伪装和欺骗的。只有感受与情感之间的联系越紧密,人们彼此之间才越能够知晓对方的真实感受;而如果感受与情感之间表现出不一致,则主体之间传递和交流的情感就有可能是虚假和不真实的,从而出现"口是心非""表里不一"也就不足为怪了。

(二)感受之于情感的重要方面

就其一般关系而言,作为一种重要的情感构成质料,感受对于情感的影响主要通过情感的"可感受性"(sensibility)表现出来。也即是说,在"感受"中,对象不变,而"感受"本身的性质与特征就可能造成情感在性质、强度等方面的不同,从而影响到情感的整体状况。具体来说,大概表现为三个方面:一是感受的速度。主要指感受的敏锐或者迟钝等特征。一般而言,感受敏锐的人,可能在情绪情感的产生与变化上更快、更容易一些,即便是对于那些微小、细腻的情绪情感他们也能很敏锐地捕捉到;而感受迟钝的人,在情绪情感的产生与变化方面就要显得慢一些、对情绪情感的感受也相对困难一些,他们往往在情感上表现得比较粗心、麻木。二是感受的深度。主要指感受体会的深刻程度,通过情绪情感在个体内心引起的变化体现出来。深刻的感受能够引起个体内心情感状态的巨大变化,产生深刻的内心体验,调动深藏内心的情感记忆,留下刻骨铭心的情感经验;浅显的感受则不如前者那样深刻,无论在引起个体的内心变化、产生的情感体验,还是调动情感记忆、留下的情感经验等方面,都不如前者。三是感受的广度。主要指感受的范围和类型,通过感受的"丰富"与"贫乏"反映出来。具有丰富感受的人,既能够感受到个体的小情小爱，也能够感受并体验人间的大情大爱，其情绪情感中喜怒哀乐兼具，情感类型复杂多样、饱满充盈；而感受贫乏的人无论在情绪色调还是情感类型上，都显得拘谨、苍白、不够丰富。

"感受"在速度、深度、广度上不是分开的，而是交织在一起的。感受的速度影响感受的广度，而感受的广度又与感受体验的深刻程度相关，它们共同构成个体基础性的情感品质，并且影响情感的发展。要注意的是，这里所分析的感受的性质与特征只是在速度、深度和广度上的"差别"，由于"感受"本身对"情感"的影响不是绝对的，因而与之相关的情感状态、性质和特征方面的不同也是相对的，而不是绝对的一一对应关系，更不存在本质上的情感"差异"。只是在心理学研究中，人们往往将那些极少数的、特殊的甚至是极端的因为感受上的迟钝、浅显、贫乏状况而引起的情感问题称为"情感淡漠"，它是指"对外界任何刺激都缺乏相应的情感反应，如反应异常迟钝、漠不关心、无动于衷等，常表现为面部肌肉松弛、无目标凝视及表情淡漠"[①]。"情感淡漠"既有感受上的原因，同时也可能与个体的生理状况（例如神经感觉等）、认知乃至时空环境等复杂的因素相关。因此，需要结合具体情况进行分析与辨别。

特别值得注意的是，由情绪感受性不足引起的"情感淡漠"现象，是现代社会情感问题的一个重要方面。伴随着快速便捷的联系方式以及大量的充斥生活的信息，现在人们往往很难有时间和耐心静下心来感受、体味生活中的人与事。面对每日大量的、频繁的信息刺激，人们不是充耳不闻就是疲于应付，感受的麻木、浅显状况都十分普遍。而即便是每天沉浸在五花八门的信息和新鲜事物当中，人们感受的"丰富性"也未必就有多么大的提升——

---

① 中国大百科全书总编辑委员会编：《中国大百科全书·心理学》，北京：中国大百科全书出版社，1991：253.

因为接触信息与经历变化的多寡还不能完全代表感受的丰富程度。丰富的感受不仅意味着生活经历之多与变化之快，还意味着个体能够将这些经历和变化化作自己内心和经验的一部分，把表面的经历与变化同自己生命和生活中内在的深沉感受结合起来。因为正如我们上面所言，感受的各个方面特征是相互统一，互相影响的，一个感受迟钝、浅显的人也很难获得情感上的丰富体验。丰富的感受背后一定隐藏着敏感、深刻、澎湃激荡的生命力与对于生活的感悟、经历。而由躁动以及追求刺激和疯狂而获得的"感受"并非是我们所希求、向往的那种情感成分。它们被冰冷的"器物"和几近疯狂的"私欲"所占满，在情感方面表现出的敷衍、虚伪、奢靡、丑陋的状况也不再是人与人之间充满温情与善意的人类情感，离美好的人性越来越远，也违背社会文明进步的要求，将无论是个体还是社会都拖进灰暗的情绪和欲望沼泽，人成为情绪的奴隶，社会的和谐进步遭到破坏。

在教育中，为了人的发展，尤其是为了更好的情感发展，并非所有的感受都是有益的。只有那些真诚的、充满善意的、积极美好的、乐观向上的感受才会有助于人的情感发展，也是珍贵的、值得引导和培育的。

首先，有助于情感发展的"感受"应该是温暖、和谐因而也是真诚的。这种"真诚"的感受应该至少包含两个方面的内容：一个是生理和心理层面的，一个是社会伦理和文化制度层面的。前者主要是指一种"感受"在生理和心理上所引起的状态变化是存在并真实的，它表现为真切的生理变化和心理感受，而不是或主要不是依靠意志力、认知调节和有意识地作用的结果。这种变化是自然而然的，是伴随自然的生理变化并由此而引起心理触动的过程，因此是一种自然的感受和心情流露，表现为相应的情感上的"发乎于心"和"人之常情"。后者则是指一种"感受"除了在生理、心理上引起真实的状态变化之外，而且也表现为在寻求与社会伦理和文化制度相一致方面体现出的真实、真诚。它体现为个人能够正视社会伦理和文化制度的影响,并在感受以及与此相关的情感方面用积极的态度去面对、理解、体会,甚至是融入社会伦理与文化制度的元素,从而表现出感受与情感在社会文化方面的不回避、不伪装。

其次,有助于情感发展的"感受"应该是个体层面的"真实性"感受与社会伦理和文化制度层面的"真实性"感受的统一。因为,一个人对各种人、事、物的"感受"本来就不是单纯的自然过程,而掺杂着他们的主观认识和价值观念在内的,因而也是与他们所处的社会伦理和文化制度相关的,社会文化环境赋予个体生理和心理上的"感受"以伦理和社会意义,它既可能与个体心理感受相一致,也可能与其相冲突。二者之间的一致性或者差异程度与个体的社会化程度以及他们认知的发展状况、个体价值观念、前有的情感基调甚至整个人生境界都是紧密相关的。当它们一致的时候,个体表现出积极的情绪情感色调,而当相互冲突的时候,个体表现出矛盾甚至消极的情感状态。如果个体是乐观的并且可以用积极的价值观去面对,那么就会产生个人感受与社会文化要求之间的相一致,从而实现二者"真实性"上的相一致,它表现为,个体认为这就是社会现实,这种"感受"不是虚假的,而是真实的,是应该接受和可以理解的;相反,如果个体持一种比较悲观的情感色调或者用消极的、抵制的方式看待问题,就会产生个人感受与社会文化要求之间的冲突,表现为个体否定自己的感受,产生"怎么会是这个样子呢?""我简直不敢相信"等感受,从而也就可能表现出消极的情绪情感状况。

因此,感受的"真实性"还必须放到一定的社会伦理和文化制度当中来加以审视。对于个体的情感发展而言,仅仅要求"真实"的感受是不够的,也是不负责任和笼统的。只有在促进社会进步和符合文化伦理方面都表现出积极向上的"向善"的"感受"才符合道义人心,而只有将这种"向善"与内化为个体价值系统的一部分，使之成为个人精神和自我人格的时候，个体的"感受"才能够在"真实性"上实现个人心理与社会文化方面的一致，从而真正做到"感受"由心而发，同时又与社会伦理相一致，体现出积极进取的一面，而不至于显得过于个人化、理想化、幼稚化和浪漫化。①

最后，在"真实"与"向善"的交融关系中，有利于情感发展的"感受"还必须是"尚美"的。无论对于个体还是社会整体而言，情感发展的目的都是要获得主体感受上的愉悦、和谐与美感，并通过个体情感影响到社会整体的情感和文化氛围，保持并促进社会文明的进步。只有热爱美、向往美、追求美并积极地在内心感受中体验和创造美的人，才更有可能获得真实、善良的内心感受，并且将这种内心的感受与自我情感联系起来，发育出积极向上的情感。

(三)"感受 – 情动"与教育体验的深化

"感受"不仅影响到情感的状态，而且影响情感的性质并经由"感受 – 情动"这一过程和机制，影响到整个人的发展和教育。但是"感受"与情感之间又不是完全一致的，甚至有时候是截然相反的，仅仅是"感受"还难以解释复杂多变的人类情感。尤其是在现代社会，各种复杂多样的社会现象层出不穷，而信息传播速度的加快和人们生活方式的改变，又使得我们很难逃避它们的影响。每天沉浸在大量的事务中、面对不同的现象、接受各种信息的刺

---

① 在个体发展和教育中，二者之间的平衡统一十分重要。完全地屈从于社会伦理和文化制度的要求，以社会的"规范""价值"为基础的"情感"是缺少生理与心理感受的，因而也是违背内心意愿的，是不真诚的。这样的情感往往表现为刻意的表演和伪装，因而很难能够打动人心，即便是打动别人的心，也很难引起自己内心的真切感受，对于自己而言，至少不是刻骨铭心的。同样的，忽视、背离社会伦理和文化制度，完全凭自己内心感受的随心所欲的情感也是不真实的。这样的情感因为无视社会和文化，而容易导致不切实际和理想化。如果具体到教师对学生的"爱"上面，就有可能表现为不负责任的爱、没有底线的爱，爱的盲目、泛滥甚至是一厢情愿。教育中的"好心办坏事""溺爱""情感信号传递的不匹配"等相关的问题都与此相关。

激,人的"感受"已经变得不再那么敏锐和准确,感官刺激与条件反射的麻木、漠视往往会造成各种不同程度的"视而不见""充耳不闻"。尤其是在个体发展和教育中,依据"感受"与情感之间的关系进行适时的情感培育是需要好好思考的问题。

作为一个不断发展的生命整体,人的情感发展和教育从"被动发展"向"主动发展",从"教"向"学"的转变也就意味着要对学习活动中的人的"感受"状况给予更多的重视,尊重并利用"感受"在个体发展中的作用,尤其是它与积极情感及其发育之间的联系,将个体的"感受"当作进行情感培育、促进个体发展的重要方面,并且带动教育观与教养方式的改变。

首先,一些以生理条件和反应为依据的基础性"感受"与生俱来,体现了人的自然属性,在人的发展中具有优先性。生命机体是以"感受"作为其对内和对外反应的自然机制和基础的,情绪情感的产生、变化最早也最容易被"感受"到,并且在机体上有所表现。如果说情绪情感是不好把捉的,那么生理和心理上的"感受"则是真实的,它们的存在以及引起的机体反应应该成为判断与认识情感的重要抓手。在对于个体的教养和教育中,遵从生命成长中真实的感受,就可以将其作为一种信号,通过"感受"及其表现来认识自己和别人的情绪情感。此外,生命体的发展不仅需要从外部获得能量,而且也要将自身的能量不断地向外释放,内部的"感受"必须找到向外展示的渠道,才能够维持生命整体的平衡。因此,在个体的情感发展和教育中,不仅不能忽视甚至是压制个体真实的生命感受,而且应重视并且尊重个体生命的与生俱来的"感受",允许甚至适当地鼓励个体以合适的方式与途径表现并发泄自己的"感受",释放自己的生命能量。

在具体的生命养育和教育活动中,"感受"与情绪情感之间的联系和对于情绪情感的作用都要早于后来出现的认知、语言。对于那些在认知和语言方面的发展还不是很完善的低龄以及特殊个体来说,"感受"甚至就是情绪情感。当一个幼儿感受到"疼痛"时,他也就会在情绪情感上表现出"伤心"。很多时候,儿童个体表现的、言说的、描述的"感受"也就是他们的情绪情感。"感受"的真实性彰显了与它们相连的情绪情感的真实性。因为这种关系,情绪情感才有可能成为反应人的精神的晴雨表,而人(无论是教师还是孩子)身上的情绪情感也是因为这种"真实"而愈显自然、愈加可爱,也弥足珍贵。一方面,当包括教师在内的成人敢于、能够且善于通过恰当的方式向孩子们敞开自己真实的情感和生活经历,将自己的所见、所闻、所感融入与孩子的交往乃至是课堂教学中的时候,哪怕自己的这种经历是糟糕的、狼狈的甚至是失败的,我相信它也丝毫不会影响教师在孩子们心目中的形象。与那些依靠自己的所谓成人权威、知识权威等建立起来的机械的、生硬的、暂时性的、形式上的因而也是表面的和虚假的师生关系和课堂教学相比,这种依靠发自内心的真实经历所建立起来的情感联系甚至更会帮助教师从学生那里得到更真实的回应、移情性的理解、发自内心的尊重和信任。另一方面,同样的道理,当我们在孩子的作文中看到他所描述的略显幼稚却充满童真的刻骨铭心的感受的时候,谁又能够否定,那同时也就是他心中真实的情感体验呢?因此,对于那些在认知、语言尤其是对于情绪情感的直接认知等各个方面发展还不够完善的个体而言,成人世界的教育者们不仅仅要借由"感受"来敏锐地把握他们的情绪情感状态,而且要将肢体、语言等作为他们描述、呈现自己感受的途径与方式,并将对"感受"的引导培育作为情感教育和促进人的发展的重要内容之一。

其次,"感受"作为一种内在机制,在引导培育积极情感、整合生命各方面的综合发展方面发挥着重要作用。生命体是以"感受"作为条件和基础来体验一切并且向前发展的。生命早期的"感受"往往是比较单一、简单的,随着个体不断生长，神经系统之间的联结也逐渐增多并越来越复杂，加上心理和认知方面的发展，个体的"感受"无论在深刻程度还是敏感性等方面都会随之加深。哪些神经系统之间能够建立联结，建立什么性质的联结，不仅是生命自然生长的结果，也是受到后天环境和人为的引导、培育的影响的。在整个人的发展中，尤其是在生命的早期，如果能够多次、反复地引起或者改变"感受"，引导并强化诸如"自由""舒适""安全"等正向色调的感受，就不仅可以建立神经系统之间的积极性联结并且形成条件性反应，而且能够通过"感受"这一中介，快速、有效地建立起个体对各种现象刺激的积极的情绪情感体验，从而为个体后续情感的发育以及整个认知、精神和道德的发展提供最基础的生物学条件。

不过，人往往是不断地处于从一种感受状态向另一种感受状态的转变过程中的，引起或促使这种"转变"的，除了个人自身因素之外，大部分是来自各种外部因素的参与。其中，教育活动就是众多外部因素中的一个重要方面。通过教育环境、活动的设计，教育者们不断地转变学习者的"感受"，引起他们内心的变化，帮助促进学习活动的开展以及实现整个人的发展。教育中的情境创设正是在此显示出它的价值——通过情境，教育者们试图在合适的时候引起学习者合适的"感受"，帮助促进学习，并因此而引导他们在情绪情感方面的变化与发展，培育积极的情感。不过，情境的创设很重要，情境的转变更重要。它应该包括"一个情境内部的场景、事件发展的不断变化"和"多个不同情境之间的转变"两个部分。只有保持情境的转变，学习者的"感受"才会不断丰富并处于活跃状态，从而在情绪情感上发生相应的变化，获得新鲜感，丰富并发展。当然，"感受"的变化不仅指不同"感受"状态之间的转变，它还意味着另外一种形式——对一种感受状态的逃避。作为情绪情感的成分之一，在进行情感引导和培育的时候，如果逃避、减弱或者消解一种感受,那么就有可能帮助逃避、减弱甚至是消除与此相关的那些负面情绪状态和体验,从而也就降低甚至是避免了它们对个体发展的消极影响。对于教育和专门的情感教育来说,这一点也是很值得注意的。

最后,"感受"不是情感本身,有"感受"不等于一定有情感,一种感受也不必然的对应一种类型的情感。对于个体来说,神经系统联结的增多、"感受"的发展也不能代替情绪情感的发展,更不意味着人的更好的发展。教育中尤其需要警惕不能用单纯的"感受"培养来代替情感教育。产生感受,澄清、表达清楚自己的感受并不是情感培育的全部任务。与"感受"同时发生的情绪也只是即时性的、短暂的生理和心理过程,它产生得快,消失变化得也快。自然层面的生命内容既是生命不可或缺的一部分并促进生命的健康发展,也可能成为生命向更高层次发展的障碍。单纯地依据"感受"来识别、判断一个人的情感状况是有风险的,它会导致将情绪等同于情感,用生理上的感受作为情感教育目标的错误认识和行为,甚至导致放大"感受"的作用,一切"跟着感觉走",不仅教育者们情绪化地、随意地处理个体学习与成长中的问题,而且将满足学生生理上的"感受"当作是情感教育的唯一目标。①个体身上的这些较为稳定的、不易通过"感受"进行识别的情感,也是个体生命的重要组成部分,是促进人的发展的内在动力构成,甚至比当下生理上的"感

---

① 在目前的教育理论和实践中,这样的情况还相当普遍。教育实践者们凭借自己的经验、随意处理教育实践问题的做法比比皆是。一旦进入教育现场,他们在学校和书本中所学到的那一点点可怜的教育理论就立刻被抛到脑后。淹没于烦杂、琐碎的教育教学事务中的教师们很少甚至根本就不会也来不及考虑怎样进行合适的教育,如何培养学生的情感,更不要说把促进人的发展作为教育实践的理念了。"跟着感觉走"是他们进行教育教学普遍遵循的一条"原则"。而在教育理论中,由于对情感及其与人的发展关系研究的薄弱,人们也常常在情感教育的目标和原则上认识不清,认为情感教育就是要使学生感受到愉快、高兴。事实上,这也是用简单的"感受"代替情感教育目标的错误认识,它不仅会导致情感教育目标的不清晰,而且会降低情感教育的价值和意义,使得情感教育成为轰轰烈烈的即兴表演和只注重感受而忽视思想与意义,缺乏深刻性体验的华而不实的教育口号。

受"作用更大。在教育中，只有将包括自然生理、认知、道德与精神在内的人的生命的完整发展作为永久的目标追求时，"感受"才凸显其在情感发展和生命成长中的真实价值。这个时候，正向感受的满足和负向感受的体验才可能都具有发展意义，情感教育才能够跨越简单的"感受"层面而走向人的发展的更高层次。

二、从欲求到情操的精神提升之路

"感受"不等于情感，情感的复杂性之一还在于它与人的欲求相关。作为一个生命体存在并获得发展，人总是有各种各样的需要与欲求，需要与欲求不仅是人存活下去的基本保障，也是人从事一切其他活动的原动力。无论生理还是精神上的欲求，都是人的存在和发展所必不可少的组成部分，它们共同构成一个整全的生命体，从内外两个方面推动人的发展，将人像个人一样地展现在世，参与生活、创造文明。

（一）欲求的特征及其与情感的关系

作为整个人生命中不可分割的一部分，情感自然与人自身的欲求分不开。无论是生理需要还是精神欲求，都会影响情感的产生、性质、发展和培育，进而对整个人在认知、道德、精神等各个方面的发展构成内在性的深层作用。欲求的满足／不满足，提前／延缓，和谐／冲突，高／低等方面都会对个体的情绪情感产生作用和影响。

一般而言，当个体的欲求得到满足或实现，就会产生高兴、快乐等情绪情感，如果个体的欲求没有得到满足或者由于外界的不回应而遭到忽视，那么就相应地会产生不高兴、不快乐甚至是伤心、痛苦等情绪情感。在欲求得

到回应 / 不回应、满足 / 不满足的时间方面，如果一种欲求提前得到回应或者满足，那么就会产生感动、惊喜、兴奋等情绪情感，而如果一种欲求没有在预想的时间内或者以预想的方式得到有效的反馈、满足，则不仅会对欲求本身产生影响，而且会对与此相关的情绪情感有影响。一种经历了预期失败而后又得到满足的状态，会给人带来较为复杂的情绪感受，例如经由失望后的高兴，或者失落之后又重而复得的平静感，等等，都是较为复杂的人类情绪情感。

可是，人的复杂性就在于我们有太多的、各个方面和层次的欲求，世界上最难满足的也许就是人类的贪婪和欲望。人的需要和欲望首先表现在各个方面，无穷无尽。当不同方面的欲望和需要同时并存时，它们之间的相互关系也就成为影响个体情绪情感的重要因素。例如，在现代社会，人们在"物质"欲望与急迫的"健康"欲求之间就存在一定程度的矛盾，有的人甚至会认为，如果要在一个方面得到满足，就必须以另一个方面的牺牲为代价，现代人所经常感叹的生活艰难以及常常表现出的"紧张""压力""无奈"等情绪情感就是十分典型的代表。相反，如果人们能够降低自己的欲求，尤其是对于外部世界的物质、名利等的欲望，在"物质"与"健康"之间和谐地达成一种较为平衡的状态，那么就既可以享受勤劳工作所带来的充实感，从而获得物质上的回报，又可以适当地关心自己的身心健康，拥有一个健康的身体，从而免除对健康问题的担忧以及长期压力所带来的焦虑等情绪情感。

此外，人类欲求的复杂性还表现于不同程度和层次，无休无止。同一个方面，不同的欲求层次不仅代表了个体的精神与人格境界，而且牵涉个体的情绪情感层面，通过情感表现出来，并且又反过来影响到个体的情感素养。尤其是在社会生活的伦理和审美领域，一种欲求的满足并不必然地产生相应的正向情绪情感色调，而欲求的不满足和无法实现也不一定就会不利于甚至是成为个体发展的阻碍。否则,我们就无法解释历史上谭嗣同面对生死时"我自横刀向天笑,去留肝胆两昆仑"的豪迈之情,也无法理解鲁迅先生"俯首甘为孺子牛"的人生境界。当欲求超越了生死、快乐等简单的生理和物质层面,而指向更高级的精神层次的时候,大义凛然地为真理而死、义无反顾地为他人服务、同情他人的遭遇等尽管有时候会失去和牺牲个人的一些欲求甚至是生命,但是获得了更有价值和意义的精神收获。

欲求与情感之间的交织难分的状况也可以在中国文化传统中找到解释。在中国文化传统中,"情"和"欲"往往是放在一起讲的,"自上古时代以来,中国思想就对人的七情六欲进行了精深阐释,也为我们理解情感过程做出了巨大的贡献。'欲'无法与所谓的'情''思''志'完全区分开来……'思'在塑造中国人的情感体验中发挥了重要作用"①。在人的生命体验和心理结构层面,"欲"不仅仅是指物欲,而且指人在心理、情感乃至精神方面的"思虑"。而对于情绪情感的调节也是一个综合了"思""欲"以及"知""志"等各个方面的综合性的认知、心理、意志和情感作用过程。在这个层面上,更加彰显和体现了人的情感以及人类情感现象的模糊特质。

(二)欲求 – 情操与人格精神教育

具体到欲求和情感的关系上,"欲求"与情感之间并非单向的从属或者因果关系,而是互为因果的。情绪情感可以依赖"感受"的放大与弱化作用,反过来影响个体欲求的状态、性质、种类和层次等各个方面。一般的,"愉悦""快乐"等情绪情感体验往往更容易引起人在积极健康事物和个体审美方面的欲求与向往;相反,处于"恐惧"的情绪情感状态中的人对于"安全"的需要

---

① 史华罗:《中西的情感文明截然不同》,《社会科学报》,2014–12–11.

就会更加强烈。此外,情绪情感对欲求的影响既是当下的,也可能是长久和持续的。这种长久和持续的影响既关系到欲求本身,又会反过来对情绪情感造成影响。处于"恐惧"情绪情感中的人不仅表现出对当下"安全"(关照、环境等)的需要,而且如果长期地、经常性地处于"恐惧"的情绪状态之中,就会导致个体"安全"欲求的减弱甚至是丧失,并且由此产生"怀疑""自卑"甚至是情绪情感反馈上的"冷漠"等状况。

因此,对于人的情感发展和教育而言,并非所有的欲求都是有益的。欲求的复杂性更是决定了它与情感之间关系的复杂性。正是因为并通过"欲求",我们得以在伦理价值和审美层面更好地区分并解释动物低级情绪与人类高级情感的差别,并由此而引向对教育中更高层次价值和境界的追寻——作为个体性和社会性相统一的、向往并追求真善美的人来说,生理上的欲求是基本的,它们带有生物学意义上的原始冲动,因而也是缺少理智参与和伦理价值渗透的。而精神与伦理层面的审美与道德欲求因为突出的社会文化性而愈加显示了其在人的情感发展中的意义。无论哪一个方面,都是真实存在并值得注意的。单纯低级的生理欲求不能与情感画等号,而忽视基本的生理欲求和物质基础的情感也只能停留在自我的沉醉和想象中,成为不切实际的空中楼阁。对于人的情感发展而言,如果基本性的、与生存相关的那些情感欲求得不到满足,就会在个体层面产生情感问题;而如果整个社会群体中基本性的情感欲求得不到满足、释放,就有可能酿成社会性的情感危机甚至引起大的社会动荡。因此,情感发展既包括满足人的正常、基本的情感欲求和需要,从而避免个体的情感问题和引发社会情感危机;又要提供条件支撑并允许负面、消极情绪的合理宣泄与释放。运用合理的手段对人的情感欲求进行伦理价值和审美层面的调节是转型时期社会与教育在人的情感观照方面的重要责任之一。

　　首先,尊重并重视"欲求"在情感和生命发展中的重要价值,及时以合理的方式回应和满足个体正当合理的生命欲求,促进情感和人的发展。对于整个的生命体而言,生理上的、精神上的各种欲求之间没有高低之分,只有平衡和多少之别。个体的发展是一个整体性推进的过程,不存在哪一个方面的欲求具有绝对的优先性,不同的欲求在整个生命的维存、生命体的运转及其发展中具有不同的作用,但是其重要性都是不容忽视的。不同欲求在生命上都是具有各自不同的意义的,缺少了任何一个方面,生命体就会不完整,生命的发展也会遭到扭曲。在对个体的教养和培育中,不可能也不应该轻易地否定、压抑和贬低人的正常、合理的欲求。教育中要做的不是贬低一些欲求而抬高另一些方面的欲求,而应该在尊重个体各种欲求的基础上,引导个体在各种不同的"欲求"之间学会辨别取舍并取得平衡。无论是与生理需要相联系的人的基本情绪,还是与精神欲求联系更为紧密的人的社会性情感,都是难以截然分开的。而且,既然都是生命机体的一部分,那么合理正当的"欲求"就应该得到及时的满足和回应。因为积极的情感不仅要靠引导教育等外部因素来激发和培育,而且在根本上要靠主体个人的自然生长和自觉发生。对处于不断发展中的个体来说,经常性地忽视或者延迟对他们欲求的满足,不仅可能导致生理发育上的延缓和不可逆,而且会造成对他们心理与精神上的影响——当基本的情感欲求得到恰当满足的时候,就自然地生长并发育出更多的积极情感,并因此而更加自信、自立;相反,则自然地生长并发育出更多的消极情感,并且也可能使他们产生对外界和他人的怀疑、不信任。所以说,欲求以及与此相关的情绪情感既是人性的组成部分,同时又为人的整体发展提供内在动力支持并产生更牢固的影响。

　　其次,在教育中引导并培育个体积极向上的"欲求观",从提高生命质量的角度,通过欲求、情感的相互作用关系,发展人的精神性欲求,培养健康向上的人格信念。各种不同种类欲求之间的相互冲突，其实质就是人的生理欲望和精神追求之间的冲突。尽管二者都是生命体不可缺少的组成部分，但是在不同个体身上，它们所占的比重和彰显的重要性是不同的。个体的欲求不会自动地从一个层次向另一个层次转化发展，之所以在不同的个体身上表现出的比重差异，既有诸如个人认识和觉悟等内部因素的推动，也受到各种外部环境和生活经验的影响，其中，教养方式和教育活动就是重要的因素之一。在对个体的教养和教育中，教育者们不仅要尊重各种"欲求"在个体发展中的作用并对其中的正当合理部分给予回应和满足，而且要在思想观念层面帮助孩子们树立正当、合理的欲求观念，既要避免由于物质上或者精神上的不正当需要没有得到满足而产生的负面情绪情感，又要避免由于不合理需要得到满足和迎合而产生的不合理的情绪情感。"欲求"是内在的，欲求问题的解决根本上还是要诉诸个体自我观念和意识的推动。前述无论哪一种情况，根本上都是由于个体错误的、不合理的欲求观念所误导的。它们不仅不利于情感的发展，而且通过情绪情感影响到人的其他方方面面的发展。

最后，在社会与文化大转型、大发展时期，对人的"欲求观"的引导教育应该立足人的精神需求，因应新问题，寻求多种途径。我们身处一个文化碰撞和由此造成的价值与欲求多样化的时代，面对的是一个个体角色频繁转换和新的身份不断形成的社会。在这样的背景下，个体的身份越来越多样，而由身份角色转换所带来的人际关系也在不断解构和重构：父母与子女、教师与学生之间的关系都不再仅仅是传统文化中的"父父子子""师道尊严"所能够解释的了的，中国传统文化对个体身份以及与此相关的伦理关系的解释力都在式微，而西方文化中的"个性""自由"是否能够用以解释中国人的伦理观和情感欲求？如何建立新的家庭关系、师生关系，以便在其中对孩子们的情感欲求进行健康和积极的引导培育？等等，都是摆在人们面前的新问题。由这些问题引起的人的情感与精神层面的变化反映在教育中,迫切需要教育的回应。在现代社会,教养与教育的终极目标应该是指向个人的健全发展,而在人的发展的内涵中,尤其以伦理道德和审美为重中之重。教育要将人引向更好的方向上,就需要以人的生物性为基础,以正当、合理的"欲求观"为指导,以伦理道德和审美欲求为依据,提升并发展个体的精神性欲求,促进他的自主、自由的社会性发展。它表现为从外部教育引导并最终通过个体的内部力量对欲求层次的调节,即,既不否认物质上的需要,又努力提高并追求积极的精神欲求,培育健康向上的道德情操和人格信念。

当然,对"欲求"调节的途径和方式是多种多样的,既可诉诸认知,也应该并且可以诉诸人的情绪情感。由于与"感受"相通,情绪情感对"欲求"也有放大或者弱化等影响。积极的情绪情感会促使人不自觉地调整自己的欲求观和定向,放弃那些不切实际的、违背人性及不利于人的长远发展的需要和欲望,将人的欲求引向积极健康的方向。不仅如此,由于情绪情感作用的广泛性,它还通过"欲求"对后续以及将来长久的情绪情感和人的发展产生影响。因此,在对人的教养和教育中,应该尽可能地选择通过强调对积极情感的体验来调节个体的欲求,而避免或者尽可能少地选择通过消极情感体验来调节个体的欲求。因为积极的情感体验在帮助调节欲求的同时,也能够产生积极的自我效能和持久性的积极情绪情感;而消极的情感体验尽管也能够帮助调节欲求,但由于其给个体带来的负向经验而很难产生持久性的、积极的情绪情感,从而在根本上不仅效果有限,而且对于人的发展也是不利的。①

三、情知一体的"整全人"培养

广义的"认知"指一切人与世界(包括他自身)的沟通与实践过程。作为一个综合的信息加工与处理过程,它既包含"感受",也包括个体的知觉、思维、注意、记忆、联想、意愿、情感、信念等一系列复杂的心理活动在内的整个生命活动过程。这里,为了研究的清晰,我们一方面暂时将其与上述复杂的生命活动过程相区分,而在理智的、理性化的、概念的意义上分析"理智认知"与人的情感的关系;另一方面,要对作为一种复杂生命活动的人类整体性"认知系统",特别是与人类"情感"密不可分的人的"情感性认知"进行研究,并分别阐明它们在情感以及人的发展和教育中的意义。

---

① 举个简单的例子来说,学生不喜欢学习,其背后的"欲求"是"获得生理上的舒适"(因为"学习"毕竟是一个需要思考和动脑子的事情,对于我们的感官来说,实在不是一件愉快和轻松的事情)。如果要引导学生改变或者调节这种"欲求",养成热爱学习并将"获得知识和自己更好的精神成长"作为自己的"欲求",教育者们既可以通过诉诸强调学习过程中的"理智感""乐趣""愉悦"等情绪情感体验,也可以通过监督、惩罚甚至是恐吓等强制性的手段来达到目的。或许这两种方式都能够通过一定的情绪情感机制达到使学生改变自己的欲求观,从而将精力投入学习中的目的。但是从其后续和长远的效果来看,前者由于给学生带来了积极的情感体验而可能使他们更加自信并从心理上真正产生学习的兴趣,主动学习;后者则由于给学生带来的是消极的情感体验,甚至是痛苦和不情愿,因此尽管学生们暂时放弃了自己的欲求而转向学习,但是在情绪情感上只会产生"反感""厌恶"等消极体验,一旦外界的这些手段减弱或者目标达到以后,就很有可能会出现严重的发展倒退甚至是思想行为上的巨大落差。正是因为这个缘故,当我们看到每年高考之后很多考生撕毁、焚烧自己的书本时,也就不难理解:缺少甚至是没有积极的情绪情感体验,而只是迫于外界的各种压力才放弃了自己其他方面的"欲求"来学习并参加高考是一件多么扭曲人性和误导人的发展的事情!没有积极情绪情感的"欲求"改变只能是短暂性的迎合和屈从。一旦考试结束,学生们就会返回到原来的思想观念和行为当中。这也就是我们看到很多高考成绩优秀的学生在进入大学之后就不再努力,甚至一些曾经作为"天之骄子"的高考状元就不再一如从前地优秀,与高考时候的"辉煌"相比,他们的人生发展不仅没有继续向前,甚至是在倒退。

(一)理智认知及其与情感的关系

对理智认知与情感关系的分析，有助于进一步明确人们长期以来在理智层面上对所谓的"知识""真理"与"情感"之间关系的偏见，澄清理智认知与情感之间的相互关系，并为教育活动和人的发展中的知识学习与情感培育等提供一些有益的思考。

1.认知构成并影响情感

如果说情感与情绪之间依靠"感受"这一基础而密切关联，那么情感与情绪的区别之一则在于它和"认知"之间的密切联系。正如前面所说，将情感等同于感受的情感理论上的"感受主义"的观点是有失偏颇的。俗话说，无知者无畏。生活中的常识也告诉我们，如果一个人不知道某件事情，他也就不可能产生关于这件事情的相应的情感。理智上的认知构成情感并且是引起情感，造成个体情感在状态、性质以及强弱方面差异的重要成分。一方面，情感不是"感受"，纯粹的"感受"既难以存在，更不能称为情感。同样的感受上的"疼痛"，有人由此产生"痛苦"，有人则会由此生发"悲壮"，无论"痛苦"还是"悲壮"，都是建立在感受基础上的"情感"体验。"感受"只有与个人的理智认知结合起来，才更有可能构成并引起丰富与复杂的人类情感。另一方面，理智上的认知还形成并呈现为个体对于事物与现象的"知识""观点""看法"。我们认识、判断的基础是我们所秉持的价值标准，所持标准不一样，对事物与现象的解释就会不同，所产生的情感自然也就不一样。一种情感总是在其背后包含着我们对情感对象本身或者对象所具有的特征的看法和认识，个体已经形成的价值标准影响甚至是决定了他的情感状态与情感性质。

认知对情感的影响还特别地体现为它作为重要的情感"原因"①方面。俗话说，没有无缘无故的爱，也没有无缘无故的恨。人的一切情感及其变化都是有一定的原因的，即便是那些让我们觉得莫名的情绪情感，也总能在其背后找到一些原因。②

首先，在引起情感的众多原因中，大部分甚至可以说几乎全部都是主客体相互作用的共同结果。单纯的客观现象或者纯粹的主观现象都既是难以存在的，更是不可能或者很难引起、改变个体的情感的。其中，在客体现象的基础上，个体认知中的"判断"和"主观选择"发挥了相当重要的作用。"联系

---

① 这里还需要特别注意情感"原因"和"对象"之间的关系以及对教育的启发意义。所谓情感的原因，简单地说，就是"引起情感的事物"，即：什么引起了情感？因此它是指情感的"引起物"；情感对象则是"情感所指向的事物"，即：人的情绪情感是针对什么而发的，因此是情感的"指向物"。一般而言，二者之间是相一致的，但是也存在不一致的情况。最早对情感原因和对象作出区分的是休谟，他说，"我们必须区别这些情感的原因和对象；必须区别刺激起情感的那个观念和那个情感一经刺激起来被我们观察时所参照的那个观念"（[英]休谟：《人性论》，关文运译，北京：商务印书馆，1982：311）。情感的"引起物"有时候并不等同于它的"指向物"，把情感的"引起物"与情感的"指向物"相等同，用情感原因代替情感对象，就会造成很多生活与教育中不必要的矛盾和困惑。

对情感"原因"和"对象"的区分有助于我们更好地认识情感与情感发展。什么样的事物、现象成为或者呈现为（被选择为）情感"原因"，是会影响情感的状态和发展的。一方面，假如排除个体主观上的感受、欲求和认知的作用，甚至可以说，外部事物与现象的状况（如性质、特点等）决定了情感状况。一般来说，那些能够与个体已有经验产生联系的、特点与状态鲜明的事物更容易产生深刻的情感，而脱离人的生活经验、远离人的生命的事物与现象则要么难以引起个体的情绪情感，要么只会产生一些肤浅的情绪情感。另一方面，实际的情况是，引起情感的"原因"并非是单一、纯粹的。事实上，它很多时候都是多方面的，而不止一种。这一点已经得到研究者们的广泛认同。例如，希尔曼就曾经从生效原因（刺激）、物质原因（躯体）、形式原因（精神模式）、终极原因（目的或目标）等四个方面来综合分析情绪情感的原因。（具体可以参见：Hillman, J. (1960). *Emotion.* London: Routledge & Kegan Paul.p.253）

因此，在情感发展和教育中，将由多种原因共同引起的情绪情感最后指向同一个甚至是另一个毫不相关的事物上，既会导致对情感现象和问题"归因"的单一化，又容易造成对情感"原因"和"对象"认识与区分上的混乱，显然是有失偏颇的，无论是对于情感发展还是整个教育而言，都是有害的。限于篇幅，对于这个问题，我们将在以后另文探讨，这里不作展开说明。

② 觉得"莫名其妙"，只不过是由于我们局限于传统认识论思维的限制，不能或者缺少运用清晰的概念和理性对其进行清晰、准确地把握而出现的一种状况而已。

到儿童期的认知发展变化，这些发展表明，儿童的情绪内容和诱因可能来自抽象的而不是具体的现象。"①换句话说，也就意味着情感的产生还与我们对外部现象"怎么样"的判断和理解有关。如果个体认为外部环境是安全的，就会表现出惬意感和放松感；如果个体认为外部是不安全的，则表现出恐惧感（也许外界事实上是安全的，但是认识判断的不同，情感也就不一样）。外部现象只是为情感的产生提供了必要的准备条件，但是并非充分条件。只有把外部现象与主体自我的认识和判断结合起来，才更有可能影响甚至决定情感的产生和变化与否。

其次，个体的主观判断不仅指向相对而言的客观现象，而且指向对客体现象与主体自我之间关系的判断。也就是说，单纯的客体现象不会或者难以引起情感，而主体自我对现象的判断也并不一定会引起情感的产生或变化。当一个人看到有人在公共场所随地乱扔垃圾，他或许也会依据自己的主观判断和对文明道德的理解，认为这种行为是不文明、不道德的，但是他未必就会对这种行为表现出个人情绪情感上的"厌恶""反感"。之所以会这样，很大的一个原因恐怕就是他并没有将这种行为及其产生的影响与自己和自己的利益联系起来。说得再明白一些，就是明知道这样的行为会影响公共场所的环境卫生，是不文明的行为，但是因为认为它并不是发生在我的家里，并不会对我的利益构成直接的负面影响，所以也就"事不关己"，那么没有什么情绪情感上的反应，甚至"视而不见"也就很自然了。可见，单纯地对客体事物和现象的"事实判断"是很少有的，尤其在社会生活和伦理道德领域更是如此。个体对任何现象和事物的判断都是从自己的标准和利益出发进行的。也只有对一个现象和主体自我之间的关系作出"价值判断"甚至是意义体会

---

① ［德］韦纳特主编：《人的发展》，易进等译，重庆：西南师范大学出版社，2011：106.

和理解的时候,才会引起甚至是改变个体的情感状况。

最后,在影响个体主观判断的因素当中,个人的"信念"和"意愿"及其相互关联而形成的情感认同尤其重要。格登(Gordon,R.M.)将情绪情感中的信念与意愿分别称为"信念条件"(belief condition,简称 BC)和"意愿条件"(wish condition,简称 WC),并且认为,无论是 BC 或者 WC 都难以单独引起或改变情绪情感。正是信念与意愿的结合,才使得情绪情感的产生和变化在人的认知层面真正成为一种可能。意愿受挫(如意愿之间的冲突、意愿未能实现等)、满足,信念与否以及坚定程度等,都可能成为影响情感的因素。①"认识到"不一定"相信","相信"也不一定"愿意如此"。一方面,个体可以对一个现象作出主观上的理解和判断,但理解未必相信,更不等于接纳,这还不一定会引起情感的产生和变化。因为个体完全可以通过想象、幻想等方式而假装自己的情绪情感,却不一定需要有真实的情感投入,"我们也可以理解他人的情绪而不感受到同样的情绪。……如果我此时理解你的情绪或心思,我就可以想象你的情绪或心思,事实上我不经历你的心理状态。想象性理解并不是将被观察者的心理状态传递给观察者,而是当你感到尴尬或自豪时,我观察到这种情绪并想象如果自己处于那种境地会产生什么样的情绪。其结果是我产生了一种'好像'或'假装'的情绪"②。另一方面,在意愿和信念层面要愿意并且相信这样的情境和现象是与自己利益以及生活经历相关的,即它还必须要有意愿和信念上的真正接纳和认同。否则,即使是认识到了现象以及它对自己的利益和生活经历可能产生的关联,但是不愿意承认和相信这

---

① 格登以"生气"这一情绪为例对此进行了详细的说明:"如果 S 对 P 这样一个事实很生气,那么 S 相信 P,并且不希望 P 的那种事情发生。这样三个必须同时发生:①S 相信 P;②S 不希望 P 的那种情况出现;③一些其他的足以引起生气的条件——三个中的两个都不能够使得 S 生气。"[See Gordon,R.M(1987). *The Structure of Emotion*. Cambridge University Press,pp.53-54]

② [美]哈里斯:《儿童与情绪:心理认知的发展》,郭茜等译,北京:教育科学出版社,2012:42.

种现象或者否认它对自己利益与生活经历的关联,也不会产生情感,或者会产生不适当的或者极端的情感反应。正是在这个意义上,哲学家叔本华才从相反的角度告诫世人,只要降低或者放弃信念与期望,也就不会有失望的情绪情感产生,"他不是想要使我们沮丧,而是要使我们摆脱期望,因为期望引发怨恨"①。如果意愿和信念上难以接受,我们往往不愿意承认某种事实,也就不会产生失望、悲愤的情绪。类似这样的现象,一般都会带来个体情绪情感上的大起大落,由此而出现的情绪情感上的波动、变化也是十分复杂的,它对于个体认知、道德、精神的冲击也最大,如果处理不好,甚至会影响一个人的情感状态和整个人的发展,对他以后的生活也会产生很大影响。

总之,认知以及与认知相关的个体的判断、选择、价值观念都在不同程度上构成对情感的影响,没有或者缺少认知的情感不仅难以存在,而且也会在性质、强弱和丰富程度方面发生变化。

2.情感对认知的意义

认知构成情感,不仅表现为认知对情感的作用方面,情感也反过来作用并影响认知的发生和认知的质量。作为一种动力和引起机制,情绪情感首先通过激起人的兴趣与意识定向,推动或者阻滞认知的定向和产生。"没有'人的感情',就从来没有也不可能有人对于真理的追求。"②

情感作用的广泛性在于它并不仅仅影响认知的发生, 即便是在选择了认知对象之后, 情感还会通过对个体的其他方面的一系列影响而影响到认知的质量。情感首先直接地影响到个体认知的兴趣和对认知对象的考察。积极的情感有助于深化认知水平,生成深刻认知和深入理解;而消极的情感则

---

① [英]德波顿:《哲学的慰藉》,资中筠译,上海:上海译文出版社,2004:218.
② 《列宁全集》(第20卷),北京:人民出版社,1958:255.

要么使认知活动浅尝辄止,要么使其停留在表层的知觉和经验层面,难以深入细致。其次,情感还通过影响认知过程的信息选择来影响认知质量。认知的发生是以认知对象的存在为前提的,选择什么样的对象来进行认识,是由个体情绪情感参与并定向的;而对这个"认识对象"的哪些方面展开认识,同样是受到个体对"对象"的认识程度(包括全面和深入程度)的影响。"忧心忡忡的穷人甚至对最美丽的景色都没有什么感觉;贩卖矿物的商人只看到矿物的商业价值,而看不到矿物的美和特性;他没有矿物学的感觉。"①再次,情感通过影响人的思维和精神状况而影响认知的质量。积极的情感会使人精神振奋,充满自信,甚至发挥出创造力,从而激发认知活力,提高认知效率;消极的情感则让人感到疲倦、压力、沉重、反应迟钝,做事效率低下,更不要说发挥认知过程中的创造力和激发认知活力了。最后,情感通过影响人际间交往而影响认知质量。因为人的认知不完全是他自己的事情,它根本上是需要在与他人的交往和合作中完成的,而交往、合作的质量毫无疑问会影响到认知的质量。只有那些平等、深入、有丰富和积极情感投入、参与的交往关系,才有可能保持个体良好的人际关系和心理状态,从而促进人们相互之间以平等、真诚的关系和态度进行深入交流,并深化认知过程和水平。

情感对认知的影响还体现为个体已经具有的,并且内化为他人格和精神一部分的稳固的情感——信念来发挥作用。无论是认知过程中的知觉、联想、判断、记忆等心理活动还是认知结果所形成的"认识""观点"和价值观,都在更深的层次上与个体的深层次的、较为稳固的情感,也就是信念相连。面对同样的情境和现象,一个有着积极乐观的人生信念的人,往往会将它与好的、乐观的状态联想在一起,从而能够以积极乐观的情感状态去认识和面

---

① 《马克思恩格斯全集》(第 42 卷),北京:人民出版社,1979:126.

对它;相反,一个信念不坚定或者意志薄弱的人,则往往会将它与不好的、坏的结果联系在一块儿,从而也就不仅在情感上表现出悲观、厌恶,而且也难以真正投入和寻找积极的认识方法。可见,作为理智上的"认知"与精神上的"相信"的结合体,"信念"的作用是双重的。既可以在显性或者隐形层面影响认知,又通过认知进一步地影响到人的情感发展。以至于有人说,"最终决定情绪的因素不是愿望与情境的一致,而是愿望与表面情境的一致……人对情境所持的信念(而不是情境本身)决定了人的情绪……而且,虽然这些信念在客观上是错误的,它们仍像正确的信念一样有力而有效地决定着情绪"①。坚定执着的信念,甚至会在情感性向上产生决定性的作用。认知与情感之间的交融共在的关系在"信念"及其影响层面更可以一目了然。

3.情知一体的教育原理

情感与认知之间密不可分的联系不仅打破了长期以来人们认识上的"知-情"二分的观点,而且对于重新认识情感和情感培育,认识情感与人自身教育和发展的关系具有深刻的启示——要把情感教育与认知统一起来,"情感教育和对世界的认识不能统一起来,是造成对知识抱冷漠不关心态度并最后导致不想学习的最顽固也是最危险的根源之一。培养脑力劳动的情感素养和掌握知识的过程是学校生活中获得智力财富的一个重要方面"②。

首先,就作为整全的人的生命发展来说,认知发展与情感发展之间既不是相互独立,更不是等一个方面发展到一定程度之后,另一方面才开始发展的前后关系,而是相互伴随、彼此交融递进的。个体认知发展必须伴随情感素养的跟进,只是重视认知发展,而忽视少年儿童情感品质发育的观点是十分危险的,因为,"一个进入少年期的人在智力发展方面迈进了一大步,从而

① 〔美〕哈里斯:《儿童与情绪:心理认知的发展》,郭茜等译,北京:教育科学出版社,2012:55.
② 〔苏〕苏霍姆林斯基:《公民的诞生》,黄之瑞等译,北京:教育科学出版社,2002:293.

在他面前展现了一个观念世界，他的思想会促使他刨根究底地去寻求有关世界观问题的答案。人的生活中的这种合乎规律的质变孕育着情感素养落后于思想素养的危险"①。与此相关，对于"发展"的界定、认识和评价也需要有相应的改变。以往用知识的多少和丰富程度来判断个体素质，用学历的高低来衡量个体前途和发展好坏的观点是要受到检讨的。不仅人的发展不能简单地等同于知识的多寡和学历的高低，而且即便是知识本身，也不是剥离了情感的冷冰冰的理智认识的结果。"情绪与认知活动紧密交织在一起，两者同为掌握技能的结果，并同为孩子下一步学习的方法和基础。"②今天，我们很难想象一个只懂得与机器打交道而不会与人交往，只拥有一纸文凭，而缺少同情、关爱的人，他的发展会是什么样的，这样的人又能在多大程度上称得上是受过很好教育、获得完满发展的人呢？

具体到教育来说，一方面，由于现代知识的性质已经发生了根本的改变，"认识对象无论是作为一种事物、一种关系或一个问题都不是'独立的'、'自在的'和'自主的'，它们与认识者的兴趣、利益、知识程度、价值观念、生活环境等等都有着密不可分的关系"③。伴随知识性质改变的是认知的改变，任何人的认知都受到自己所处时代、自己已有知识水平、自身认识能力和生活经历等多种因素的影响和制约，谁也无法保证自己的认识一定是正确的，谁也不能说自己的认识就是唯一的真理。以现代知识背景和对人自身认识能力的客观评价为认识论前提，认知是"可错的"，认知上的错误既是正常的，也是可以理解的。因此，与认知相关的人的情感也是"可错的"。这就意味着，个体在生活中所表露、显现出来的情感并非都是他们内心的"真情实

---

① ［苏］苏霍姆林斯基：《公民的诞生》，黄之瑞等译，北京：教育科学出版社，2002：217.

② ［美］贝克：《儿童发展》，吴颖等译，南京：江苏教育出版社，2002：551.

③ 石中英：《知识转型与教育改革》，北京：教育科学出版社，2001：144.

感"。不仅实在的"感受"不一定产生情感,就是产生的情感与个体表露、显现出来的情感也可能是不一致的。受自我认识水平的限制和认知的干扰,"真情难显"和隐藏伪装而表现出的"虚情假意"都是正常的。①另一方面,在人的生理和心理特点上,认知以及由此而产生的结果也是容易被遗忘的。我们不可能记住所有的事情,更不能永远地记住所有的事情。那些难忘的记忆往往都是具有某些特殊的特征才会被我们记住。在影响记忆的因素之中,情感可以算作是一个主要的方面。"一般而言,记忆内容的情绪性越强,后续回忆鲜活性越高。"②由于与认知之间的关系,"情感"在这方面的状况也是一样。并非所有的情感经历和体验都会被保留,加上与情绪之间的密切联系,很多时

---

①　但是这并不意味着我们提倡人的发展和情感教育中的"虚情假意",它恰恰从另一个方面说明了情感培育的难度以及"真情实意"的难能可贵。在教育中,教育者们尤其应该尽量减少由于自身认知和归因上的"常识性"错误、盲目、武断而导致的对个体情感发育的负面和消极影响。例如,学生在课堂上表现出的不耐烦,既可能是因为他对教师上课方式的不满,也可能是他听不懂教学内容,还可能是由于学生家庭关系、同伴关系或者是个人生活中的其他事情所引起的。在没有确切地了解情况之前,教师不能简单地下结论甚至用粗暴、武断的方式惩罚学生,否则就有可能因为错误的处理和应对方式而导致学生更加不敢、不愿在教师面前表露自己的真情实感,严重的甚至可能造成学生"公正感"的弱化,不仅导致他们在心理上出现问题,并给师生关系甚至是学生以后的发展造成消极的乃至不可挽回的影响。

然而不幸的是,现实教育和教学生活中的很多问题恰恰是由于情感归因的失误而导致的处理措施上的不当。经常可以见到的现象是,在教育和教学中,有的学生对学习的知识和内容感到好奇、不满足于学校教育和课本上的内容;有的学生则对学习内容感到迷茫,甚至在课堂中不听课、难以聚精会神等;至于学生在与同伴相处、在对一些事物与现象作价值评判时候所表现出来的种种状况等就更是难以尽数,这些教育教学中的琐事都是大量存在的。优秀的教师总是能够从学生的情感中寻找原因,将学生作为一个发展中的个体来巧妙地认识、应对和处理这些问题;而大量的教师则是因为各种各样的原因,特别是受到成人思维和普遍化教育理念的影响,要么认为学生还没有长大,要么觉得学生不应该出现这样的情况,从而武断、极端地处理和应对这些情况。"这些问题等你长大了自然会明白!""你怎么能这样做?"等教育中受到简单化的问题处理方式、自我出发的思维模式等影响而表现出来的话语经常可以听到。其中,教师既忽视了学生个体之间情感上的不同和由此表现出的发展差异,更忽视了学生作为成长发展中的个体与成人之间的差异。不能从情感出发来进行很好的归因,从而既忽视了学生的情感发育与生长,也误判了整个人的发展。

②　杨治良等:《记忆心理学》(第3版),上海:华东师范大学出版社,2011:380.

候,我们的情感都是瞬间的,是在特定的场合、对于特定的人、事而生的。情感的这种特点既为进行情感的教育和发展提供了可能,也使得情感教育和发展成为必要。

其次,认知与情感之间的相互影响、彼此交融的作用关系首要地体现在认知对情感发展各个方面的影响,尤其要注意个体认知以及与此相关的价值观念和判断、评价等对情感发展的影响。对于个人的发展与教育来说,如果学生们认为考试作弊是一种正常现象,那么他也就不会将他人以及自己在考试中的作弊行为看作是不道德的行为,自然更不会因为这样的行为而感到羞耻;相反,则会对他人的作弊行为感到愤怒,而对自己的作弊行为感到羞耻。因此,在个体的成长和教育中,教育者们在培养和引导他们认知发展的同时,还应特别注意对少年儿童判断、评价能力的培养。合理恰当的评价能力有助于学生对现象和事物作出合适的评价,从而生成个人恰当的情感状态,并对外部现象作出必要的合理性回应,更好地发展自己与他人、社会、自然以及自我之间的关系。当然,对于积极合理的判断和评价能力的培养是需要条件的,其中,又以教育者自身的判断和评价能力为主要因素。教师尤其需要注意自身判断和评价能力对学生情感的影响。因为在教育活动中,"不管积极情绪,还是消极情绪,其起源首要的不是认知本身,而是分数或教师口头评语的形式对学生的作业所做的评价"①。教师恰当的评价方式、评价时间,合适、公正的判断标准都会给学生的情绪情感状态带来积极的影响,也因此能够促进他们整个人的发展。

特别值得一提的是,个体整体上的认知水平和能力对其情感,尤其是道德情感以及与此相关的人格气质和人生境界等也具有重要的影响意义。通

---

① [苏]赞科夫编:《教学与发展》,杜殿坤等译,北京:文化教育出版社,1980:373.

过并结合认知发展,培育人的高尚情操和人格境界是情感教育乃至整个人的发展的重要方面。一直以来,由于受到科学唯理主义和学科分化的限制,人们或多或少地为了道德教育操作上的"方便"而忽视甚至是放弃了个体道德成长的"整体性"特征,人为地将道德发展分割成道德上的"知""情""意""行"等方面,从而也就导致教育上的"先认知、后情感"以及"重认知、轻情感"的状况。这不仅不利于个体情感尤其是道德情感的发展,而且也违背了道德生长的规律,造成道德教育效果低下甚至是遭人厌倦。而事实上,道德认知与情感是互相交融,你中有我,我中有你,共同发展的。以"尊重"这一道德价值的发展和教育为例,通过恰当的、适合学生学习能力的认知教学,让学生了解"什么是尊重""为什么要尊重""如何根据不同的对象和场合用适当的方式表达并实践尊重"等,不仅可以使个体更好地知道、掌握有关于"尊重"的基本知识和技能,而且通过反复、多次地认知学习,也能够形成学生的思维习惯和定向。当一个人出于对"尊重"的理解、认知并且作出"尊重"行为的时候,实际上既是他的认知在发挥作用,同时也受到他内在情感的推动,表明他已经在个体的情感和精神中认同"尊重"且愿意践行"尊重"。可以说,从来就不存在纯粹的认知发展,认知的发展必然伴随着情感的发展。在道德教育中,"道德情感不是无控制、非调节的自然情绪,而是人用一定的价值准则控制、调节自己的情感表现和情感体验的产物"①。脱离了基本道德知识的学习,道德情感的培育就只能成为没有内容和实质的形式;而缺少了内容与思想内涵的道德教育,就会流于表面,看起来热热闹闹,甚至是情绪激昂,却是没有或者难以有多少能够真正深入人心。

再次,不仅情感的构成、培育和发展离不开认知,认知学习和教育同样不

---

① 朱小蔓:《情感德育论》,北京:人民教育出版社,2005:19.

能也不可能脱离情感而单独进行。情感对认知的形成、转化和质量都有影响,"把知识反映到情感上,这是知识转为信念的重要条件,也是形成坚强的信念和世界观的条件。情感状态产生一种巨大的循环力,影响少年的智慧和全部智力生活。……具有乐观愉快的世界观,能掌握各种事物、现象和真理,对自己的力量充满信心,是加强记忆、思维和灵敏性的新源泉"①。在人的发展和教育中,情感对认知发展、学习和教育的影响表现在多个方面。

情感作为动力机制,可以激发推动或者停止阻碍认知定向和认知发生。之所以存在学生在某些学科上学得好,而在某些学科上学得不好的情况,除了其他一些外在的、不可克服的影响因素之外,其中很大部分的原因还可以从学生自身以及学生与学习对象、交往对象的情感关系中寻找。如果学生对于某一门学科的内容、教某学科的教师没有或者缺少情感上的亲近、体验以及由此而产生的共鸣,甚至是在情感上有反感、抵触等负面情绪的时候,那么难以甚至不可能投入全部精力去学习这门课也就是自然而然的事情了。而过重的学习负担不仅会束缚学生认知思维和理性逻辑的成长,也会影响到他们创造力的发展。作为教育者的教师在教学中调动学生兴趣和积极性,强调个体情感成分的参与,对于认知学习和教学是至关重要的。缺乏情绪情感参与的知识和生硬机械的符号化记忆不会或者难以产生有效的知识迁移、联结以及形成知识与个人心灵和精神之间的契合。教育活动尤其是教师们必须要善于发现知识背后的那些"情感点",善于"融情入识",发现、寻找并激发学习者所学知识背后的那些"情感因子",从而使知识成为"有情感支撑的知识",记忆成为"情感性的理解记忆",教育成为"有生命温度的学习"。这样,学习的过程也就是对生活的深度体验、对生命的认识和理解不断加深

---

① [苏]苏霍姆林斯基:《公民的诞生》,黄之瑞等译,北京:教育科学出版社,2002:311.

的过程。其中,学习者不仅不会感到枯燥、负担和压力,反而还会因为其中充满了理智的乐趣、探索的激动和发现的惊喜而同时产生智力与情感劳动上游戏般的快乐并获得极大的满足与幸福。正如苏霍姆林斯基所言,"如果教师不想方设法使学生产生情绪高昂和智力振奋的内心状态,就急于传授知识,那么这种知识只能使人产生冷漠的态度,而不动情感的脑力劳动就会带来疲倦。没有欢欣鼓舞的心情,学习就会成为学生的沉重负担"①。

　　情感影响到认知对象的选择、认知方式以及认知的意向。无论是陪伴孩子成长的家长还是学校中的教师们,总是在心底里对那些经常调皮捣蛋不听话、学习不好的孩子存在一些偏见。不是我们有意要回避或者不关心那些成绩不好的学生,而且调皮捣蛋和成绩不好对于一个成长中的儿童少年来说或许根本就构不成什么"不足"乃至"错误",但我们还是会不自觉地不喜欢他们,对他们的关注、关心总是比其他孩子和学生更少,在与他们的交往中,往往也会不经意间流露出对他们的忽视甚至是偏见。出现这样的情况既是人之常情,也是体现了情感在认知对象选择、方式以及认知意向上的影响。因为我们总是不自觉地在运用情感筛选我们关注和认知的对象,只有那些在情感上引起我们注意和情感波动的人或事,才有可能进入我们的认识视野,成为我们关注的对象。

　　情感对认知的影响还表现在记忆的选择和道德行为等方面。无论我们是否愿意承认,人总是能够记住那些引起我们情绪情感波动的人和事,而倾向于忽略或者遗忘那些平淡的、没有给我们带来多少情绪情感上波动的人与事。引起强烈情感反应的事情,往往也是最难忘的事情,而没有或者缺少情感变化和体验的认知学习和教学也是低效的,因为"未经过人的积极情感

---

① 裴庆先:《情感是教学产生最佳效果的保证》,《教育探索》,1996(5):32.

强化和加温的知识将使人变得冷漠,由于它不能拨动人们的心弦,很快就会被遗忘"①。在伦理道德领域中,情况也是一样。无论是认识还是实际践行一个道德行为,都是我们对外部现象在情感上反应的结果;而无论我们选择或者不选择做某一件事情,其背后同样也是蕴含着我们的价值评判②在内的。价值判断与事实判断的一个重要区别就是价值判断是带有个人价值立场与态度、情感在内的。在人的发展和教育中,应该用综合的、整体的观点看待情感与认知的关系,尤其注意发挥情感的动力机制、认知定向、记忆选择和道德教育等方面的功能,促进认知深化、道德完善,为整个人的发展创造更好的环境和条件。

最后,特别需要强调的是,情感与认知之间的关系是如此密切,以至于有人甚至认为,只要在"认知"上下一些功夫,就完全可以实现我们对于情感的驾驭。"愤怒不是来自失控的感情爆发,而是来自理智本身的根本性的(但是可以纠正的)错误……只要我们改变了思想,我们就可以改变发怒的倾向……促使我们发怒的原因是我们对世界和对他人持有过分乐观的观念。"③显然,这种说法是需要慎重考虑的,尤其是在现代社会中,学生的认知发展无论在现状还是基础上,都较以往有了很大的变化,表现出了一些新的

---

① 之光:《国外情感教学理论的发展及其启示——对教学过程本质的再认识》,《教育科学研究》,1987(2):37.

② 没有情感反应或者情感自觉的行为尽管有时候也会产生道德结果,但是我们还很难把它们与道德行为联系在一起。换句话说,判断一个行为是否是道德的,不仅要看其结果,而且要看其动机。没有引起情感共鸣的无意识行为所产生的道德结果尽管也是存在的,但是他们的基础是十分薄弱的,当外部的评价标准变了,这种行为是否还能够被称为道德行为就很难说。当然,反过来也是一样,如果只依靠情感,而失去外部认知作为基础的道德结果也不能称为道德行为,因为它会随着个人的情感变化而变化。这样的道德结果同样也是不稳定的。所以,就道德行为而言,它应该结合道德认知和情感,而不是只取其一。关于这个问题的讨论,可以参考拙作《道德教育认识论基础的反思与重建——中西比较的视角》,《湖南师范大学教育科学学报》,2014(3)。

③ [英]德波顿:《哲学的慰藉》,资中筠译,上海:上海译文出版社,2004:89.

特点。

其一，个体认知发展表现出几个关键性的转折点。皮亚杰(Piaget)的研究认为 11~15 岁是一个人发展的关键阶段，这一时期认知发展的特点主要表现为从具体的感知阶段向抽象的思维阶段转变。我国学者林崇德等人的研究也认为，青少年阶段是抽象思维发展的关键期，这一阶段的抽象思维主要表现为通过假设进行思维、思维具有预计性、思维形式化、思维活动中自我意识和监控能力明显化、创造性思维获得发展[①]等特点。青少年抽象思维的发展是有一个过程的，它需要通过感性经验的支持，逐渐向抽象思维过渡。而十三四岁正是思维发展中表现出感性—理性、特殊——一般、具体—抽象不断循环往复，并逐渐向更高水平递进的关键时期。

其二，知识经济和互联网时代的到来，大大地冲击了这种传统的知识学习方式。面对大量的、铺天盖地而来的信息，一个普遍可见的现象是，每个人都拥有一个计算机和电子存储设备，将搜集到的各种资料、信息装在里面。学习活动似乎变得十分简单——就是对资料的搜集与存储。[②]在这样一种情况下，个体的学习开始逐渐从"理解知识"转变为"存储信息"——不用大脑思考和记忆，一样可以用一个移动设备储存知识与信息；学习的过程也逐渐从"内化知识"转向"占有知识"——随时随地甚至足不出户就可以通过互联网搜寻到自己想要的东西。知识学习方式的这种变化直接导致了人们学习心态和情感上的变化：学习活动往往被简单化为信息筛选和存储，人们不愁没有知识可以学，而是担心会漏掉哪些信息没有看到；人们不去想怎样把知

---

① 林崇德、李庆安:《青少年期身心发展特点》,《北京师范大学学报》(社会科学版),2005(1):51.

② 但是对于这些搜集和占有的信息,我们到底知道多少、学习掌握了多少,就不太好说了。甚至很多信息自从装进移动设备以后,都从来没有打开看过,只是到了需要用的时候才囫囵吞枣地复制粘贴一番。

识与自我经验融合,而是想怎样尽可能多地占有信息和资料。客观信息淹没了主观经验,自我生命被外部事物所挤占和压制。个体越来越多地"看到知识""搜集知识",唯独缺少"体验知识",学习与认知的过程越来越机械化、程式化,甚至成为单一的理智认知和技术操作过程,人类生命中本有的、活生生的情感则越来越少,越来越单薄。

其三,伴随着信息与知识的激增和人与人之间交往的增加,价值观多元、对不同价值的理解和尊重越来越多地得到人们的共识。在这种情况下,对于不同的事情有不同的理解和看法已经司空见惯,学生的价值观趋于多元。在多元的、价值不一的知识信息社会中,情感培育逐渐失去稳固的价值基础,尤其是在道德、审美领域,已经很难再依靠哪一种既有的知识或者认知模式去培育人的情感。认知多元给情感所依托的人的"欲求""认知"甚至是产生情感的原因等都带来动摇,情感失去稳定的价值基础,情感发展的知识和价值方面的影响因素更加复杂多变。

因此,要更好地培育个体的情感,促进他们的发展,就需要放弃在情感教育中单纯依靠知识和价值观的思想,增加对直接的、体验的知识与信息学习方式的重视,在体验中增加"感受"、改变"欲求"、提升认知质量,从而使情感更加饱满和丰富。除此之外,无论是在情感的研究还是教育中,都必须走向对"情感"的直接思考和教学,研究者需要考虑"什么是情感""为什么会是这样的情感"等一系列情感背后的认知问题,教育者则需要带领学生经常去讨论特殊情境中个体情感背后的原因,无论父母还是老师,经常性地和孩子们讨论情感,将有助于他们更加懂得和理解情感,从而在情感发育和自我发展中发挥自我教育的作用。

（二）"情感性认知"与全生命教育

广义上说，"认知"不仅包括我们通常所说的对于信息的"知道"以及与此相关的"观点""看法"和"知识"，它还包括参与这些"观点""看法"和"知识"形成过程的个体的感受、思维、注意、记忆、联想、意愿和信念等几乎所有的心理因素和它们的活动过程。特别是那些与人的情绪情感有着密切牵连的"认知"——它们往往不是简单的理智认知，而是与人的整个生命活动过程相伴随，因而不仅自身蕴含着大量丰富的情绪情感成分，表现出与情感相类似的特征；而且对于情感的生长、教育乃至整个人的发展而言，都具有特殊的价值。

1."情感性认知"及其特征

"认知"是"人"的认知，对于"认知"的考察必须还原到其主体，也就是"人"的生命及其生活当中才会更真实并富有意义。同其他一切实践形式与活动一样，"认知"的目的是促进人的发展和进步，尤其是对于认知主体自身来说，认知的直接目的除了获得信息和知识以外，还在于理解、增加并升华生命的意义。

获得信息与知识并非认知活动的最终目的，而只是为生命成长和整个人的发展提供工具、方法、能力上的准备，尤其是那些狭隘的"知识观"所秉持的"概念""命题""理论""程序"等，都不再是认知的主要目的，而只是帮助人更好地生存并通达、获得生命意义的中介和途径。在生命意义的层次上，理智认知以及与此相关的抽象的、理性化的"知识"还不足以完全达到人类认知活动的目标——在人类认知的道路上，理智认知只是其中的一段或者一部分，而非全部。通过理智认知，我们可以借助概念、理性、抽象化的思维等间接或者直接地在大脑中获得对生命意义的理解和升华。但是人的认知活动并不仅仅是大脑的"专利",抽象化思维以及与此相关的概念也并不是人类认知活动唯一的依据。"人类一开始不是作为笛卡尔的'我思'或胡塞尔(E. Husserl)的'纯粹意识'这样的认识论意义上的抽象主体出现的,但是人的认知也不是建立在惰性物体的机械活动之上。认识既不是起因于一个有清晰自我意识的主体,也不是起因于业已形成的(从主体的角度来看)、会把自己烙印在主体之上的客体;认识起因于主客体之间的相互作用,这种作用发生在主体和客体之间的中途"①,在主客体的相互关系之中,人类展开自身的认知活动并获得生命的成长。因此,真实的人的"认知"既不是纯粹的主体思维活动,也不是建立在什么客观物体之上,而是在主客体的互动中,在生命成长中实现的,它与人的生命,尤其是人类的情绪情感之间具有密不可分的关系。我们把这种区别于理智认知,与人的生命活动尤其是情绪情感紧密相连的、有情绪情感渗透交融并在根本上体现生命活动特征的"认知"称为

---

① 李恒威等:《表征与认知发展》,《中国社会科学》,2006(2):36.

"情感性认知"①。

　　"情感性认知"排除了纯粹"身—心"二元的"认知观",将认知看作是整个生命体参与的、与人的情绪情感同为一体的过程。它与现代认知科学中所提出的图景认知、缄默知识,尤其是具身认知等具有十分相似的特征,表现为不依靠或者少依靠概念和抽象思维,而将整个生命体都作为认知工具的一种大画面的、主客体交融互动的生命活动过程。

　　首先,情感性认知强调作为一个系统的整个"机体"在认知和情感中的价值与地位。它将认知看作是一个生命整体性参与的过程,而不仅仅是大脑和思维的活动。这就意味着,与理智认知相比,情感性认知是以人的整个机体作为基础的一个"认知系统",在这个"系统"中,情绪情感与感受、动机、学

---

　　①　"情感性认知"具有深刻的社会背景和理论基础。在长期历史文化和思想脉络中,尤其是受到西方理性主义传统的影响,人往往被冠以"理性的动物",从理性上区分人与动物,是西方自古希腊哲学传统以来就已经逐渐形成并成为主导的思维模式。与此相应的,它将人的"认知"建立在概念的、理性的、抽象的计算和程序基础上,也就是我们在上面提到的"理智认知"。但是这种对于"认知"的理解到了20世纪50年代之后,便开始受到现代科学发展的挑战并渐渐遭到人们的质疑。

　　随着机器大工业时代的到来,技术的发达以及人们对技术的依赖都越来越强,技术的广泛应用必然地牵涉到人的心理和精神层面。然而人们希望能够像对产品和劳动工具的复制一样对人的"认知"过程加以复制的想法很快便遭到困难与失败,因为无论技术如何发达,"认知"的复制却远远只能停留在概念化和程序性层面,很难完全实现对"鲜活"认知的重视。而几乎与此同时,以现代生物学的兴起和发展为基础的对人类神经系统的复杂性认识则在另一个方面不断对"理智认知"的"认知观"构成冲击——种种的原因和发现都表明,"认知"本身作为一个"心智调节"过程,它所遵循的概念化的、理性化的规律,以抽象概念和理性计算为特征的"第一代认知科学"范式已经越来越受到理论和实践的挑战。而简单地将"认知"等同于理性化的、程序性和计算过程的观点也已经开始遭到人们的质疑。拉考夫(Lakoff)和约翰生(Johnson)在他们1999年出版的著作《肉身哲学:具身思维及其对西方思想的挑战》(*Philosophy in the Flesh*:*The Embodied Mind and Its Challenge to Western Thought*)一书中提出了现代认知转向的三个基本特征:认知的体验性、思维的无意识性和抽象概念的隐喻性[Lakoff, G. & Johnson, M.(1999). *Philosophy in the flesh*:*The Embodied Mind and Its Challenge to Western Thought*. New York:Basic Books,p.3]。以机体论的、情境性的、发展变化的以及复杂性系统等为特点的新的"认知观"开始逐渐形成,并构成人们对"认知"的新认识,从而共同在认识范式上形成了"第二代认知科学"。

习、行为、控制等所有人的意识和非意识方面是整合在一起的一个协同的整体。正是在这个整体中，而不是大脑的理智思维中，人才获得认知和情感上的同时、互动性的发展。"我们人类是活的生物。当我们在思考的时候我们也在行动，或许我们没有与环境保持一致协调，但是我们的思想从未离开过它。通过我们在环境中的身体意义形成了我们的思维，通过我们与世界的具身接触，形成了我们大部分的抽象推理"[1]，以整个机体参与体验为特征的认知活动和交流，同时就是在情绪情感渗透中进行的情感活动和情感交流。"共识"也就是"共情"，它不仅仅是知识和观点上达成一致，也是情绪情感上相互传染并获得类似或同样的体验，而寻求并形成"共识"的过程也就有一些类似于"情绪共情""认知共情""情绪传染"等，都表现出类似的心理加工机制，并在某种程度上依赖于以情绪情感为内动力的知觉和行为的耦合，其中，整体性大画面的模拟是一个重要的基础。[2]

以体验为特征的"情感性认知"由于看到情绪情感的心理机制与认知机制的类似甚至是相同特征，因而意味着认知和情感过程的交融统一。认知的过程也就是情感的过程，是整个机体投入的过程，因此认知就在某种意义上和生命相融合，它也不再是寻求概念、思维上的一致，而直接地指向生命本身，认知、情感、体验在整个机体和生命层面上互为一体，同时进行。这样的认知更显直观，对人的影响也更直接、深刻。

其次，作为人的整个"认知系统"，情感性认知符合人的生理和心理发展特点，在生理和心理学上表现出认知与情感交融的模糊性和非意识性特征。"由于人类在初级阶段首先发展了动作以及空间能力，在习得了这些能力后，才以此为基础去发展高级的心智能力。而进化心理学家则认为，人类的

---

① 杨宁：《儿童早期发展与教育中的身体问题》，《学前教育研究》，2014（1）：20.

② 孙亚斌等：《共情中的具身模拟现象与神经机制》，《中国临床心理学杂志》，2014（1）：55.

神经系统最初的首要任务并不是承担高级心理过程的运作，而是以处理基本的知觉和运动过程为主，当人类进化发展到一定阶段，这些原有的神经系统便开始承担了高级心理过程的任务，因此，动作与抽象活动在生理上是有联系的。"①由此可见，与情感相关，个体生命早期的认知是一种整体性的认识，这种认知不是（或者说主要不是）依靠他们大脑中的概念与抽象化思维，而是一种夹杂着情绪情感的、与整个环境以及他们自身混为一体的整体。"婴幼儿的存在首先不是作为意识主体，也不是社会主体，而是作为身体主体。婴幼儿来到这个世界，他们与世界的关系是'非二元的'、主客体混沌不分的，即婴幼儿最初的活动是和环境浑然一体的。"②甚至儿童也是一样，他们"不存在思维引领动作或者通过动作形成思维等问题，他们思维与动作融为一体……一个听音乐和听故事的儿童，他是利用自己的身体在听的。他也许入迷地、静心地在听，或者晃着身体，保持节拍地在听，或者这两种心态交替着出现。但不管哪种情况，他对这种艺术对象的反应都是一种身体反应，这种反应弥漫着身体感觉"③。

这种交融着情绪情感的"认知系统"在人的认知过程中也就与情绪情感一样，表现出较大的模糊性和非意识性。这是因为，"正是我们的有机体而不是其他什么绝对外部现实成为我们构建周围世界的基本参照，成为那个时刻存在的、构建自我经验主要部分的主观感的参照；我们最周密的想法和最明智的行动、我们最大的喜悦和最深的伤痛，都是以身体作为衡量标准"④。而身体作为一个整个的"机体"恰恰表现出生命发展中的模糊性和非意识性一面，必然充满不确定。其中，情绪情感的作用主要是通过无意识渗透、形成

① 彭凯平等：《道德的心理物理学：现象、机制与意义》，《中国社会科学》，2012（12）：38.
② 杨宁：《儿童早期发展与教育中的身体问题》，《学前教育研究》，2014（1）：22.
③ ［美］加登纳：《艺术与人的发展》，兰金仁译，北京：光明日报出版社，1988：119.
④ ［美］达马西奥：《笛卡尔的错误：情绪、推理和人脑》，毛彩凤译，北京：教育科学出版社，2007：4.

意象图示等方式实现，从而不仅在认知过程中情绪情感发挥着总体性的内动力作用，而且情绪情感的发展也有很大成分是在这个过程中实现的。与理智认知相比，情感性认知对情感的影响往往也是复杂的，它表现为在"情理交融"中的协同性影响，因此也或多或少地表现出无意识的一面。"在被笛卡尔如此看重的思维领域，完成'我思'活动的神经过程也是我们清晰的意识没有通达的，尽管思维的内容是我们意识到的。我们每天都在轻松地、流利自如地讲话，但规范的语法表达却不是我们有意识完成的：我们只要张开嘴说，一切似乎'浑然天成'。"①通过无意识的、情境性的直观活动，我们在知觉—行动的耦合之中完成很多意识下的或者说意识之外的认知与情感活动，从而获得发展并理解意义。

最后，正如前面所言，无论是机体的、无意识的还是模糊的认知，都是人的生命活动的一部分并内含着人的发展需要。在帮助理解、增加和升华生命意义的层面上，情感性认知及其所具有的对情境中的"大画面"和图景认知的强调都具有特殊的重要性。因为人既是理性的动物，也是感性的动物。而对于"意义"的理解和升华必须在感性和理性的统筹中才会发生，并且，在根本上，意义要靠"体验"产生并存在，而非理性判断和概念可以通达。因此，事物与个体之间的关系以及由此产生的切己性体悟对于获取"意义"和发展生命而言是至关重要的，也是认知活动的重要内容。而这种"体悟"的过程既可以是通过间接的知识符号和概念系统来实现，也可以直接通过现象实现，尤其后者与人的情绪情感等感性方面的关系更密切。正如狄尔泰所言，"意义是生命内部各个部分同整体形成的必然的特殊关系。……意义关系的本质在于在时间上被构成的生命模式，这种生命模式产生于一种活的结构与其

---

① 李恒威等：《"第二代认知科学"的认知观》，《哲学研究》，2006(6)：95.

环境的相互作用"①。我们体会,这种"活的结构"在人身上,或者说在认知上,就体现为上面所说的"认知系统"。它是一个由人的生命各个方面所构成的协同性运作的整体。在这个整体系统中,"认知"一方面是一个身心共同参与的复杂性过程,"是在系统地扭转这种二元论的身体观的基础上建立起来的,它进一步探究知觉、行为图示、记忆、学习、情绪、情感、思维是如何基于、体现于和实现于身体的"②。另一方面,又需要特别强调甚至依赖情境,尤其是构成主客体交融互动的"场景"。换句话说,只有在场景中的机体及其发展才会处于一个协同状态并保持与场景画面的整体性"交融"。通过这种"交融",反过来将人的认知与他自己融合在一起,与他自己大脑中的图示、经验或者作为生命一部分的情绪情感发生关联,从而在自我生命的整体上"向内"理解并增加意义。"场景"提供了作为"认知系统"的主体——人的依寓之所并且也以图景和大画面包裹着人,将人的情绪情感和一切认知活动都呈现在一起,彼此不分,从而使得人在其中直观深刻地体验、理解而不是间接表层地知道、认识生命的意义。在情境和大画面的场景当中,认知与情感之间的关系,具有对象现象学的特征。③

2.全生命发展:"认知-情感"整合的教育启示

在个体发展中,融合了生命与情感的认知活动因为具有与情感相关的感受、体验、直观、记忆、经验以及高度的情景化等特点,因而并不是纯粹概念性、抽象性的理智与思维过程,而是包含了主客观互动交融中的感受、情感体验等一切生命活动在内的整个人的参与,是一个全生命参与并发展的活动过程。它彰显了绘本、图像、直观、生活体验、艺术感受等教育教学内容

---

① 王一川:《意义的瞬间生成》,济南:山东文艺出版社,1988:236.
② 李恒威等:《"第二代认知科学"的认知观》,《哲学研究》,2006(6):93.
③ 参见童庆炳主编:《现代心理美学》,北京:中国社会科学出版社,1993:81.

和形式对于个体认知与情感整合发展的重要价值，尤其是在促进个体生命早期的大画面感知、感受性、体验能力、情感发育、对周围世界的理解，以及"自我"意识等发展方面具有理智认知和抽象思维活动所无法替代的作用，对于现代教育中通过学科整合教学、道德教育、合理的自我生命力调动，以及主客交融的情境等途径进行整合性的"认知－情感"教育并促进人的发展具有重要启示。

首先，认知变化伴随着情绪情感的变化，教育中不存在单纯的学科知识教学，一切学习都既是知识性、概念性的，也是情感性、意义性的，并最终统整为一个完整的生命发展。从知识学习的角度来说，知识之间不是孤立的，而是相互联系的知识网络。知识学习中所经历并且受其影响的包括感受、思维、记忆、注意、判断等在内的一系列心理过程和机制是相通、共用的。对于一种知识的学习既会受到前一个知识学习的影响，又会给下一个知识学习产生影响；同样的道理，学科教学也是一样，语文课的教学不仅仅是学习语文学科的知识，学生学习语文课程的效果也不单单以他个人之前的语文学习为基础，还受到学生在以往其他课程学习中所形成并发展起来的认知水平和个人综合发展状况的限制，并且与学生当前在其他课程学习方面的状况紧密相连。

在这个意义上，作为一个整体发展的生命体，其情感的培育与发展也不是专门的情感培育和教育课程或者哪一个专门的从事情感教育的教师所独有的任务与责任；对于情感的培养、教育也并不是在某一个具体的地方、时间或者由哪一门课程来完成的。引导、培育学生的情感发展应该贯穿在整个人的发展和学习、教育的全过程中。认知学习的过程不仅伴随着情感的流动、变化，而且认知学习的最终目的也应该是通向并带动情感的不断发育、升华，任何人在任何时候都可以并且可能对个体的情感发展产生影响。而学校中的课堂教学更是培育学生情感的主阵地，任何一门学科教学的过程都既是在传授知识，更是在根本上培育学生的情感。而且，由于不同学科的特征和性质的不同，在人的情感培育方面往往还具有其独特的优势，语文、历史等人文学科对人的美感、历史感等情感的熏陶和影响自不必说；就是那些在我们看起来与人的关系较为疏远的数学、物理、化学等理工科，也并非都是单纯的学科知识，而是其学科内科学家个人的兴趣喜好以及与相应时代精神相结合的产物。一门学科就是在其自身学科形成与发展中所不断累积的、具有这个学科生命历程的学科史。它们对于人的情感培育和发展都具有自己特有的作用和意义。"数学能够揭露和阐明的概念世界，它所导致的对至美和秩序的沉思，它在各部分的和谐关联，都是人类眼中最坚实的根基。"①不同学科在思维训练、态度养成等认知方面的作用不仅直接助力个体的情感发育，而且在建立的社会性联结和通过学科知识学习所获得的对生活的热爱、对大自然的敬畏、对他人的关心以及自立自强的个人品质等无不构成儿童青少年情感发育生长的重要影响力。②借助认知过程中所获得发展，个

---

① 朱小蔓：《关注心灵成长的教育》，北京：北京师范大学出版社，2012：383.
② 人文社会学科与自然学科对学生情感发展的影响是不同的。人文社会学科无论在内容还是教学过程中，体现和处理的都是"人与人"（因而也是人与社会）的关系，因此，学生在其中的情感发展是直接性的，甚至"情感"本身的发展就是这些学科的教学目标；而自然学科在内容和教学过程中所涉及的更多的是"人与物"的关系，学生在其中的情感发展是间接性的，师生围绕认识"物"，而不是"人"这一教学目标展开活动。学生的发展（包括情感）都是在"认识物"的过程中间接性地达成的。因此，在人文社会学科中，无论是在学科内容中的思维训练、学习过程中养成的态度，还是在学习组织中建立的人与人之间的联结以及获得的认知等，都是直接地影响到学生的情感发展的；而在自然学科中，学科内容以及与此相关的认知发展都不能或者难以直接地影响到学生的情感发展（这也是为什么在诸如生物、化学、物理等自然学科的课堂教学中，要想观察学生情感发展或者明晰学生情感发展目标的困难所在）。因此，在自然学科的教学中，学生的情感发展更多地是依靠教与学过程中学生的态度养成（也即学生在学习知识过程中产生的兴奋、苦恼等感受、体会和内心的情感变化）和教与学过程中的学习组织（如小组合作、表演等形式）所建立的社会性联结来实现的（关于"社会性联结"的详细论述，参照"情感时空与人的发展"一章中的"情感与空间""交往"等部分）。

体的情感也不断获得丰富和发展,"少年思维的内容、性质、倾向,深刻地反映在他们的情感状态中,不仅产生智力感,而且给全部精神生活打下了烙印,并形成使精神生活丰满的感情"①。当然,认知过程对情感的影响既可以是正向的,也可以是负向的,在个人的学习和学科教学中发挥认知的正向影响,减少或避免其负向影响,注重情感、渗透情感,建立认知发展与情感发展之间的积极联系,是进行情感培育的重要方式与途径。

其次,"认知"作为一个整体的"系统",其中必然地包含着主体的感受、智慧、信念、道德②等方面,并通过人的整体道德素养状况影响到情感的发展和教育。在整体的"认知系统"中,人们所获得的不仅仅是概念和抽象的知识,更重要的是在一个全身心融入的过程中通过自己的切身体验而不断增加自己的智慧,并且有可能树立信念、增进道德,获得发展。一个受过良好教育,具有丰富经验和教育智慧的教育者就会知道,情感的发展需要融合于认知,尤其是道德认知过程中的情感教育仅凭一腔热情是不够的,一时的冲动往往更难以真正解决情感上的问题,甚至会激化矛盾,造成对学生发展的负面影响甚至是伤害。在回应学生情感、解决学生情感问题的时候,能够自觉地运用自己的认知、智慧,选择积极恰当的方式来应对。而对于学生个体的情感培育和发展来说,情感的发展不能仅仅止于表达感受、澄清需要、深入体验,还应该有在认知基础上形成的价值作为基础,指向更好、更健康和积极的人的精神和人格方向,其中,信念就是一个重要的方向与目标。当然,积极、高尚的人格信念的培育并非一件容易的事情,它除了受到认知影响之

① [苏]苏霍姆林斯基:《公民的诞生》,黄之瑞等译,北京:教育科学出版社,2002:309.

② 就"智慧""信念""道德"本身而言,其形成过程又是十分复杂的,其本身就不是简单的"说理"和抽象概念可以涵盖的,而是依赖一定的环境,尤其是对主客体相互关系的依赖,其中必然地与个体已有的智慧、信念和道德相关,是一种主体与现象之间的"意向性"关系。因此它们本身就是一种情感性认知的表现。

外,还与道德以及道德教育相关。因为"个人的道德财富的特点,在于个人的思想、感情、感受和行动的统一"①。伴随认知发展而形成的道德水平也会间接性地影响个体的情感发展,深刻、坚固的人类情感例如"信念"的培育除了诉诸理智之外,一定也离不开个体自觉性和主观意识的觉醒,而且它在根本上是"发乎于内"的,是"融情入理""由理生情"的。这与主要甚至在根本上依靠"向内探索"而不是"对外依赖"的个体道德的形成和教育是十分相近的。道德发展和教育的过程,既是道德知识和价值观学习的过程,也是道德情感培育和发展的过程。无论是对美好人性的坚信还是对人类美德的一往情深,都是与人的情感、信念息息相关的。道德发展和教育的过程,很重要的一部分就是重视道德信念和道德情感的培养,而这个过程恰恰也是个体情感升华和情感培育的过程。

再次,从生命整体出发,运用自己的生命去体认学习的认知过程,还意味着从"机体"内部而不是简单地依靠理智思维和抽象概念进行情感教育,它深刻地体现为对生命体"内部"状态的唤醒。

一方面,表现为情感问题归因上的"指向自我"——引起内部状态的改变。例如,在学习中,如果将良好的情感状态归结为个体努力进步所获得的结果,就会增添个体的自信心和自我效能感,从而也就可能促进个体在以后的学习中更加努力。在道德发展中,把错误、过失、不当等归结为自己时,就会产生"内疚";而"羞耻"也是"一个人对自己的行为、动机和道德品质进行谴责时的体验"②。把现象与自我联系起来,将它们看成与自我认知或意识相关,就可能会产生自我评价情绪(self-appraisal emotions)或自我意识情绪(self-conscious emotions),而这些情绪情感也更容易与道德发生关联,影响道

① [苏]苏霍姆林斯基:《公民的诞生》,黄之瑞等译,北京:教育科学出版社,2002:287.
② 曾钊新、李建华:《道德心理学》,长沙:中南大学出版社,2002:139.

73

德的生长和教育。不过需要注意的是,能否进行恰当、合适的"教育性归因",使个体既能产生诸如促进道德生长和教育的"内疚感",又不至于因为将所有的错误、不当都归结为一己之过,而产生极度的"自卑感",继而给道德提升和人的发展带来消极影响,就是教育者和个体自身应该注意的。

另一方面,"全生命"状态中的个人主观能动性作为情感发展的一种重要的"内在能量",同样不容忽视。通过培养个体的主观能动性,提升个人选择的能力和智慧,尤其是对个体所处环境、行事方式等的选择,来影响情感的产生和变化是教养和教育的重要方面。而且,不仅情感上的定向会影响情感发展,全生命投入的"认知系统"中的"选择"也会影响情感发展——"在他们能控制结果的情形中,他们认为解决问题和寻求社会支持是最佳策略。当结果不是他们所能控制时, 他们选择逃离或重新定义情形使他们能接受现实的状况"①。因此,如何选择积极合适的,而规避那些不利于我们情感发展的现象? 如何在面对一个现象时,选择合适的心态和方式去认识和了解它? 等等,都与个体的选择能力和智慧有关系。教育者既应该相信、允许并适时地引导学生按照自己的喜好和方式去选择认识的对象、学习的内容,以此保持他们在学习和教育活动中的兴趣, 使他们能够经常性地体验到由于自主选择所带来的成就感、愉悦感并承担由于自己选择所带来的责任。又应该提升自身在情感教育中的选择能力和智慧。尤其是在教学内容、教学方式、问题解决方式、交往方式等方面的选择,都关乎学生个体情感的培育以及整个人的成长。一般而言,高尚的、具有积极教育意义的,同时又贴近学生生活的教育内容,就更容易培养和熏陶学生积极健康的情感,因为它们提供的是具有教育意义的情感培育环境和内容。经常性地、长期地处于这些内容熏陶下

---

① [美]贝克:《儿童发展》,吴颖等译,南京:江苏教育出版社,2002:562.

的学生,也就更容易发展出积极健康的情感来。当然,在内容和应对的方式之间,对于内容的选择是有限的,对于应对方式的选择则具有更大的主动性。当生活和成长中遇到那些对个体发展和成长不利,却又绕不过去、不得不去面对的事物与现象时,教师还应该选择用积极、乐观、合适的方式去应对和处理,尽量避免由此而给学生造成的情感上的问题,并引导学生也以同样的方式去应对,尽可能地发挥它们在个体发展中的积极作用。

最后,作为一个整体的生命,其认知过程是融进自己的情感的,因而也就从来都不是纯粹客观或纯粹主观的,只有在"意向性"的内外因素联结中,认知与情感才获得协调一体的发展。现代社会,影响情感发展的因素更加复杂多元,如果说人的发展是一个内外因素共同作用的结果,那么教育的目的就是要建立各种因素之间的意义性联结。例如,如果"学步儿童对于秋叶的形状、它们的声音、触摸的感觉都十分感兴趣,非常快乐。这就促使他去接近、探索和学习周围的环境"①。教育既要提升个体自我成长与发展的能力,发挥内部因素在情感和发展中的动力作用,还要建立各种外部经历与内部主观因素之间的联系。只有当个体长时间地接触和处在那些能够触动他、引起他注意、对他具有意义的关系和环境当中的时候,才会生出深刻的情感体验来;而高尚、积极、健康的关系与环境则更有利于产生积极健康的情感。只有教育活动中的一切呈现能够建立起与学生生活之间的意义性联系,而不仅仅是停留于表面的热闹与形式的时候,它们才会与人的内心发生联系,发挥教育的意义。真正打动学生心灵的教育不一定发生在单纯地以传授知识、培养能力为目的的课堂教学中,却可能发生在老师与学生亲密的甚至是朋

---

① ［美］贝克:《儿童发展》,吴颖等译,南京:江苏教育出版社,2002:551.

友式的日常教育生活交往的小事当中。①越是以传授知识为主要甚至是唯一目的的教学，越是容易因为急功近利而停留在表面，从而缺少了外部知识与自我生活与内部经验的链接。只有把对现象的认识与自我的生活经验和利益联系起来，建立内外因素之间的意义性联结，才可能培养具有鲜活生命力的人的情感。否则，如果人人都认为事情不关自己的利益，也就难以发生情感上的变化和改变。②

不过，并非所有的意向性关系都有助于情感的发展，只有与个体生命发展相关的积极意愿、信念和道德品质才会对他们的情感发展具有积极意义。现代社会中所常见的那些简单、肤浅的认知只会产生肤浅的情感，而刻骨铭心的、令人回味深长的情感则需要深刻个体意愿、信念和道德品质。积极、良好的意愿、信念和优秀的道德品质对于我们合理地评价各种与我们相关的现象，产生并深刻地体会与此相关的情感状态都具有积极的意义。因此，在个体发展和日常的教养与教育生活中，将简单、表层、瞬间的认知化为个体

---

① 何兆武先生回忆自己年轻时在西南联大求学的往事，曾经平静而饶有趣味地这样说过，"逻辑学那时候是必修，我上的是金岳霖先生的课。金先生讲得挺投入，不过我对逻辑一窍不通，虽然上了一年，也不知道学的是什么。只记得有一个湖北的同学，年纪很大了，课堂上总跟金先生辩论，来不来就说：'啊，金先生，您讲的是……'我们没那个水平，只能听他们两个人辩。我觉得这样挺好，有个学术氛围，可以充分发挥自己的思想；如果什么都得听老师的，老师的话跟训令一样，那就不是学术了。"（何兆武口述，文靖执笔：《上学记》，北京：生活·读书·新知三联书店，2013：112）老师与学生之间的这种平等的交往其实是十分富有人情味的，师生双方都在生活的场域中去看待教育，就会使得知识的学习与生活经验联系起来，与人的情感联系起来，这样的学习生活又怎么会感觉到疲倦和劳累，又怎么会让学生心生厌倦呢？今天，我们需要和缺少的正是这样一种教育和教学的气氛。

② 在现实的生活和教育中，我们看到人们在道德上的"视而不见""多一事不如少一事"的冷漠心态，其中一个很大的原因大概就在于个体的所见、所闻没有与自己产生意义性的联系，"事不关己，高高挂起"也就成为常态。同样的道理，缺少与个人利益甚至是生命之间的意义性联系，而缺少情感的例子也体现在科学研究领域。长期以来，自然科学的研究正是因为多接近于单纯的"事实判断"而相对缺少价值和情感判断，从而给人冷冰冰的感觉，那些从事自然科学研究的人往往也让人觉得相对人文社会科学研究的人来说，更严谨、苛刻、缺少人情味。尽管这样的看法有时候难免有偏见，但是它也从一个侧面上反映了内外因素之间的意义性联系在情感以及整个人的发展中的重要影响力。

内在的牢固、积极的意愿和信念,培育学生理性、合理的意愿与信念观,而消除摒弃那些不恰当的信念和意愿是情感教育在主客体情境创设中的重要内容。如果在主体间的相互关系中,教育者能够及时、恰当地反馈学生个体的行为,就会强化学生对自己判断的坚信,增强他的信心和继续作出该行为的意愿;相反,缺少或者不恰当地回应,就会使个体在意愿上产生挫败感,信念也会受到削弱,难以树立并坚持下来。因此也可见良好的道德品质和伦理关系对于个体情感的发育和成长就显得格外重要。无论是对个体早期联系感的培育,还是个体后天生活中在与各种现象与事物的关系和交往中形成并发展起来的道德和审美品质,都具有情感培育的意义。建立在联系、意义之上的个体品德对个体在情感上的自我调节、自我提升、自我培育和发展都有促进意义,因为在意义和联系中所发展出来的道德品质,也就意味着每个人都不是孤立的情感体,而是联系、关系中的一员。每个人都既是他自己,也是关系的组成部分,而不是作为一个旁观者存在。以联系和意义关系为基础所发展出来的道德品质体现了"认知 – 情感"整合性教育对"情境"状况的看重,也影响到个体情感的社会性发育。

四、区分不同情感类型的教育价值

情感的类型质料是指构成一个笼统"情感"的那些人类的具体情感,如快乐、痛苦、依恋、羞耻、信任等,它们与个体的发展之间存在密切的关系,随着个体的发展而发展,并且在发展的不同时期具有不同的特点。对不同情感类型的划分和认识,无论对于人的发展还是情感教育都有启发和借鉴意义。

(一)不同情感类型及其发展的基本问题

我国学者朱小蔓教授通过多年研究,将儿童的情感品种划分为安全感、依恋感、惬意感,兴趣、好奇、惊异、专注,同情、怜悯、恻隐、移情,联系感、亲近感、适应感、和谐感,共通感、他心想象、同理心,自我悦纳、被承认感、有力感、成功感、自尊与自信,思想与人格独立感、自我同一感、时间支配自由感、从容感等。①皮亚杰的研究认为,在儿童心理结构中,存在着三种基本的情绪或情感倾向。第一种是"爱"的需要,它以各种具体的形式存在,在人从婴儿期到青少年期的发展中起着主要作用;第二种是儿童对那些比他自己大和强的人有一种畏惧感,这在他的服从和信奉行为中所起的作用是不可忽视的;第三种感情是混合的,由爱和恐惧组合而成,这也是所有伦理学家着重强调的重要情感。②此外,还有人将情感划分为"喜爱"(关心、亲切、敬重、关怀、同情、帮助)、"高兴"(快乐、满足)、"悲伤"(悲哀)、"恐惧"(惊慌、害怕、不安、吃惊、恐怖、恐慌)、"愤怒"以及"妒忌"③等六大类基本的品种以及若干与它们同一或相近色调的情绪情感。

可见,对于哪些情感是基础的,哪些情感是后天发展和培育出来的,并没有一个统一的定论。我们认为,这样的状况恰恰反映了情感在人的发展中的早发性、模糊性的性质特征。或许在情绪、情感、精神和人性之间根本很难区分出轮廓清楚的界限。但是并不能因为这样就放弃对基础性情感的探索。因为如果在个体的发展中,一些基础性的情感得到及时、恰当的应答和回

---

① 朱小蔓:《情感教育研究:反思过去、规划未来》,第三届情感教育国际论坛,江苏,南通(2013年6月8日)

② [瑞士]皮亚杰:《皮亚杰教育论著选》,卢睿译,北京:人民教育出版社,1990:103.

③ 中央教育科学研究所比较教育研究室编译:《人的发展》,北京:教育科学出版社,1989:345-346.

应,那么就会容易形成积极的神经连接和心理定向,这些对于以后积极情感的发展具有重要的价值和意义。所以, 这里主要立足人的发展和教育的角度,考察:①不同类型的情感质料的出现与发展是否有顺序上的优先性或阶段性;②如何看待各种不同类型情感质料之间的关系;③所有这些不同的情绪情感类型对于人的发展是否具有同等的效价。

　　首先,人人都有不同的情绪情感。对于个体发展来说,不仅同一个体在不同阶段出现的情绪情感类型有所不同, 而且不同个体还会表现出情绪情感出现的先后顺序上的差异。所以,如果放弃对各种复杂原因的考虑,仅仅从个体发展的角度来说,哪些情感构成了一个人发展的必要的基本的成分,换句话说,就是缺少了哪些情感,一个人就难以存在或者难以得到正常的好的发展。对于这个问题,伊扎德和马拉特斯塔等人从类型学的角度,认为存在一些基本的情绪情感,如"愉快、兴趣、悲伤、恐惧、愤怒、厌恶、羞愧、轻蔑、惊奇等",它们与人的面部表情相关联,是一个人存在和发展的前提与基础,其他的情绪情感则是在这些基本情绪情感基础上的组合、派生与联结。在随后的研究中,他们进一步地认为,伴随着新生儿的、人与生俱来的情绪情感主要有三种,它们是兴趣、苦恼和厌恶。这三种基本的情绪情感是与人的原始生存需要相关的,因而也是由特定诱因引起的,兴趣、人的表情与新奇事物相关,因此能够促进社会性交往、行为和认知的发展;生理上的不舒服的感觉则会引起苦恼,它能够帮助唤起外界的注意,得到照顾与帮助;同样,感觉上的不舒服刺激会引起厌恶的情绪,它会帮助新生儿抵制讨厌的事物,并引起外部警觉。①由此可见,与人的存在与发展相关的情绪情感是与生命的原始需求与发展相关的,它们是新生命存在并得以发展的必不可少的条件,

---

① ［德］韦纳特主编:《人的发展》,易进等译,重庆:西南师范大学出版社,2011:105-106.

因此对于人的发展而言也具有基础性的意义。缺少了它们，不仅生命不能很好地发展，而且生命本身的存在都会受到影响。

除了以上三种基本的情绪情感之外，还存在很多其他类型的情绪情感，但是它们并不是人与生俱来的，或者并不是最早出现的，而是在后天的成长生活中不断形成并发展的。在各种情绪情感类型之间，并不是彼此分割，互不影响的，后出现的情绪情感也并不意味着它们与最初出现的情绪情感之间没有关系。比如恐惧感，如果婴儿早期的苦恼和厌恶没有得到外部较好的回应，导致婴儿与外部世界或他人之间联系的中断，那么就会逐渐地造成由于分离而带来的恐惧，并且这种由分离造成的恐惧会逐渐地泛化到对其他相关事物的恐惧。它继而会影响到一个人的自卑、怀疑、内疚、焦虑等一系列相关的情绪情感状态。所以，一种情感类型发育受到影响，就会影响到与它相关的其他情感类型的发育生长，从而影响到整个人的发展。

其次，不同类型情绪情感之间的相互影响过程是十分复杂的，一般来说，在没有外界干扰的情况下，负面的情绪情感体验不会或者难以转化为正面的情绪情感体验，反之也是一样。情绪情感的这种正负对立的状况，又被叫作情感的"两极性"（bipolarity of feeling），它是指，"情感所具有的两极对立的特性，即每种情感都可以找到与它相对立的情感"[1]。也就是说，一种类型的情绪情感不仅可以找到与它相似、相近或者相关的情绪情感类型，而且存在着与它对立的情绪情感类型。这种不同情感类型之间的相互关系决定了情感的复杂性。一般而言，在现实的生活中，一种单一的情感类型在情绪体验中出现的情况固然存在，例如，高兴。但是更多的时候，我们所体验到的是多种情感类型共同糅合的复杂情绪情感状态。这种复杂的情绪情感状况大

---

[1] 　中国大百科全书总编辑委员会编：《中国大百科全书·心理学》，北京：中国大百科全书出版社，1991：252.

概可以有三种具体的表现：①在平面的时间序列上，相似相近情绪情感的前后衔接或者对立情绪情感的相互转化；②如果两种或多种相近相似情绪情感之间的间隔时间很短，几乎同时发生，那么它就表现为情绪情感之间的叠加交融；③如果我们将时间放在空间中来认识，那么就可以借助个体的记忆、联想、想象等同时存在两种对立的情绪情感，如既"高兴"又"担忧"的情感通常在同一个平面的时间流动序列中是不可能出现的，它往往是跨越时空的、表现为个体的"心境"，体现了情绪情感的复杂性。

此外，一般情况下，在一个平面的时间序列上，如果排除个人认知等内部因素的影响调节之外，单单从引起情绪情感的外部现象来说，假设先有一件令我高兴的事情发生，但是紧接着又得到了一个对我来说不好的消息，那么这时候个体的情绪情感就可能会从高兴转为悲伤。但是如果加上个人认知等主观内在的因素之后，情况就会更复杂。它不仅表现为上面这种个人由于受到相反性质的现象和事件的冲击而产生情感方向上的转变，也可能表现为尽管受到前后相反性质的现象和事件的冲击，但是情绪情感的整体方向依然不变的情况。也就是说，在对立的情绪情感的关系上，一方的减弱或消失，并不意味着另一方必然地增强或出现。在这个过程中，个体自我的"欲求""认知"以及其他各种能够影响情绪情感的因素都会发挥作用并影响到不同情绪情感类型之间的关系。所以，正向的感受可以产生快乐、高兴等体验，它会产生美；而中性的感受则意味着没有苦恼，但它同样会产生快乐、高兴等体验，继而产生崇高。

最后，所有的情感类型对于个体发展的效价是否一样呢？对于这个问题的回答非常重要，因为它关系到我们在培育情感时候的侧重点，关系到对于一个人的发展的全面认识和把握。什么是"效价"？简单地说，就是某物满足另一物的需求的价值。在这里，我们用它来指涉不同类型的情绪情感对人发展的价值。情绪情感作为人生命中的一部分,既不可能被剥离掉,更容不得被忽视。无论什么类型、性质的情感,只要存在,就应被当作生命的一部分看待。对于人的生命和发展来说,不存在绝对无用的情绪情感,哪怕是对诸如愤怒、嫉妒、憎恶甚至是仇恨这样的带给我们负向体验且又对于人的发展不具有积极效价[①]的情绪情感,也没有必要感到恐慌。因为如果抛开人类的道德和社会属性来说,它们也是人的自然而然的情绪情感反应,至少表明了我们自身对于各种内外部信号刺激的反应。适当的愤怒、痛苦既是缓解身体内部紧张情绪、释放身体压力、平衡内外部信息刺激的一种必要方式,也是人的自然属性和生物本能的一部分。

不过,人之所以需要发展,就是因为人天生的脆弱性和后天生活的需要,与生俱来的自然生理生命的成长是必要的,但是不完整的。从情感生长与培育的角度来说,简单地从保护生命、延续生命的角度来看待情绪情感的效价是不够的。情感教育一方面要正视人的与生俱来的情绪情感,看到它们合理的、正当性的一面,又要从人的发展的角度关心情绪情感的意义提升,引导情绪情感向着更高的人类精神欲求和伦理道德方向发展。因此,那些经过后天培育生长而产生的积极健康的、对于人的发展具有积极效价的情感类型也是情感教育所追求和努力的目标。就生命延续和人的发展而言,正如

---

① 从促进人的发展的教育来说,生理上实际体验到的情绪情感与它们对于人的发展所实际发挥的作用并非完全等同的。例如,生理体验上的"高兴""快乐"对于人的长远发展来说并非都是好的,过于贪图物欲满足的享受而放弃高尚精神生活的追求,也许会在短暂的时间里感到生理上"快乐",可这对于他的发展来说未必有意义(也就是通常所说的"快乐"并不等于"幸福");同样,"羞耻""内疚"等情绪情感尽管在体验上也许并不那么美好(谁也不愿意体验到羞耻、内疚等情绪情感),但是适度的羞耻、内疚则有利于个体道德的生长,在长远意义上有利于人的发展。在本研究中,我们用"正向/负向"来表示情绪情感所带来的生理意义上的"感受"性向,而用"积极/消极"来表示情绪情感对于人的长远发展的意义和作用性质。这样,正向的情感体验未必具有积极的发展效价,而负向的情感体验也未必一定产生消极的发展效价。对于它们之间的复杂关系的认识,我们将在后面的行文中另作具体讨论。

现代心理学研究所指出的,"情绪就像是留在脑组织里的疤痕;初始的情绪记忆总是被人们超乎想象地关注着,无论它们是恐惧的还是美好的"①。那些与生俱来的基本的情绪情感无论在生命早期的发展中还是后来各种类型情感的发育生长中都具有十分重要的"基础性效价",它们往往是由单一的原因引起。而与此相关的那些由更为复杂的原因和现象所导致的情绪情感则是伴随着个体后天成长中的"认知"成熟和生活经历而逐渐出现并发展的,对于人的发展而言,它们当然也是具有效价的。而且,就一个更好的人的发展而言,这些复杂情感的积极效价主要表现在对道德、理智和审美上的引领作用。

(二)情感类型划分的教育学启示

首先,作为完整生命不可分割的一部分,原始、简单的情绪情感既是与人的生命一起降生,也构成个体后天生命成长与发展的基础和起点。在后天的教养、教育以及广泛的生活领域中,任何忽视情绪情感或者想要压制甚至祛除情绪情感的做法既缺少生理学和人类学的依据,也不符合人的生命特征,更是违背人的发展规律和教育常识的。中国古代教育目标中重视培养"君子""圣人"的追求是重要的,但是如果忽视人的自然属性而追求极端的"神人"目标则是不可取的。所谓"人人皆可成尧舜",也就是看重并强调建立在自然属性基础上的真实"人性"。西方中世纪教育强调"禁欲"以及人对上帝的绝对服从,"理性屈从于信仰"等极端的压制人性、抹杀人性的做法更是遭到后人的质疑与反对。18 世纪以来的机器大工业生产及其发展,在打破神对人的统治的同时又用物与机器的桎梏禁锢人、压制人,面对冰冷的、毫无

---

① 杨治良等:《记忆心理学》(第 3 版),上海:华东师范大学出版社,2011:370.

生命气息的机器和苍白的理性,人的情绪情感依然是难以获得重视,生命的麻木、人性的丧失也就不难理解。"谦谦君子,温润如玉"的理想人格固然重要,理性的发展也无可厚非,但是人就是人,并非不食人间烟火的"神"或者"上帝"。人要发脾气,要释放和表达自己的情绪情感都是再正常不过的现象了。

然而实事求是地说,今天,无论在家庭教养还是正规的学校教育中,人们还是倾向于喜欢并且也希望孩子"按照我们想象的样子"来成长,与那些听话、顺从的学生相比,调皮捣蛋、坚持己见的学生往往更难得到家长和老师的待见,自然也就成为教育的"重点对象"。情感教育在一个方面成为轰轰烈烈的情绪情感表演,在另一个方面,又成为知识教学和认知学习的工具,"情感"本身以及与此相关的那些独立自主、个性发展的品质则被忽视甚至是排除在人的发展和教育之外。这样的生命发展是不完整的,教育也是不合格的。它培养了一群听话懂事的人,同时也生产了一批精神的奴隶,学生们情感缺失、受到压抑,不会通过合适的途径表达自己的情感,更不要说应对和处理生活中各种各样的情感问题了。他们也许有高尚的理想追求、丰富的精神世界,但是唯独找不到他们自己的所在。这样的生命、这样的发展只会造成人的"集体性失真",他们成为"统一标准"的"个体",而很难再被称为完整的"人"。因此教养和教育中,尊重而不忽视,应对而不回避,引导而不打压伴随个体生命的原初形态的情绪情感,就是尊重生命,尊重人以及人的发展规律,这才有可能促进人的完满发展。

其次,生命的发展过程就是情绪情感的生长过程,作为与整个生命体同在,情绪情感是与生命的其他方面同时发展、互为促进的。尤其是对生命早期情绪情感的回应、引导至为重要。对于个体生命来说,"发展的领域——生理、认知、情感和社会——是相互交织在一起的。新的运动能力,如触、坐、爬、走(生理)，很大程度上归功于婴儿对周围环境的认识(认知)。到婴儿有了更强的思维、动作能力后，成人就开始用游戏、语言和取得新的进步后赞许的表情对他们加以刺激(情绪和社会)。这些丰富的经历又促进了发展的所有方面。正如这个一岁的孩子迈出人生第一步，他胜利的微笑激起了父母欣慰和赞许的表情。中肯的态度打开了探索新领域和参与社会之门"①。然而今天教育观念和方式中还存在大量的"先认知，后其他"，甚至是将"发展"等于"认知发展"，教育等于"认知和知识教育"的情况。这些等待认知发展到一定程度再来进行情感培育和其他方面教育的想法应该得到纠正。

一方面，在家庭教养中，应该重视对个体早期情绪情感的回应、引导和培育。现代认知和情绪心理的研究都已经表明，"婴儿在刚出生的几个月里在和照料者的面对面的交流中孩子试图回应照料者的情绪语气"②，"在母亲的生活中，消沉愈剧烈，紧张刺激越多，亲子关系就越容易受到影响。比如说，史迪拉很少对露西微笑或说话，面对母亲的闷闷不乐，露西以同样的伤心和毫无表情来回应，有时甚至带着愤怒的抗议"③。如果在个体生命早期出现的这些情绪情感得到较好的回应和应答，它们就会建立与外部的支持性联结，从而支持个体后续更为复杂的情绪情感品种的出现。

另一方面，对学校教育来说，少年儿童并不是作为一张白纸来到学校的，他们在婴幼儿时期的生活经历和接受的家庭教养方式伴随着他的生命整体一起来到学校。在学龄前的家庭环境中所发育出来的情绪情感状况，建立的情绪情感连接将会在学校生活和教育中得到延续。孩子们如何在家庭中与他们的父母进行情感交流，如何感受和体验来自家庭成员的情绪情感，

---

① ［美］贝克:《儿童发展》，吴颖等译，南京:江苏教育出版社，2002:3.

② ［美］贝克:《儿童发展》，吴颖等译，南京:江苏教育出版社，2002:564.

③ ［美］贝克:《儿童发展》，吴颖等译，南京:江苏教育出版社，2002:553.

都会延续到学校教育中。"最通常表现出来的情绪反应和感情表现一般说来会形成习惯,这些习惯成为一个儿童生活的驱动力"①,从家庭到学校,无论情绪情感的发育还是整个人的发展,都是一个连续的、一脉相承的统一体。相反,如果个体那些基础性的情绪情感得不到应有的回应,不能建立与外界的有效联结,那么时间久了以后,不仅个体本身的情绪会受到影响,而且这些情绪情感的反应机制也会退化,最终甚至消失掉。"婴儿为引起母亲或父亲的反应而作出某种表情、发出声音或做出动作。当他们的努力失败时,他们将转过脸,皱眉头、哭泣以回应母亲的伤心或毫无表情的眼神。"②而这些基础性的情绪情感一旦得不到回应和保护,就会影响到个体包括认知和社会关系在内的各个方面的发展,不利于个体建立良好的认知品质和安全、信任的交往与人际心理。

最后,情感教育和人的发展的大部分目标都是要在尊重个体自然生命的基础上,培育和发展丰富健康的、对于个体更好的生活具有积极意义的情感,同时减少情绪情感在个体生活方面的消极影响。在人的发展中,无论是基础性的情绪情感还是后天形成并发展出来的情感,都应该同样得到重视。既不能为了保护和尊重原初形态的情绪情感而迎合个体的一切情绪,甚至放弃对情绪情感的引导教育;又不能为了情绪情感的教育而放弃或者忽视对原初性情绪情感的尊重与依赖。这就意味着,在情感培育和人的发展中,存在一个悖论:对基础性情绪情感的尊重保护和向更丰富健康的情感类型的引导发展。换句话说,之所以要对人的情绪情感进行引导教育,就是因为我们与生俱来的那些情绪情感以及与此相关的个人欲求并非都是完全有助于个人发展的。人性天生的弱点和人生而不足的现状都意味着他在自然欲

---

① 中央教育科学研究所比较教育研究室编译:《人的发展》,北京:教育科学出版社,1989:345.
② [美]贝克:《儿童发展》,吴颖等译,南京:江苏教育出版社,2002:551-552.

求与社会精神之间的"鸿沟"：自然生理上的欲求并不等于精神上的欲求，甚至很多时候是个体社会性发展的障碍。肉体上的暂时性快乐、生理上的"正向"情绪情感体验对个体的发展未必具有"积极"的意义；而肉体上的暂时性痛苦、生理上的"负向"情绪情感体验同样未必会对个体的发展产生"消极"影响。人的发展既是自然性发展与社会性发展之间的统一，又是二者之间矛盾互动的过程。因此，在个体的教养和教育中，一方面，简单的"快乐教育""愉快教育"未必有利于人的发展，甚至还会造成对人的发展的阻碍。无论教育还是情感培育，其目的不是为了简单地满足个体生理层面的"快乐"，更不是对个体一切要求和情绪情感的迎合与满足。情感教育是以尊重并发展人的自然生命为基础的，丰富人的情感体验、提升人的情感品质并最终培养人积极的情感能力和情感修养的过程。另一方面，应该正确看待和认识暂时性的生理体验与长久的个人发展之间的矛盾冲突。尤其应该注意那些在生理和自然属性层面具有"负向"体验，却对人的发展具有"积极"意义的情绪情感。"适度的羞耻心能帮助人避免违背良知的行为。当这些负面情绪有强化正当行为的效果时，就能促进坚实的自我价值感的形成。"[1]从另一个方面来说，一个没有经历过面红耳赤的人，大概也不会知道面红耳赤的滋味；而一个不知道羞耻、没有羞耻感的人，大概也不会对自己的不道德行为感到多少歉疚，就更不要提从内心里感到自责，并且去改正自己的行为了。

---

[1]　国际教育基金会编著：《培养心情与人格：人生基本目标教育》，北京：北京大学出版社，2005：20.

第二章　情感形式及其教育

　　德国哲学家、文化哲学的创始人恩斯特·卡西尔（Ernst Cassirer）说："人不再生活在一个单纯的物理宇宙之中，而是生活在一个符号宇宙之中……人是在不断地与自身打交道而不是在应付事物本身。他是如此地使自己被包围在语言的形式、艺术的想象、神话的符号以及宗教的仪式之中，以致除非凭借这些人为媒介物的中介，他就不可能看见或认识任何东西。"①作为事物对外显现的表象或方式，各种各样的具体形式表现了人的内心世界，并成为沟通从"认识"到"实践"的中介。

　　借助"形式"，人将自己丰富多彩的内心和生活世界呈现出来，其中，就包括人的"情感"。无论是简单的、与生俱来的基本情绪，还是在后天成长中形成并发展出来的复杂情绪情感，人都需要依据一定的形式来承载、释放、呈现、传递自己的情绪情感，以实现表达自我、人际沟通，并促进自我生命发育的不断饱满。在长期的生活实践和社会发展历史中，人运用、发现并创造了多种多样的形式来表达他们的情感，其中"身体""语言"和"艺术"便是最

---

① ［德］恩斯特·卡西尔：《人论》，甘阳译，上海：上海译文出版社，1985：33.

常见、基本和重要的三种。①不仅它们受到情绪情感的影响，蕴含着丰富的情感成分；甚至其本身就是一种情感，反映了人情感的状态，也影响情感的发展，是进行情感培育，并通过情感促进人的发展的重要载体。

一、身体作为情感"存在之域"的教育规定

尽管情感会受到社会文化和伦理制度的影响，甚至表现出与社会文化在某些方面的"契合性"，但是它首先是人"自己的"。人也在一切外在形式、途径之外，首先以他自己作为承载、传达和呈现情感的主要形式，其中，人的"身体"就是一个重要的方面。甚至"当人们因情感'迷失'了自己时，身体系统超越了文化的规定和禁止，成为此时独一无二的主宰者"②。不仅情感要以身体为依托和载体，身体的状态也影响到人的情感状况，恰当的抒情性的动作、舒缓的感受以及积极向上和充盈着向善求美欲求的精神状态更是帮助促进情感和人的发展所不可或缺的形式。

---

①　一种情感形式的存在、运用和发展是与个体情感品质以及整个社会的文化状态相关的，情感形式不仅仅是呈现和传递情感的需要，而且意味着人性的"外化"并反映人类社会的文明程度。在人类文明程度不高的社会历史时期，人对于情感的认识、呈现也自然而然地受制于客观、具体的人类文明成果及其形式，日用不知、原始粗略和自然简单是那个时候人对于情感的认识和在情感呈现、表达以及传递中的普遍状态。简略、单一的形式只能呈现低级、模糊的情绪情感。只有以人的认识能力和创造能力提升为基础的人类文明程度的不断进步，人才有可能有意识地去关注自己的情感状态，并且有更好的条件去寻找更多、更丰富和更精巧的方式呈现、传递并表达自己的情感。正是通过日渐丰富的形式，人的各种情感才得到充分、形象的表达；而情感形式的日渐具体、形象和细腻则又会反过来促进情感的生长发育，不断丰富人的情感状态，提升人的情感品质，提高人类的文明程度，并且最终在个人情感品质和人类文明成就的不断发展中，确证人的存在意义并形塑积极美好的人性。情感形式与（个体和社会）情感状态之间的互相关系可见一斑。

②　[美]特纳、斯戴兹：《情感社会学》，孙俊才、文军译，上海：上海人民出版社，2007：6.

(一)身体与情感的一般关系

作为人的生命存在载体,狭义上的"身体"就是指我们常常在生活中所说的自然生理上的肢体、躯体以及它们构成的整个肉体,它是人之存在的前提和基础。所有的人类认知、思维、情感的生长与发展都要以肉体生命的存在为依托,所谓的"人死精神灭",就其现时性来说,肉体的不存在或者死亡,也就意味着人的心理和精神成为虚无。但是"身体"之所以是"人"的身体,就在于它在广泛意义上的社会性和精神性——即"身体"不限于肉体生命,还包含了依托于自然肉体之上的社会和精神层面,它们伴随着生理上的自然生命生长,在社会实践和文化过程中逐渐通过内在的、隐性的方式影响人的心理,并内化为个人的一部分。肉体上的肢体、躯体与人的社会性和精神性等一起成为"身体"的一部分,从而呈现为一个整体性的人。因此,广泛的"身体",既包括人的自然生理层面(肉体),也包括依托肉体而存在的感受、认知、信念等社会和精神层面。对于人来说,"身体"就是一个完整的生命存在和发展状态,前面我们提到的诸如感受、欲求、认知等情感构成质料都包含在"身体"范畴之内。在这个意义上,身体就是生命。①

无论是狭义上的自然身体(包括肢体、躯体在内的肉体),还是广义上的包含有社会性和精神性在内的整个人的身体,都与情感之间有密切的联系。情感既是身体的一部分,也是身体发展的动力源之一,情感影响身体的状态和生长,而其自身的状态和发展也与身体的总体状况分不开。一方面,生理学、生物科学以及人类学的研究早已表明,人的情绪情感的产生、发育和呈

---

① 本研究中,我们用"自然身体"来指代身体的生理方面,包括肢体、躯体等在内的肉体身体;而若无特别说明,"身体"则是用来指代广义上的整个"人"的身体,包括自然身体,同时也包含有身体的社会和精神方面。

现都是与自然身体分不开的。生命原初的混沌状态以及自然身体的生理因素和条件等都提供了情感与身体结合的天然土壤。有一些类型的情绪情感的确是与生俱来，不教而有、不育而在的，并且情感的呈现和表达也是要以自然身体作为依托的。另一方面，人之为人的特殊性恰恰就在于人对自我的不满足和超越自我的欲求。在自然身体的发育中，人还要获得在认知、思维等社会性生命与精神性生命的发展。作为"人"的身体的一部分，这二者的发育生长则并非自然而然的过程，而是需要外部的教育和引导的。情感的发育生长同样需要在这两个方面得到关注。因此，在人的整体发展意义上，处理好自然身体与社会身体、精神身体之间的关系，并在此基础上来认识作为情感呈现、表达和传递形式的"自然身体"与实际的、同"情感"实为一体的"身体"，就尤为必要。

首先，自然身体是情绪情感的生理基础。就情感的生长发育而言，一方面，影响情绪情感产生的神经系统，以知觉、触觉、视觉等生理感觉为基础的"感受"等，正是以自然身体的存在和生长发育为前提的。只有那些在生理神经上有所反应或者有所感觉的东西才有可能继而引起心理上的感受，并成为情绪情感的源头。缺少生理反应作为基础，情绪情感是难以存在的，即便是那些我们通过大脑在意识中产生的情绪情感，也或多或少地会伴随着生理上的反应。因此，苛刻一点来说，完全没有生理变化和反应的情绪情感要么不存在，要么就是伪装和造作的，它们自然也就显得肤浅和不真实。另一方面，自然生命的不断生长也就意味着个体的神经感受、脑容量、抽象逻辑思维能力等的发展，从而身体在生理成熟度、欲求、认知等方面的水平也同步发展，情绪情感在此基础上又不断获得在社会性方面的分化和复杂化。对情感的呈现、表达和传递而言，包括神经反应能力、感受性、肢体协调能力等在内的"自然身体"的成熟程度都毫无疑问地与个体的情绪情感发生联系并对其产生影响。例如,神经系统如果在感受的灵活性、敏感性方面发育欠佳,情绪情感自然也就可能会显得麻木,无论在反应的速度、强度方面都会相对较弱。而知觉以及肢体协调能力如果发育不好,就会影响到对于情绪情感的呈现和表达,迟钝的、欠缺的以及不协调的肢体动作都会影响到自然身体在情感呈现方面的作用的发挥。

其次,情感虽然与自然身体不可分,但是作为整个身体的伴随物和一部分,无论是情感的产生还是对情感的呈现、表达和传递,又都离不开身体的社会层面和精神层面。社会与精神层面虽然不是直接外显的"自然身体",但它们是构成整个人的完整"身体"的一部分。而且,也正是因为有"社会性"和"精神性"方面作为内在的隐性支撑,"身体"才能够与情感产生深刻的联系并且可能成为促进人的积极情感生长以及情感品质提升的不可或缺的部分。一方面,"身体"本身就是一个整体存在,自然身体、社会身体和精神身体是互不可分、融在一起的,它们共同体现为一个"在"的身体。个人的一切活动都是以"身体"为依据进行的,身体也在一切活动中实现其自身的系统性、整体性的发展,而情感在其存在形态和发展变化上都是与身体一体的,它在根本上是个体的,因而也是内在和隐性的。另一方面,尽管身体在自然生长发育的同时,其社会性和精神性的方面也伴随着自然生命(包括生理、认知等)的不断成熟以及个体逐渐丰富多样的社会活动而不断获得生长、发育。即生理肉体生命的发展与身体的社会性、精神性方面是同时进行的,而不是等到自然生命发展到一定阶段以后生命的社会性和精神性才开始发育。但是在人的认识层面上,"身体"的自然方面和社会精神方面又是可以被暂时性地划分开来的。自然层面的身体也就是我们直观看到和知晓的肢体动作、面部表情等都是以一种相对于"我"而客观存在的形态为我们所认识。这样,在直观和外显的层次上,情感通过并借由自然身体得以呈现和表达(尽管事实上的情感呈现和表达,尤其是传递都是以整个身体为形式的)。

(二)"自然身体"之于情感的意味

"身体"作为一种情感形式,在呈现、表达和传递情感中既具有天然的可能性也有其合理性:身体本身就是蕴含着情绪情感的,借助身体来呈现、表达和传递情感是有其天然基础的;而自然身体的"外在""直观"特点又使得它在呈现、表达和传递情感方面的可能成为现实,在自然生理意义上,身体成为一种情感形式。

首先,对于那些身体发展还处于低级阶段,生理上的发育还不够成熟,尤其是对处于婴儿期的认知、语言和其他各个方面的素质能力都还比较弱的个体来说,自然身体往往是他们呈现、表达和传递个人情绪情感的最直观的形式。生理反应上的不学而能、不用经过认知和复杂的内部心理调节等特点都意味着自然身体作为最先的情感形式在呈现、表达和传递情感上的重要作用。借助自然身体,不仅婴幼儿能够呈现和传递他们简单的情绪情感,从而保障基本的生命活动需求和对外沟通,而且外部照料者和成人也可以通过婴幼儿身体上的自然反应来辨识他们所处的情绪状态。具有一定敏感性和教育经验的人,往往更容易根据婴幼儿的身体反应判断他们的情绪情感,并且给予积极有效的回应,尽量保护那些原始的、自然生发的情绪情感,使它们能够一方面为婴幼儿适应当前的环境,与外界进行有效的信息沟通提供保证;另一方面,也为以后其他更为复杂的情感类型的发育提供基础和保障。

即便是那些生理发展到一定程度,在认知、语言和心理等方面具有一定素质能力的个体来说,"自然身体"作为一种情感形式的作用依然不可小觑。因为与包括认知、语言和心理状态等在内的个体主观性相比,自然身体对于情感生长和在表达呈现情感方面的作用往往具有相对的独立性,是无意识、潜意识甚至自然的条件反射的结果。真实的情绪情感都会通过人的神经系统而在自然的身体层面上有或多或少的、不同程度的体现。具备一定情感素养和能力的教师应该善于并且能够发现学生的细微变化,优秀的教师总是能够从他们一言一行的细微之处观察、体会他们的情绪情感状态,并借助此发现、了解学生们的内心世界,洞察孩子们很多不为人知的小秘密。当细心的家长或教师在孩子们的言行举止中发现了他们的秘密时,如果成人能够以此为基础,尊重孩子并且以适当的方式引导孩子成长,那他们就更有可能赢得孩子的尊重、信任,家长与子女之间、教师与学生之间也更有可能建立彼此真诚、友好的朋友关系。

其次,自然身体作为一种情感形式,在呈现、表达和传递情感方面的作用是多方面、多性质的,并非所有的肢体动作、躯体感受都有助于促进情感的发展。

一方面,教育者可以并且也应当通过自己的自然身体方面的肢体动作、行为举止、躯体感受等来呈现、表达和传递情感,引导人的情感发展。因为,如果说语言、艺术等形式在呈现情感方面还需要经过一定的思维过程并运用一定的技巧的话,那么直接诉诸自然身体的行动则无须那么多的讲究,它更直观、简单。情感培育的最直接方法之一就是去行动,"要使思想变为神圣的、不可违背的信念,并不是要把它们死死记住,而是要让它们表现在生动活泼的想法和感情中,表现在创造性的活动和具体的行动中"①。教育者们无须过多地抱怨自己缺乏情感教育的知识和技巧,也不用将情感教育看作是专任教师的职责,生活中教师的一言一行无不在传递和表达我们的情感,它

---

① [苏]苏霍姆林斯基:《公民的诞生》,黄之瑞等译,北京:教育科学出版社,2002:233.

们都是情感教育的方式和途径。而教育者也应该利用学生自己自然身体及其与情感之间的关系,培育他们的积极情感。由于自然身体对情感的特殊作用,它在引起和表达情感方面往往具有更加直接、直观的一面。因此,对于成长中的少年儿童,尤其是那些整个身体发育程度还不够,认知、语言等方面的素质水平还不足以呈现、表达和传递自己情感的低龄孩子来说,情感培育中的抽象说教和理论往往还不能或者难以激发他们的兴趣与好奇心, 也难以调动他们的情绪情感。相比之下,更加直观地感受与体验更能够在情绪情感上影响和引导他们。因此,与现实生活密切联系的小组互动、合作、游戏等方式,更可以通过具体的自然身体行为接触引起孩子们的直观感受与体验,从而真实地面对现实问题和情境,在环境中形塑他们的情感和精神。

　　另一方面,对于成长中的孩子而言,要将促进他们的情感发展作为表达和传递情感的目标。每个人无论在肢体动作还是行为举止上都具有自己的特点和风格,因此在通过自然身体呈现和表达情感并进行情感教育方面,如果说有什么技巧和方法的话, 那么唯一一条就是它必须是教育者发自内心的、自然而然的、充满关爱和温暖的情感教育。其实,在与少年儿童的相处中,与那些特别的肢体训练、眼神和表情培训甚至是刻意的技巧方法学习相比,家长和教师简单的、发自内心的爱往往更重要。它意味着,只要是以出自内心的爱和关心为目的,以促进孩子的成长为出发点的肢体动作、表情和行为举止就足以传递并表达出积极的情感。所以,教育者们将那些技巧化作实际的、出自关爱之心的具体行动,看到孩子们在寒冬早上冻得面红耳赤来到学校时,你轻轻地走上前去用双手捂住孩子的耳朵;因为孩子学习的进步而给予他/她一个大大的拥抱……诸如此类的行为, 都是表达自己情感的方式,它的真实、质朴不是训练和技巧能够实现的,其作用有时候甚至超越言语,直达内心,同样能够传递家长和教师对于孩子的关爱。正如弗洛姆所言,

"我对生命的了解不是通过思想传导的知识,而是通过人唯一可以使用的方式——通过人与人的结合……在爱情中,在献身中,在深入对方中,我找到了自己,发现了自己,发现了我们双方,发现了人"①。

(三)身体状态及其情感教育意义

作为整个人的完整"身体",是自然生理上的肉体和社会、精神方面的综合体。它们之间的共同影响和相互作用通过整个的"身体状态"表现出来,并且对人的情感发展和教育发挥影响力。

1."自然身体"在情感发展中的局限

受到长期以来直观、主客二分的认识方式和认识思维的局限,人们对于身体的认识和理解往往局限于"所看""所闻""所感"等生理层面,将我们能够认识和已经认识的自然身体等同于身体的全部。在此情况下,"自然身体"作为认识对象也就呈现出它在整个认识活动中的"在先性"。这种认识和思维的方式同样影响到情感的呈现、表达和传递,从而也就毫无疑问地导致将"自然身体"呈现、表达、传递出来的情感作为情感的全部,"自然身体"获得了它作为情感形式的合理性乃至唯一性地位。显然,无论是从"身体"本身的含义还是从"情感"的实际状况来说,这种状况都是有所欠缺的。情感本身的存在、发展和变化是一回事,我们对情感的呈现、表达、传递乃至认识是另外一回事。将"自然身体"在生理层面上的直观显现等同于整个身体的状况(从而也就等同于全部的情感状况),就忽视了身体的社会和精神方面,从而不仅割裂了身体的完整性,也割裂了情感的完整性。"自然身体"不等于身体的全部,它所呈现、表达和传递出的情感也就只能是情感的部分而非全部,甚

---

① [美]弗洛姆:《爱的艺术》,李健鸣译,上海:上海译文出版社,2011:38.

至也并非真实的情感。因此,就作为一种情感形式而言,"自然身体"在呈现、表达和传递情感方面是有局限的。虽然情感与"自然身体"的生理成长和发育相关,但是"自然身体"不等于情感。

自然身体作为一种情感形式的局限体现在现实的方方面面。一般而言,那些年龄较大,在认知和自我意识能力方面发育较为成熟的孩子来说,由于受到认知和自我调节作用的影响,自然身体所呈现、表达、传递的情感有时候会存在粉饰、伪装的成分,而并非他们真实的内心感受。而且,就个体主观能动性和内在精神发育的过程而言,对于情感的呈现、表达和传递方式也是可以选择的,伴随着个体的发展,自然身体也并非唯一的情感形式,个体是否会选择用自然身体和行为来表达自己的情感是与他的自我意识直接相关的。而在自我意识和认知水平、调节能力还没有发展到一定阶段的时候,个体往往会不由自主甚至是无法选择地将自然身体作为最早和最先的情感形式。这种无意识或者潜意识的情感呈现、表达和传递会很直接地反映在个体的面部表情、肢体动作等方面。随着个体年龄的增长,儿童个体逐渐倾向于不用自我表达(自然身体)的方式来呈现、表达和传递自己的情感,而是通过社会性的交往行为来呈现、表达和传递自己的情感(我们将这种转变称为逐渐从情感的"自我表达"转向"交往表达"或者说是"社会性表达")。这个时候,自然身体也就并非唯一的情感形式,语言、艺术甚至是认知等都会成为影响情感的因素与形式。

也就是说,自然身体在促进情感发展方面的作用是有限并且不完整的,那种有助于人的积极情感发展的是完整的"人"的身体,其中既包括人的自然生理层面上的肢体、躯体,也包括人在社会和精神方面的伦理道德和求真尚美的成分,是自然生理与社会精神在人身上的合而为一的统一整体。这种积极和谐的"全身"状态的身体在呈现、表达和传递情感方面的作用更加全面和完整,也十分难得,因为它并不必然地保持和存在。一方面,无论是个人生活还是社会文化中,都存在各种各样负面、消极的主客观诱惑将作为"万物的灵长"的人的身体简单并低俗化为肉体以及肉体的欲望,将人的社会性和精神性的一面从他的身体中抽离出来,"身体"成为"自然身体",并在其生理性和生物性方面获得了与他的社会和精神性不匹配的地位,从而不仅导致人疯狂地追求不切实际的肉身和自然欲望的满足,而且也在社会和精神层次上庸俗、堕落甚至在整个道德、人格方面变得肤浅、邪恶和丑陋。另一方面,无休止的自然身体欲望与邪恶、丑陋、低俗的社会性和精神性结合在一起的"全身"状态同样不仅不利于积极情感的发展,甚至还会变本加厉地恶化和扭曲人的心灵,造成整个社会文化风气的败坏与人类情感、精神的破坏。

因此,只有积极向上的"全身"状态才会有利于促进情感的积极生长,并且在呈现、表达和传递情感方面发挥积极、正面的作用。这种"全身"状态既包括面部表情、身体姿态、行为习惯,也包含内部的心理体验、个性气质等在内。积极向上的"全身"状态也就是蓬勃向上的生命状态,是生命在其生长上的伦理和审美要求,是发展美好的生命状态,过积极健康生活的要求。它意味着将整个人的生命都投入其中,人的发展是身体的成长,也就是生命品质的提升。所以,在人的成长和教育中,不能仅仅通过一时的、表面上的自然身体判断一个儿童是"生气的"或者"快乐的",还应该注意到儿童内部的情感体验。当然,这种内部体验和精神反应本身的内隐性决定了我们不可能很直观地观察到其真实状态(例如我们有时候说,幸福地流泪,实际上就是"表里不一"的),而是需要更持久的时间、更深入的方式(如体验等)和更多的认知、理解与宽容。自然身体(包括体态、姿势等)作为一种情感形式,在呈现、表达和传递情感方面具有不可替代的作用和意义,但是并非唯一和充分的形式，它自身的局限性决定了其在儿童发展早期的作用要大于在个体发展后期中的作用。这也从另一个方面解释了情感质料与形式之间密不可分的关系，自然身体作为一种情感形式，与情感质料中的认知、欲求等的状况和发展都是分不开的。

2.在"全身"投入中提升情感品质

作为整体之"在"的"人"的身体，它在根本上呈现为"我自己的"。个体的"我"是自己身体的主宰和身体状态、变化的影响者、规划者和引导者，个体对于自己身体的影响既体现在自然生命上，更反映在社会和精神层面上。就前者来说，伴随自然身体的成长，个体在主观能动性方面的能力也会获得成长，不断增强，个体运用并通过自己的认知和主观能动性来影响身体自然生长的能力也逐渐增强。就后者来说，随着身体成长外部环境的变化和个体社会经历的不断扩大与丰富，个体在道德水平、欲求层次以及精神境界等方面的素质和能力也随之增强。主体越来越倾向于主动和积极地调节自己的身体状态，寻找如何使身体既在生理上更加舒适，同时又在社会性发育上更加完善，在精神方面更加积极充实的方法途径。在这个过程中，个体不断实现对自我身体状态的调节，努力在自然层面、社会层面和精神层面实现平衡和充实地发展，以提高整个生命的质量，提升身体发展质量。也就是说，主体自我对身体的调节既包括生理上的，也包括与此相关的认知（如预期、评价等）、欲求、信念等各个方面的情感质料的发展，从而在根本上影响并体现为身体状态的"敞开"程度。"我把作为物体、部分之外的部分的身体搁在一边，我转向我当前体验到的身体……只有当我实现身体的功能，我是走向世界的身体，我才能理解有生命的身体的功能"①，只有在主体感受上比较舒适、

---

① ［法］梅洛-庞蒂：《知觉现象学》，姜志辉译，北京：商务印书馆，2001：109.

社会伦理上比较恰当、精神体验上比较充实、愉悦、安全的情况下,作为整个生命的身体才会敞开,并且有可能与外界乃至自我展开积极的互动和交流,而这种"全身投入"的状态又反过来影响到个体对自我的认识和评价。在此,个体对身体的认识、调节的过程,也就是主体自我情绪、情感不断生长、发育和自我调节的过程。

然而现实却并不乐观。在大部分的教养生活和教育活动中,我们经常见到的情况是要么对孩子给予过多地束缚与限制,要么对孩子放任自流,不管不问。其中,尤其以前者的情况居多。家庭里,父母与孩子交往中经常使用的"不要""不能"甚至是呵斥、禁止等,在阻止孩子们"犯错误""受伤害"的同时,也在一点点地消除他们探索与好奇的愿望,孩子的兴趣在一点点地消失掉。"不敢冒险""中规中矩"不仅是家长眼中的"好孩子"标准,久而久之也成为孩子们进行自我教育和自我约束的参照系。而在学校教育中,上课不准交头接耳、不准大声说话、要认真听课等,一系列的规范要求在学生的纪律和习惯养成方面具有重要的教育意义。但是如果这些规范不能成为学生成长的助力反而成为束缚孩子们生命发展的教条框框,那么就会造成对生命发展规律的忽视,甚至成为压制、束缚学生成长的阻碍力量。过分地强调外在要求和规则而忽视和放弃对孩子们身心状态和自我生命的尊重与爱护,甚至还会一方面造成他们一定的逆反心理,从而产生一些不恰当的、负向抵制的情绪情感;另一方面,造成他们自我认知上的混乱——长期地在束缚和管教的环境中成长,孩子们看不到,也难以感受到他们"自己"的存在,不仅没有自我主体的意识和概念,更是缺少批判性的能力和主见。

个体发展不仅仅是自然身体的成长,而是包括认知、情感、精神、思维、生理等在内的整个"身体"各方面的协同性发展。它表现为发展形态上的整体性推进和发展过程中各个方面的互相影响与彼此关联。"身体"的发展也

就是身体在自然、社会和精神方面的同时发展和彼此互为因果的阶段性递
进发展。对于教育者来说，如果能够将个体的教养和教育过程看作是协同性
发展的过程，就可能注重并抓住个体发展的关键期，促进身体各个方面得到
及时最佳的发展，以便在各方面获得成长的基础上，更平衡和有力地促进整
个人的发展。

　　首先，身体状态对于个体情感成长与发育的作用是至关重要的，沉重的
体力劳动既可能给人带来诸如劳累、疲倦、埋怨等负性的情绪情感体验，也
可能会让人暂时地忘记或者从情绪情感上的悲伤、痛苦状态中走出来；而放
松休闲的时候既可能使人产生忐忑、不安、无聊、焦躁等负性情绪情感，也可
能给人带来情感上的放松、舒缓、安宁状态。而健康和谐的身体状态对于个
体的情感状态和情感培育无疑具有重要的积极意义。在教育和人的发展中，
影响身体状态调整的因素和方式方法既可以是学生主体的自我调整，也受
到来自外部的他人、环境等方面的影响。相比较而言，前者要求学生已经获
得了一定程度的发展，他们自己或者通过有意识的主观自我暗示、调节，使
身体状态处于一种比较放松、舒适的状态；或者通过创造良好的生活环境、
心理氛围，看一些舒适、高雅的艺术作品等方式，为自己的身体在自然层面
和社会精神层面都创设并达至一个良好的状态，从而在整体上促进身体内
部和外部状态的平衡，也为积极情绪情感的产生、成长和发育提供一个可靠
的基础。而外部他人或者环境对身体状态的影响则是伴随整个个体发展全
过程的。良好、安全、温馨的环境，可能会使个体感受到来自外部信息回馈的
舒适、自由与和谐。而长期地处于这种状态中的孩子也更容易通过身体来感
受、体验并在情感上接受、回应来自外部的信息，从而不断获得新的、更为复
杂的情感体验并且在与外部的信息沟通交流中，不断实现自我情感的生长，
发育出积极健康的心理和人格，获得并保持一种高质量的生命状态。

　　具体而言,鉴于身体状态、个体行为等对自我的暗示作用,在教育和个体的成长中,如果能够多次强化积极的身体状态、身体行为和身体特征,就会有利于积极情感和整个人的生长发育。久而久之就会形成积极的自我暗示,通过身体和行为上的调整,带动情绪情感向积极健康的方向转化、发展,并促进整个人的成长。一方面,如果在家庭中家长总是愁眉苦脸,孩子的心情也不会好到哪里去;同样的道理,如果在学校中,教师自身总是处于负面、消极的情绪情感状态中,甚至经常将这些情绪情感带到教学中,体罚学生,那么就不仅造成教师自身处于焦躁不安的情绪状态中,而且学生的情绪情感也会受到影响,很难或者根本就不可能获得情绪情感和整个人的健康积极的发展。而那些在教养和教育活动中能够经常性地保持良好情感状态和身体行为、表现的家长和教师,也就更容易影响学生形成积极的情感和行为。在这个意义上,即便是家长和教师伪饰、假装出来的积极情感状态和身体行为,有时也有助于在一定程度上培养孩子的积极情感。另一方面,学生个体自身的身体状态和行为也对自己的情感造成暗示和影响。教育、引导他们调整自我身体状态,通过身体状态和行为进行积极的自我暗示,转化不良的情绪情感,就有可能使他们获得积极情感的生长发育,并且在主观上有意识、有能力地进行情感和发展中的自我教育。

　　其次,情绪情感的发展以自然身体为基础,但并不是被动地等待、依赖身体在自然生理上的发展成熟。情绪情感的发展伴随并且影响着身体的发展。积极健康的情绪情感能够促进包括个体认知、自我调适能力在内的身体各个方面的发展,从而不仅促进自然身体的生长发育,而且促进身体的社会性和精神性方面的发展,并且通过整个身体状态和生命质量又反馈到个体的情感上,提升他们的情感品质。情感对身体发展的作用表现在多个方面:①情感本身构成身体发育的目标之一,只有情感得到发展的身体,才是一个完整的身体。②现代生理、心理科学的研究表明,在儿童个体的身体的生长发育阶段,如果缺少必要的关心和情感上的注意,就会有可能导致儿童发展中的"非器质性的不健壮"(nonorganic failure to thrive)和"剥夺性侏儒"(deprivation dwarfism)。前者通常出现在 18 个月的时候,这些婴儿消瘦,周围的成人往往对他们态度冷淡、疏远,甚至不耐烦、不友好;后者通常出现在 2~15 岁之间,"严重的情感剥夺会影响丘脑下部和脑垂体腺之间的交流,导致了阻碍生长"①。而如果改变儿童生长的环境,把他们放在细心照料、情感和谐的环境中或者远离情感不适宜的环境,这些状况都会得到不同程度的显著改善。③良好的家庭氛围和校园、班级氛围,就会熏陶学生积极向上的情操,而一个拥有良好家庭生活氛围,拥有积极学习环境的学校和班级,学生是没有理由不养成积极良好的行为习惯的。④积极良好的情绪状态和情感状态,有利于促进个体的认知活动的进行,活跃个体的思维,并且有利于调整个体的认识和自我意识,使他们树立良好的行为和精神状态,从而保持积极高尚的精神风貌,提升身体和生命的质量。⑤情感对身体的作用还表现为作为一种享用机制,积极良好的情绪情感会给个体带来生理和精神上的愉悦体验,丰富个体的心理和生命状态。

二、情感的语言形式与"有言之教"

广泛意义上的语言是与身体密不可分的。身体既可以帮助促进并实现主体间的交流,同时又可以帮助主体自我提高记忆、想象等认知层面的水平,并且缓解认知压力,从而促进主体更好的语言表达和信息传递。在这个

---

① ［美］贝克:《儿童发展》,吴颖等译,南京:江苏教育出版社,2002:276.

层面,很容易理解语言与身体之间的密切关系。而我们在日常生活中也是基于此将包括人的肢体动作、体态、表情、口头声音、书面文字等在内的一切呈现和传递生命信号的形式统称为"语言"①。这里,为了研究的方便,也为了避免概念使用的混乱并区别于在上面谈到的"身体",我们将考察的重点缩小到书面语和口头语,将二者合称为本研究中的"语言",并且尤其从教育的角度对与人的情绪情感紧密相关的口头语言——言语及其与情感和情感发展的关系进行探讨。

(一)语言与情感的一般关系

语言的出现可以说是人类文明史上划时代的进步,语言不仅"是由人类的喉头发出的声音所组成的系统",而且"它是打开人类心灵深处奥秘的钥

---

① 尤其是肢体语言、表情语言等,它们之所以能够以"语言"的名称来加以称呼,主要就是指在传递信号、表达意义上与书面语和口头语在功能上的相似和相近性。但是就其本身来说,肢体语言、体态语言又与书面语和口头语有所区别,它们传递信号、表达意义所使用的手段和中介并不是文字符号或者声音,而是可以外化、显现出来的自然身体的某些方面。在这个意义上,语言的作用当然是多种多样的,尤其是随着现代人类文明发展,语言在解释世界、表达思想等方面的作用日益凸显并加强。对于人类文明的进步和发展来说,这当然是一件好事。

但是如果发展到极端,将语言作为解释科学的工具,使得语言成为科学的附庸、注脚,甚至被科学和理性所绑架,那简直可以说是语言的悲哀。因为,"语言不但用于传达信息,而且用于影响行为,传达命令,引起惊奇、愤怒和恐惧"([英]帕默尔:《语言学概论》,李荣等译,北京:商务印书馆,2013:97)。事实上,一切人类文明的最终目的都是要为人的发展服务,不能为人的发展带来活力,甚至会束缚人的思维与人的生命活力,阻碍人的发展的事物,都将失去它们作为人类文明成果的资格。所以,语言的真正或者说本有功能应该是为人的生命发展服务。人类之所以需要有语言,发明文字符号,就是为了更加清晰、全面地表达自己的思想和观点,解释自己的生命基因和情感密码,其最终的目的是指向生命的自我完满。因此,从这个意义上说,语言的功能应该是传递和表达生命活动的信号、欲求,并且为更好地解释生命的意义服务。科学化以后的语言,或者受到现代科学与工具理性绑架的语言已经离这个功能越来越远了,也应该受到检讨和批判。因此,在本研究中,我们从生命活动和人的发展的角度,把语言的功能界定为传递生命的信号,解释生命的意义。

匙。它是思想的最高载体,是民族的统一纽带,也是历史的宝贵库藏"①。无论是书面语还是口头语,语言丰富了人类生活,也是人类思维和意识发展的产物,是人类文明的结晶。如果说自然身体是通过感受及其外部直观行为来呈现、表达和传递情感的话,那么语言与情感之间的关系则是间接、内隐因而也是更为复杂和高级的,它与人的认知、意志等主观能动力紧密相连。正如帕默尔所言,"脸红常常是无意的。这是神经系统发生扰乱的结果;所以心理的状态和身体的记号(脸红)之间有因果关系。但是当我们发出'我害羞'一组声音的时候,这动作完全在意志控制之下;这声音跟心理状态之间的关系是完全任意的"②。只有人类才有语言,语言是人传递思想、表达意义的载体,是人的意识概念化的产物,语言在它形成并且成为人的生存的一部分的时候,就决定了它与人的生命密不可分。"习得某一种语言就意味着接受某一套概念和价值。在成长中的儿童缓慢而痛苦地适应社会成规的同时,他的祖先积累了数千年而逐渐形成的所有思想、理想和成见也都铭刻在他的脑子里了。"③

首先,在传递生命信号和表达意义方面,语言与情感之间具有高度的一致性。人之所以需要并且能够用语言来传递信号和表达意义,其中一个重要的原因就在于有一些东西引起了我们的注意,或者我们在主观上体会到,对某些现象、事物等有所欲求。尽管语言在形式上只是一组声音或者符号,但是我们能够并且愿意把这些声音或符号拿来呈现、表达和传递信息,实际上是将它们与自我的内在状态联系在了一起,并赋予它们一定的"个人化理

---

① [英]帕默尔:《语言学概论》,李荣等译,北京:商务印书馆,2013:177.

② [英]帕默尔:《语言学概论》,李荣等译,北京:商务印书馆,2013:8.

③ [英]帕默尔:《语言学概论》,李荣等译,北京:商务印书馆,2013:177.

解"，也即是赋予它们一定的"意义"。"语言就是有意义的声音"①，语言的发生，一定是与个体的"内在状态"有关。无论是外部原因引起的"内在状态"变化，还是个体自己自我调整的"内在状态"变化，都是形成语言并发生语言现象的"动机"。它们赋予语言以意义，从而既区别了人与动物的不同，又为使用不同语言的民族与国家之间的交流和沟通提供了可能。②而这种"内在状态"的被引起或者引起的过程，除了生理上的刺激之外，还伴随有个体的情绪情感。因为"内部状态"的变化是一个整体性的变化，这种整体性有些类似于神经生理学中的"身体图式"，它"往往是作为一个整体发挥着作用。身体姿势中看似细微的变化却包含着肌肉系统的全面调节。……来自身体不同部分的本体感受输入汇聚在一起，以一种非线性的、综合的方式对姿势进行调节和控制"③。这些"本体感受"既是一种生命冲动，但是又不等同于原始的生物性冲动，而是伴随着生理与心理的、与人的情绪情感交融在一起的"人"的冲动。只有这样的"冲动"才会引起内在状态的变化，并最终引起个体的注意，促使个体产生身体上的体会和欲求，从而借助"语言"这一形式来呈现、表达和传递自己的内部状态。一种语言现象的发生，看似是一种外部行为，

---

① ［英］帕默尔：《语言学概论》，李荣等译，北京：商务印书馆，2013：16.

② 帕默尔的研究认为，语言只是一种形式，"声音符号跟它所代表的事物之间的关系是完全任意的，它们中间没有自然的或者必然的关联"（［英］帕默尔：《语言学概论》，李荣等译，北京：商务印书馆，2013：10）。而我们借用语言这种形式，表达的其实是它背后所蕴含的意义。这种意义既是我们互相理解的前提和基础，也使语言具有了更深层次的内涵，语言不仅作为一种声音或符号的形式，而且与主体的理解和内在状态有关，主体自我的情感和理解状态，赋予了语言以意义。"例如 crock 这个词可以指称'我的自行车'这个实物，但这不是这个词的意义。实际的意义是某人对我的自行车之主观理解；这是一种心理内容，它不仅仅包括对这个外部世界实物的注意，而且包括对它的某种感情态度、某种评价。用斯特恩的术语来说：这个词表示（指的是）所指对象（自行车）；然而构成这个词的意义的，是它所表达的心理内容以及期望在听话人心中唤起的这种心理内容"（［英］帕默尔《语言学概论》，李荣等译：，北京：商务印书馆，2013：78）。由此，语言与情感之间的关系在这里可见一斑。

③ 何静：《身体意象与身体图式——具身认知研究》，上海：华东师范大学出版社，2013：53.

实际上则是与个体的情绪情感相连的。正是个体情绪情感的参与引起了人的生命冲动和内部状态的改变，并由此而促成语言现象的形成。甚至可以说，一种语言或语言现象在其最初的意义上，也并非是为了呈现、表达或者传递什么信号与意义，它直接地与个体的情绪情感相关。"语言"的范畴不仅限于概念、语词和符号本身，"与概念语言并列的同时有情感语言，与逻辑的或科学的语言并列的还有诗意想象的语言"①。哲学人类学家卡西尔在考察了原始人的巫术语言之后，对原始语言的功能作出了这样的评价，他说，"如果能以适当的方式向自然力提出请求，它们是不会拒绝给予帮助的：没有什么东西能抗拒巫术的语词，诗语歌声能够推动月亮"②。书面上的文字符号和由人的口头发出的声音中都无不包含着人类生命中的原始冲动以及与此相关的内部情感。就此而言，尽管不同国家、民族和地区的人们在文字符号和口头言语上都存在不同和差异，但丝毫不影响他们情感上的交流。正是作为生命体的人类在情感上的共通性和表达、传递生命方面的共同需要，才使得不同语言之间的转换成为可能，而情感也因此能够超越文字和声音，在广泛的人性当中获得统一。

其次，即便是作为人类文明产物之一的书面语中的文字符号，也蕴含着丰富独特的情感成分，甚至它们本身就是人类情感"符号化"的结果，是呈现、表达和传递情绪情感的重要形式之一。比如，在中国文化中，"教"这个字，作为一种书面语言（符号），词典中的解释是"(jiào)，教育；训海。(jiāo)传授知识、技能"③。如果我们从"教"所呈现、表达和传递出来的信息与意义上来看，它就是指"一个人要把自己知道的东西传递给别人"。仔细地分析，它

---

① 朱小蔓：《情感德育论》，北京：人民教育出版社，2005：31.
② ［德］恩斯特·卡西尔：《人论》，甘阳译，上海：上海译文出版社，1985：142.
③ 辞海编辑委员会编：《辞海》（下），上海：上海辞书出版社，1979：3361-3362.

实际上可能暗含着一种"帮助他人"的意味;如果再深入一些,甚至还伴随有"施舍""要求"等规范、道德以及伦理色彩,因为当一个人说他要"教"某人东西的时候,就或多或少地有一些"我希望你……"或者"我不希望你……"的"同情""怜悯""期望""讨厌""不赞成"……等情绪情感在内。从"教"这个字本身作为一种符号的角度来看,在其甲骨文写法"𣁽"中,表示"一个手拿教鞭的人把知识传授给儿童";《说文解字》中给出的解释是:"𣁽,上所施,下所效也。从攴从孝"。其中可能就有"责罚""训斥"等情绪情感,甚至还包括古人所理解的"孝敬""尊重"等伦理道德情感。而整个字的构造符号所要呈现、表达和传递的象形形状,则又体现了创造主体的简单、直观、审美等情绪情感在内。单个的字是这样,符号也不例外,在中文中,感叹号、问号、省略号,等等,都具有传递和表达情感的功能。不过具体要呈现、表达或者传递什么情感,也要视情况而定。因为有一些标点,如感叹号就既可以表示"惊讶",也可以表示"愤怒"甚至还可以表示"高兴"等多种不同的情绪情感。当然,除了字与符号之外,词语、句子、段落乃至一篇文章,所传递的信息量就更大,意义也就更加丰富。而这些大量的信息和丰富的意义,都是与我们的情感有关的。同样的一句话,在一个人看来可能是废话,在另一个人看来可能就是十分重要的信息。造成这种不同的,并不是文字符号和语言本身,而是我们个体结合自己状况、欲求,对这句话的认识和理解上的差异。在认识与理解的背后,则是个人的情绪情感在发挥作用。甚至就是认识理解的过程中,也是伴随着情绪情感的。

最后,除了上面提到的可以见到的文字符号等书面语言形式与情感之间密切相关之外,在生活实践中,大量存在的是日常交往中由口头发出的声音言语。它们有时候是独立于书面的文字符号来呈现和传递情感,有时候则与文字符号等书面语一起,共同构成复杂的人类语言行为,从而帮助人呈现并传递其内心丰富的情绪情感。宽泛而言,人类的复杂的语言行为通过多种不同的途径成为一种重要的情感形式。

以汉语语境为例,在中文语境中,通过书面语或者口语来呈现、表达和传递情感的方式主要有这样几种:①直接通过一些与情绪情感有关的字词,如"高兴""悲伤""愤怒""自豪"等,来呈现和传递情绪情感。如通常所用的"我很高兴""我很快乐"……方式,借助"高兴"这两个字或者"高兴"这一词语的发音,就可以连接起人与人之间的情感,并且彼此之间分享这一语词的情感意义①。②通过修辞,如"隐喻"等方式来呈现、表达和传递情感。以"隐喻"为例,虽然在字面或者言语层面上没有直接地涉及情绪情感,但是通过其他一些与我们的情绪情感感受特征相似或相同、相关的词语来代替对情感的直接表达,从而达到呈现、表达和传递情感的目的。例如,我们常常说,"他正处于兴头上""他已经飘飘然了",等等,在这样的表达方式中,虽然没有直接地提到某人的情绪情感状态,但是我们实际上很清楚,这是在表达一种"高兴""快乐"等正向色调的情绪情感。在这里,我们实际上是默认了用"向上""离开地面"等意思来隐喻"高兴""快乐"的情绪情感。③通过语调或语气词等来呈现或者传递情绪情感。如在口头语上,我们常常通过故意地抬

---

①　语言为什么会有这样的功能?这是一个十分复杂的问题。情绪感受理论、詹姆斯-兰格的情绪理论等认为,之所以能够用"高兴""快乐"等语词表达我们共同的情绪情感,实际上是通过"感受"这一中介,把我们所感觉到的"高兴"时的状态与别人感受到的"高兴"的状态连接起来而实现的。当我们有"高兴"体验的时候,我们知道用"高兴"这一词语来概括,而当他人处于同一感受状态时,我们告诉他,"这种样子就是高兴"。这样,我们在"感受"的意义上,彼此共同分享"高兴"这一语词所代表的情绪内涵和体验,实现情感情感的共同呈现、表达和传递。当然,正如我们在前面所分析的那样,"感受"本身是有局限的,而且,同样的感受不一定代表或指向同一种情绪情感。通过"感受"来决定和判别情绪情感,有时候也未必就可以实现我们对情绪情感语词之间意义的共享,这既是语言在情感呈现、表达和传递中的局限,也是造成现实中情绪情感理解的偏差和错误的一个重要原因。

高音调、降低音调等,都可能是在呈现、表达或者传递自己的某种情绪情感。①
而在句子或者言语后面加上一些特殊的语气词如"呀""啊""吗"……也可以
呈现、表达或者传递情绪情感。当然,具体是表达什么样的情感,要根据具体
的情境来定。如,"是你呀",既可以表示惊讶,还可以表示一种不屑、蔑视。④
通过构词与构句来呈现和传递情绪情感。所谓的构词,就是通过对词语的选
用来表达情感。有时候尽管所要呈现、表达和传递的信息和内容是同样的,
但是由于选择和使用的词语不同,在表达和传递出来的情感上也会存在差
异,这在中文语境中表现得尤为明显。例如不同的称谓,尽管所指向的是同
一个人,但其背后的情感是不同的,"张老师"和"老师"相比,后者所传递的
情感就更加亲近、自然一些;"爸爸"和"父亲"相比,前者表达和传递出的情
绪情感更亲切、随意,后者则除了亲切以外,尊敬、崇敬的情感意味更浓。②而
所谓的构句,就是通过一句话,或者几句话来呈现、表达和传递情感。它实际
上是通过句子或句子组成的段落所传递出来的整体意思来表达情感,因此
也是语意层面的情感呈现、表达和传递。在这些句子或段落中,尽管没有明
确使用表达情感的词语,甚至也没有什么表达情感的符号,但是我们往往能
在一句话或者一段话中读/听出来其所要传递表达的情感。例如,"你好好休
息,我明天来看你",尽管看起来十分平淡无奇,但是表达了说话者的一种关
心、爱护的情感。再例如,在朱自清先生的著名散文《背影》中有这样一段话:

---

① 抬高或降低音调既可能表达"生气""愤怒"等负向情绪情感,也可能表示"愉悦""高兴"等正
向情绪情感。至于到底是"愤怒"还是"高兴",则要根据具体的情境来判断。例如有时候抬高音调表示
呵斥、愤怒;有时候则可能是表示对某事某人的欣赏,故意抬高音调,表示一种满意、自豪和高兴的情
绪情感状态。

② 类似的例子还有很多,例如,我们生活中所用的大名与小名也是一样,大名显得更正式,但
是情感成分要小一些,小名显得更亲切,情感成分更多一些。在英文语境中也有同样的情况,例如,英
文单词"history"的构词,实际上是"his"-"story",直译的意思是"他的历史",之所以不是"shestory""sis-
tory"或者别的什么构词,实际上是或多或少地男性主义情绪情感在背后作用的结果。

"我看见他戴着黑布小帽,穿着黑布大马褂,深青色棉袍,蹒跚地走到铁道边,慢慢探身下去,尚不大难。可是他穿过铁道,要爬上那边月台,就不容易了。他用两手攀着上面,两脚再向上缩;他肥胖的身子向左微倾,显出努力的样子。"①这一段对父亲去买橘子的背影的描写,只字未提到情绪情感,也没有使用特别华丽的词语来渲染,但是我们仍然能够通过作者的这些细节,从字里行间读出父亲的一片爱子之心以及儿子所流露出来的对父亲的愧疚和怀念之情来。

当然,以上各种方式之间并非是独立的,它们既存在于我们的书面语中,也大量的存在于我们的口头语中,在丰富的日常生活实践中,我们会综合使用其中的一种或几种来呈现、表达并传递情感。尤其是在现代社会中,人们之间还通过共享某些特殊的话语体系而获得彼此之间在情绪情感上的呈现、传递和认同。它意味着,字词的选择以及蕴藏在这些字词背后的整个文化背景都是人们获得情感沟通的重要基础,不使用、接受或者进入这样的字词、修辞、语气中,往往也就意味着对其背后隐藏的文化甚至是社会价值的不了解和排斥,它会带来人们进入话语语境和体系的困难并反过来影响人们之间在情感上的接纳、认同和相互理解,自然也就影响到情感的呈现、表达和传递。

(二)言语:一种切近情感意蕴的语言形式

"建立在某种特殊符号系统上的人类行为只对这种符号系统中的人们才有意义。……这就意味着,只有当我们努力理解一个人在行为情境中采用的

---

① 朱自清:《背影》,南京:译林出版社,2012:37.

111

范畴体系、关注的对象、面临的处境时,我们才能够真正地理解他的行动"①,人类的语言和语言行为只有放到使用它的人的生命和生活中去考察才有意义。就与情绪情感的关系来说,并非所有的语言行为都离情感一样近,与文字符号等外在的"有形"形式相比,由声音、语调等构成的言语与情感之间的关系更近,因而对于人的情感发展和教育也就具有十分重要的意义。

1.书面语作为情感形式的限度

文字符号以及与此相关的语法规则所组成的书面语固然都是人类文明发展的结晶,但是几乎从其诞生之日起,书面语也就暴露了它天然地、无可避免的局限性。与人类丰富且复杂的情感相比,包括文字、符号在内的书面语的力量还是不够的。即便是最伟大的作家也并不能描述全部的人类情感。相反,他们自身反而很多时候是情感丰富的人,他们的作品不但是文字符号的堆积,而且简直就是自己丰富生活基础上的个人情感的流露。作家巴金在谈到他创作的小说《家》的时候,曾经说,"书中人物都是我所爱过和我所恨过的。许多场面都是我亲眼见过或者亲身经历过的"②。人类发明的文字符号与情感一方面密不可分,甚至可以说不存在没有任何主观情感的文字堆积。但是正如前面所言,通过文字符号我们永远只能呈现、表达和传递出我们能够呈现、表达和传递出的那部分情感。不同民族文化中的文字符号各不相同,但是并不会因此而阻碍他们之间情感上的交流;不同社会阶段人类的文明发展程度不一样,但是并不意味着原始社会中简单的文字符号就会阻碍人们对情绪情感的表达和交流(尽管有时候只是表达和传递情感深度与细腻程度上的差别而已);不同个体之间也存在文化程度上的差异,甚至有的

---

① [美]谢弗勒:《人类的潜能—— 一项教育哲学的研究》,石中英、涂元玲译,上海:华东师范大学出版社,2005:18.

② 巴金:《巴金散文精编》,杭州:浙江文艺出版社,1991:648.

人一字不识，但是并不妨碍他们运用语言来呈现和传递他们丰富多彩的情感世界。很多情感潜藏在我们自己内心，甚至我们自己都无法真正地感受到它们，也不知道它们在什么时候，会以什么样的状态发生，就更不要说是用文字符号来呈现、表达和传递它们了。就是在这个意义上，以文字符号为载体的书面语只是狭义上的人类语言形式，而非语言的全部。在复杂的语言行为中，我们常常感觉到词不达意，感觉到自己所言、所写已经不是自己内心真正的所感、所愿等也是十分正常的事情。

　　首先，由文字符号所构成的书面语在呈现和传递情感上的局限是与它本身的特点有关。由于书面语是由字、词、句按照一定的语法、句法组合而成的，因而具有相对固定和严格的规则与确定性要求。可以说，自从文字和符号诞生的那一刻起，它就肩负着精确化地呈现、表达和传递信息的使命。尽可能地追求表达和传递的精确性、间接性、流畅性等，都是书面语言发展的必然要求，也是书面语区别于口头语的特点。而这些特点对于情感而言，就不一定适用，尤其是试图用固定的语法、符号和规则全面完整地呈现、表达和传递情感不仅不可能，而且还有曲解情感的可能，它所导致的恰恰是失去和丧失情感。不仅如此，由于文字、符号往往又与一定的社会文化相关联，因此它们具有呈现和传递情感上的间接性、公共性和一定程度上的普遍与通用性。也就是说，一方面，只有特定社会文化中的成员才有可能会共享一种文字符号中的情感。例如，同样是"国旗"这种象征并代表一个国家和民族精神的符号，只有中国人看到五星红旗升起的时候才会产生自豪感，而换作是其他国家的人或者我们看到其他国家的国旗，都难以有同样深刻和强烈的情感出现。另一方面，扎根于社会文化中的文字符号所呈现和传递的也往往是大众的、公共的社会性情感，而在呈现和传递个体的私己经验和情绪情感方面的作用则要稍弱一些，甚至有一些个人的特殊情绪情感体验是无法通过社会文化中形成的文字符号来呈现和表达的，而必须要借助个人的阐释和个人化的方式来实现。所有这些，都说明文字符号在呈现和传递情绪情感方面的局限性。

其次，现代社会文明进步以及由此带来的语言本身的变化，在丰富了人类语言的同时，也在不断地改变、弱化语言，尤其是书面语在情感呈现、表达和传递中的地位与作用。一方面，在电影、互联网和多媒体还没有像今天这样发达的情况下，语言，特别是以文字符号为代表的书面语还是人们呈现、表达和传递自己情感的主要形式之一，以文字为载体的信件、书籍等都是人们进行沟通交流中不可缺少的语言形式。而今天，各种媒体技术的出现，图片、电视、电影等现代媒体不断地充斥着人们的生活，与这些现代媒体元素的直观性、形象性、快捷性相比，文字符号在表达情感方面显得比较间接、抽象和缓慢，这就造成它们在表达情感方面地位的下降，文字符号不是人们表达和宣泄、释放情感的唯一渠道和手段，"语言工具的发展受着它所要发挥的功能之引导和限制"[①]，（书面）语言在呈现、表达和传递情感中的作用已经逐渐被其他多种多样的方式代替。另一方面，网络词汇的出现和盛行正在逐渐打破我们在呈现和传递情感上对细腻、精确的文字、符号或者修辞的选择，诸如"亲""囧""不明觉厉"等网络词汇和语言既可以生动、形象地呈现、表达和传递人们的情感；同时也由于缺少细腻的构词和选择，人们在表达情感的时候往往显得更加随意。这种没有或者缺少经过自己慎重选择甚至带有一些调侃意味的文字，也就意味着很多时候，人们不是为了呈现、表达或者传递自己的情感去选择词语，而是为了赶时髦或者纯粹为了好玩而不经意间地在使用这些词汇和语言。

---

① ［英］帕默尔：《语言学概论》，李荣等译，北京：商务印书馆，2013：79.

　　2.言语之于情感发展的意义

　　与人的生命活动和生活实践相比,在与人类情感的联系上,口头语具有无可替代的优势——"在语言的越来越精确的发展中,口语保留了这三个特征,即:情感表达、信号以及二者的相互结合"[①]。作为人类语言的形式之一,口语(言语)更贴近人的情感意蕴,对于情感的发展也具有特殊的意义。

　　由于人类声音的早发性、先在性特点以及与生命之间的天然的,甚至可以说是密不可分的联系,其在呈现与传递情绪情感,解释生命意义的时候,往往比其以后的书面语具有更多的天然优势。一方面,和人类的情绪情感一样,声音以及与此相关的口语与人的生命体的关系更紧密,从而也就离人的情绪情感更近。因为真正的情感一定是"发乎于心"的,是"真实"的,因而它总是与人生命的内在状态相关,并通过生命体的活动以及内在状态的变化而与声音和口头上的言语联系起来。正如巴赫金所言,"我与之发生关系的一切,都是处于我的情感意志的语调中"[②],人类言语也就是在这个意义上与人的情绪情感,特别是早期的情绪情感之间建立了天然的生理联系,使得它们共同地蕴含在人的生命中,并且在生命的层面上发生联系。与文字符号等外在形式相比,言语作为一种重要的呈现和传递情绪情感的形式,从生命体内部直接地关联到情感层面上,其中也蕴含着更贴近、丰富的情感韵味。另一方面,语言,尤其是书面语是人类文明发展到一定程度后的产物,而受到科学主义与工具理性的影响,书面语在其发展中又都是或多或少地具有一定的理性化逻辑和既定条理的。因而很多生命中混沌状态的东西、我们目前还无法完全在认识上清晰地加以认识的东西都还很难通过外部既定的文字符号等来很好地呈现、表达和传递出来。

---

　　① 　[英]A.N.怀特海:《思维方式》,刘放桐译,北京:商务印书馆,2010:37.

　　② 　[苏]巴赫金:《巴赫金全集》(第 1 卷),晓河、贾泽林等译,石家庄:河北教育出版社,1998:34.

再加上作为一种综合了文字符号和声音的人类"语言"能力又是与个体的成长和认知发展相关,并且是需要在后天的生活中习得和发展的,认知发展以及与此相关的主体自我调节和选择语言的能力等都会不同程度地影响语言在呈现、表达和传递情感上的真实性、准确性、全面性、及时性和清晰性。所以,即便是综合了文字符号和声音的人类复杂语言形式也很难全面、及时、有效和清晰地呈现并传递人的情感。情感对于语言的超越性不仅意味着生活中常常所说的"只可意会不可言传"的情感状况,而且也从另一个方面彰显了声音作为一种语言成分的必要性以及它在呈现和传递情感方面的重要性——不管怎样,总有一些情感和生命的信号、意义是我们人类的语言所无法表达出来的,文字和符号作为外在形式在这方面的局限性只能由声音来加以部分地弥补。人类声音与生命之间的联系使得它的模糊性、不确定性都与情感之间更贴近和相似,从而也能够更好地(而非全部和完全)呈现和传递一些文字符号所无法企及的人类情感和生命意义。在这个意义上,情绪情感与波兰尼所说的缄默知识具有一些相似性,它区别于概念化和完全清晰的理性化认知结果,而是与人的整个生命意义上的身体相统一。而如果将"身体"作一个完整的理解,则"我们身体的特殊性在于,它是唯一这样一个各种东西的集合,我们几乎完全通过依赖于我们对它们的觉知去关注其他东西而来了解它们。这就是我们的身体在宇宙中的独特地位"[1]。事实上,波兰尼提出缄默知识,也正是看到了由人类文字符号所构成的书面语在表情达意上的局限性。

首先,由于"交互感应的社会性的原始语言在进化上要早于人类的符号语言"[2],因此在文字符号还没有产生或者发展到像今天这样细腻、丰富的时

---

① 郁振华:《人类知识的默会维度》,北京:北京大学出版社,2012:128.

② [美]特纳、斯戴兹:《情感社会学》,孙俊才、文军译,上海:上海人民出版社,2007:216.

候，人类依然需要并且能够在生活和生命的互动交往中通过另一种语言形式——声音以及与此相关的简单的口头语来呈现并传递自己的情感。在个体生命早期，还没有掌握文字符号甚至也没有形成一定的口语能力，语言素质和水平都还不够健全的时候，他们依然能够通过简单的口头语甚至是声音、语调等来呈现和传递情绪情感。"在有同感、有'和声支持'的氛围中，语调能够获得信心，自由地展开。如果遭到怀疑或认为会遭到怀疑，语调就会出现挑战的语调、不满的语调等，变得复杂起来。"①我们看到，这种情况在新生儿身上表现得尤为明显："一个儿童早在学会说话以前，就已经发现了与他人交流信息的其他更简便的手段。遍及于整个有机界的那种由于不安、痛苦和饥饿，畏惧或恐怖而发出的叫喊，（在人这里）开始采取了一种新的方式。"②声音在早期情绪情感呈现、传递以及生命发展中的影响比后天掌握的文字符号等语言能力要大得多，具有早发性和先在性。而即便是在原始社会，以人类文明程度为基础的文字符号等书面语言还远远没有像今天这样成熟、发达的时候，人与人之间的交往、信息的传递以及生命活动的呈现、表达等往往也更多地要依靠声音以及由此组成的简单的口头语来进行，"'力'、'质量'、'意志'、'情绪'这些概念，都不是依据于客观的经验而是依据于一种生命情感而生的"③。在这个意义上说，就是后来所产生发明的文字符号也必须要依赖人对它们的发音或者有声解读才具有生命特征和意义，因为，"在说话时，就有肤浅，并易于控制的表达散播开来，而且，有机体存在的模糊的内在性的感觉也被激发出来。因此发声是有机体存在的深层经验

---

① 朱小蔓等：《关于负责任的道德主体如何成长的一种哲学阐释》，《全球教育展望》，2011（2）：49.

② ［德］恩斯特·卡西尔：《人论》，甘阳译，上海：上海译文出版社，1985：141.

③ ［德］斯宾格勒：《西方的没落》（第一卷），吴琼译，上海：上海三联书店，2006：300.

的天然符号"①。在原始人的生活中,声音充当了今天我们的书面语乃至早期口头语的角色,对于原始人的生命呈现、表达以及生命信息的传递、发展和整个生产活动的进行都起到了至关重要的作用。

其次,不同于书面语要受到文字符号甚至是个体文化水平程度的限制,声音以及与此相关的口头语都使得个体在使用它们的时候拥有更大的自主性和随意性,能够在更大程度上发挥他们自己的主观性并根据自身的需要对其进行筛选和改变,从而以此来呈现、传递个性化的情绪情感和生命信号。

这就是说,即便是相同的文字符号,主体不同,其在发音和相应的口头表达中所传递出来的情绪情感也是不同的。相同的一段话,不同的人所读出来的情感是不一样的,与主观性密切相关的声音和语调不仅自身与人的情绪情感之间具有密切的联系,而且也影响到广泛的语言(特别是书面语、肢体语言等)行为,从而间接或者直接地影响到语言对情感的呈现、表达和传递。一般而言,其积极②正面作用主要有这样两个方面:一是帮助传递更加完整全面的信号和意义。书面的文字符号甚至是我们自己的肢体动作等固然可以传递信息和意义,但是它们本身的局限和我们所生活的世界以及人类自身的复杂情况等,都决定了这些还是不够的,尤其是对于复杂的人类情感现象而言,文字符号在传递信息与意义的时候是需要声音、语调乃至人的整

---

① [英]A.N.怀特海:《思维方式》,刘放桐译,北京:商务印书馆,2010:32.

② 言外之意,并非所有的言语都有助于积极情感的生长。在人的交往中,言语具有呈现、表达和传递人们情绪情感的作用,但是是否能够用来促进人们之间建立积极的情感关系则是另外一件事情。生活中我们也常常见到,温和、谦逊、真诚、平等的言语往往更有助于缓和紧张的情感氛围并且促进人们之间呈现、传递积极的情感状态,从而相互之间在情感上产生积极的影响,形成良好的人际关系,也容易让彼此感到情感正能量,从而发育、保持乃至生长出积极的情感品质。相反,如果人们之间经常用生硬、粗暴、冷漠、虚伪、欺压的言语进行交流沟通,则容易引起紧张、局促、冷漠和压抑的情绪情感感受,从而不仅在人际关系上发生紧张局面,也容易在相互之间引起和激发负向、消极的情绪情感体验,从而也就不利于情感品质的提升。

体生命状态加以辅助的。甚至都可以说,没有一种文字符号是不伴随着使用(表达)它的主体的声音以及相应的生命状态的。我们写出来的文字、阅读的书籍等都是人的情感的呈现、表达和传递。通过与文字符号结合在一起,声音才与生命状态中的情绪情感交融在一起,并传达出单单靠外界的文字符号所难以完全呈现的信息与意义(包括人的情感)来。而声音和语调的这种作用的发挥是因主体的不同而有差异的。同样的一个现象,甚至用同样的文字符号进行呈现和表达,一个人可以把它描述得活灵活现,惟妙惟肖,而到了另一个人那里,就会显得干巴巴的,既缺少活力又不够丰富,甚至让看的、听的人觉得乏味无聊。二是帮助提高文字符号中的情感的生动丰富性,从而更好地为对方接受。"口语在它表现于动物和人类的行为的胚胎阶段,其变化是在情感表达和信号之间发生的"①,融入了个人声音和语调之后,文字和符号也就具有了鲜活的情感和生命力,自然就会更好、更全面和完整地呈现、表达并传递信息与意义;而越是完整、全面的信息与意义,也就越是能够被对方所接受和理解,从而提高沟通的效率。因此,即便是传递同样的、同等程度的信号与意义,由于在口语中的声音和语调上的差别,对方的理解和接受程度也是不一样的。

(三)语言的情感教育意义

作为人的生命体对外所发出的一种信号,语言(无论文字符号还是口头语)的主要作用和目的就是呈现、表达和传递生活中鲜活的生命活动以及生命体与各种现象互动、适应过程中的"反应"以及与之相伴随的"信息"和"意义"。这些信息和意义既可以是自然生理意义上的,也包括社会、精神层面

---

① 　[英]A.N.怀特海:《思维方式》,刘放桐译,北京:商务印书馆,2010:37.

的,其中情绪情感就是一个重要的部分。由声音和语调构成的口头言语与生活密不可分,"只有在生活中才能明了话语的含义,对话语作出评价和判断。话语的语调对周围一切变化的社会氛围特别敏感,它直接与生活相关,是社会性的"①,而由文字符号以及语法规则等构成的书面语也是这样,它们都是为人的生命和生活而设。因此,语言是人的语言,人类的语言就是他们生命活动的产物,是他们生活的一部分,语言为人的生命生长和人生发展而存在并显示其意义。在这个层面上,语言与情绪情感之间是一致的,文字符号、语法规则、声音语调等都是人类复杂语言行为中的元素,并与人的情绪情感发展紧密相连,互为影响。

1.树立"整体协同"的教育观和学习观

学校教育,尤其是学科教学发展起来以后,人们习惯上将人类知识划分为不同的学科门类来进行教学。不可否认,这的确更符合人的记忆规律和学习习惯,也有助于形成知识系统和学科体系,从而将人类知识以某种方式传承下来。但是须知学科体系本身不等于人类知识的既有逻辑。"知识"本身是与人的认识方式相一致的,因而也是形态多样、整体存在并灵活发展的。因此,教育和学习要遵循人的发展规律也就必须要看到"学习"在根本上的整体性——即并不存在单纯的对某一个学科或某一方面、领域知识的学习,"大脑的不同区域拥有不同的功能,但是功能却很少,不同的功能甚至不会完全固定于大脑的某个区域","基本上任何一个任务都需要左右两个半脑的同时参与, 只是某个半脑在加工某些类型的信息时比另一个更加有效而已"②。

---

① 朱小蔓等:《关于负责任的道德主体如何成长的一种哲学阐释》,《全球教育展望》,2011（2）:49.

② [美]申克:《学习理论》,何一希等译,南京:江苏教育出版社,2012:37.

　　学习过程是一个整体的各个方面协调活动的过程,在这个过程中,作为学习主体的"人"是全身心地投入其中的,既有大脑活动,也有身体其他器官的协调运动;学习的过程既是理性思维的过程,也是感性思维和情感参与的过程。"大脑研究发现,多个层面的学习理论研究比起低质量的示范更好地捕捉了事件的真实状态。大脑有很多功能是累赘的,这也解释了平时为什么当有关某个功能的大脑区域受到创伤时,这部分功能不会完全消失。一直以来学习理论变得越来越复杂。"①而学习的对象——"知识"也是一个整体,不同方面和层次的知识是互相影响、彼此链接的。既不存在单纯的大脑学习和理性学习,也不存在对哪一门学科知识的学习,无论是学习主体还是学习对象,都是一个整体性的系统运动。并且,学习的过程本质上是一个学生自我情感参与的、主观能动性发挥作用并获得生长与发展的过程。"学习"从来都是一个高度个人化和带有个人情绪情感意识的精神活动。②教育研究与实践活动从"教"向"学"的认识思维的改变,并不仅仅是一个文字上的改变,它实际上也同时意味着对以往蕴含在"教"当中的"我希望/不希望""施舍""要求"等情感倾向的改变,是对学生自我情绪情感状态及其变化过程的重视。

　　因此回到语言学习与情感学习上来,事实上,语言学习的过程是一定有而且也需要有情感参与的,无论是作为语言本身的一部分,还是作为语言学

---

　　①　[美]申克:《学习理论》,何一希等译,南京:江苏教育出版社,2012:59.

　　②　从这个意义上来说,现代教育理论和实践中所流行的各种诸如小组学习、合作学习等学习模式是需要谨慎对待和辩证地加以认识的。因为无论哪一种学习模式和组织学习的方式,在其实质上都要诉诸学习者个体的内部意识与心理精神,"学习"就是一个由学习者个人高度参与的,由各种内外部因素共同作用的过程。一切外部的因素和条件都必须通过并借由学习者个人的意识、情绪情感、能力……主观因素而发挥作用。外部的模式、方式等只是具体学习活动开展的途径与方法,它们还不能代替学习活动本身以及学习过程的变化。"学习"的发生最终必须依据个体状况,并在个人的心理、精神等主观层面上引起改变。而这个过程,就是一个人的整体生命活动的过程,其中包括情绪情感的作用与变化。

习中的辅助手段,情感都是伴随始终的。作为语言的一部分,学习语言的过程也就是在学习语言背后的情感,学生只有真正理解、体会了语言背后的情感,才能算是真正地掌握了语言本身,对语言的运用也才能熟练、地道而不是显得生硬和浮于表面。而作为语言学习的辅助,也只有激发和调动人的情绪情感,才会有更大的动力来支撑学习语言。并不存在单一的语言教学目标,至于将情感教育目标单独凸显出来是有必要的,但是不能独立地看待它。须知,情感的教育和培育贯穿教育的全过程,因此也就不可能独立于语言教学。

2.在语言学习中培育积极情感

情感的培育和学习不仅仅是专门的情感教育工作者的事情,情感教育目标的达成更不是通过开设一门情感教育的课程就可以实现的。学校教育和生活的各个方面都是情感培育和学习的资源,每一位教师都是学生情感成长与人格发展的导师,每一门课程都有情感教育的功能和作用。就语言学习和教学来说,"如果不用人类教育中最微妙的工具——言语去触及人的心灵最敏感的角落,那么,劳动这种教育力量也将是一个沉睡的勇士。不重视言语,不相信言语的力量,就会形成教育上的缺乏修养和简单化"①。无论是在家庭生活还是学校教育中,语言对于情感的培养和学习都具有重要的影响。

首先,语言对个体情感发展的影响是长期甚至伴随其一生的。在儿童情绪情感发展的关键时期,如果能够注意相应的语言学习和教育,配合用语言来帮助儿童更好地呈现、表达和传递情感,那么就可以发挥认知、语言和情感之间的相互促进作用。发展心理的研究成果已经表明,在儿童情感发育的

---

① [苏]苏霍姆林斯基:《公民的诞生》,黄之瑞等译,北京:教育科学出版社,2002:299-300.

关键时期,母语的辅助作用就显得特别重要。如果忽视这一情感发育与语言习得之间关系的规律,在情感发育和语言习得的关键时期(0~3 岁),没有或者不能对儿童进行很好的母语教育和熏陶,或者一味将儿童暴露在外语环境中,就可能会造成儿童情感发育上的障碍。而随着儿童个体的不断成长和发展,语言逐渐成为他们生活中一种重要的情感形式,在他们的发展和教育中发挥着呈现、表达和传递情感的重要作用。儿童通过语言所传达出来的情绪情感应该引起教养和教育者的充分注意。尤其是对于青少年来说,由于在情绪情感和个人价值观方面都处于一个发展的转折点,情绪思想波动相对较大,与直接的表达情感不同,他们往往更愿意通过日记、作文、博客等书面语的方式来呈现、表达自己的情感;而在日常的口语或者这些个人的"秘密""隐私"当中,他们也在有意无意间流露自己的真情实感。作为与他们生活在一起、引导他们成长的家长和教师,如果能够对此保持敏锐的洞察力和辨识力,尽可能地用接近孩子们的话语方式与他们交谈,进入孩子们的话语体系和语境中,积极地把捉他们真实的情绪情感状况,并在尊重他们的前提下,走进他们的内心,与他们做朋友,那么就可以更好地了解他们成长中的变化和需求,并且引导帮助他们处理和解决发展中遇到的各种情绪情感问题。

其次,无论文字符号还是声音语调等,在人的语言行为及其能力的发展中都是互为影响,共同作用的。因此,尽管口语在呈现和传递情感方面具有自己的天然优势,但是文字符号以及语法规则等书面语的作用也不容忽视。在语言教学中培育情感就是要将语言的各种元素都融合进来,特别要注意在书面语和口头语的互相融合作用中渗透情感。我们认为,在这中间,"朗读"的作用尤为重要。在朗读中,个体通过声音和语调等将自己鲜活的、私己性的生命、情感等赋予外部的文字符号和语法规则,从而使得文字符号与声音语调在这种主体性的活动中变得鲜活起来，人的情感也被唤起和调动起来。正如怀特海所言，"朗读是一种艺术，读者可以读得大不相同。这样环境的直接性与书写的抽象性就发生关系了"①。因此，在语言教育和学习中渗入情感因素，注意语言教学中的情感成分，就可以不断丰富并提升儿童的情感质量，并且提高他们的情感品质。尤其需要防止简单机械地背诵，而应该多引导学生有感情地朗读，培养他们细细体味字里行间的情感。在作文教学中，可以引导学生注意揣摩、慎重地选择词语和构句，讲究语气、用词方面的不同及其在表达情感方面的差异。

再次，外部他人的语言（无论书面语还是口语）评价对于个体情感成长的影响不容小觑。一方面，处于生长发育期的儿童少年尤其在意成人世界对他们的认识和评价，与他们生活、成长密切相关的重要他人，如父母、教师等的语言往往对学生情感和人格的发育产生重要影响。有时候往往是父母或者教师的一句话、一句评语，在别人看来并没有什么特别的含义，甚至就是一句玩笑话，就有可能让学生高兴、激动或者沮丧、自卑，甚至对他们的成长造成决定性的影响。这就提醒教师和成人应该注意自己的语言素质和修养，在与儿童少年的相处中，尤其避免因为他们是未成年的"孩子"，就忽视自己的语言。教养和教育活动中随便的、不加选择的语言交流带给儿童少年的可能是消极乃至致命性的情感和心灵伤害。另一方面，在具体的课堂教学中，教师的语言也十分重要。学科教学中语言的使用是与学科性质相关的，如语文学科的丰富多彩、数学学科语言的严谨等，它体现了学科的内容与特征，也是知识教学和学习的需要。而课堂教学语言除了与学科有关以外，更要注重其对象——人的存在。在与学生的交流、对话等方面，课堂教学中的语言

---

① ［英］A.N.怀特海：《思维方式》，刘放桐译，北京：商务印书馆，2010：38.

总是关联着个体的成长和情感发展,因而它们在育人功能上是相通的,具有语言和情感相一致的教育性。这也提醒我们,在课堂教学中,教师的语言除了针对学科内容而展开、回应之外,还应该特别注重展开、回应、交流、对话的主体即学生的存在。学生的情绪情感反应应该是决定教师教学语言的根本因素。

最后,还应该根据人类语言的特点选择恰当的方式进行情感培育。语言与情感之间有着密切的联系,但是语言毕竟不是情感的全部,即便是综合了书面语和口头语在内的人类复杂的语言现象也还很难全面、真实、深入地呈现、表达和传递情感。在语言学习和情感教育的关系上,应该看到这样的局限并且依据个体的语言能力和特点进行选择与区别对待。一方面,每个人在语言方面的天赋和能力也是不同的,有的人更擅长用文字来表达情感,有的人更擅长口语,而有的人既不擅长用文字也不擅长用口语来表达和传递情感,他们更喜欢通过实际的行动或者运用身体以及其他形式来呈现、表达和传递自己的情绪情感。在个体的成长发育和教育中,无论哪一种情况,都应该得到尊重。家长和教师不能认为那些拙于言辞、不善写作的孩子和学生就是情感上冷漠的人,更不能因此对这些孩子有什么偏见和成见。相信并理解每个人都有呈现、表达和传递自己情感的特殊方式与形式,给予他们更多的尊重、理解和空间,应该是优秀的教育者们所要具备的素质。另一方面,语言自身的特点和局限决定了,那些个人的刻骨铭心的情感感受是无法用语言真实地加以呈现、表达和传递的。在书面语中,用文字符号呈现、表达和传递出的情感,就已经或多或少地受到语言思维和逻辑的束缚,而失去了情感本来的状态,因而显得不那么真实了。在口语中,伴随着个体认知的发展,无论是主观上的隐藏和撒谎还是客观上环境和条件的不允许,在语言呈现、表达和传递情感的时候往往会不可避免地出现言不由衷的情况。因此,无论是人的发展还是情感教育中,语言的局限性都是十分明显的,个体所说、所写的只是情感的一部分,甚至还有可能是不真实的。

总之,语言对于情感的作用是受到束缚的,这种束缚既导致了语言在呈现、表达和传递情感上可能的不真实性,也就自然地使语言无法深入地表达和传递情感。与深入地"体会""理解"情感相比,语言的作用更多地体现为对情感的"呈现""表达"和"传递"。在情感培育过程中,语言是必要的形式之一,但并非全部。教育者们可以根据学生的个体差异和实际的语言能力来选择运用语言培育情感的具体方式方法,其重点在于发挥语言从"描述情感"到帮助"体验情感"的作用转化。对于那些语言能力突出的人,就可以多运用语言这一情感形式来培育他的情感;而对于口语能力强,而书面语言能力弱的学生,就可以因势利导地发挥其口语在呈现、表达和传递情感方面的优势;对于书面语较好而口语能力弱的人,同样可以发挥其书面语和写作在呈现、表达和传递情感上的优势,多通过写作和朗读等方式引导培育他们的情感。而对于那些语言水平和能力有限的人,就应该避免使用抽象的语言培育情感,而可以尽可能地将语言融入生活中,通过让他们分享自己的生活经历、讲故事等通俗易懂并且有趣的方式来灵活、深入地呈现、表达和传递情感。

3.用积极情感渗透并提升语言学习

真正有效的语言学习和教学,一定离不开情绪情感的参与。在语言学习和教学中,如果教育者能够积极主动地、有意识地利用情感的正向机制,将情感融入语言学习中,那么就可以更好地调动学习者的学习兴趣和积极性,提高他们语言学习的效率。而如果可以在口语表达、书面语的语词选择和构词造句等方面融入情感因素,就可以使表达、描述显得更生动、丰富,从而不仅学生个体能够更好地呈现、表达和传递自己的情感。因此,丰富恰当的语言促进情感的生长、呈现、发育、表达和传递,而融入正面积极情感的语言又可以反过来影响一个人的语言品质和能力, 促进对生命信息和意义的把握与理解,从而在这种理解中又进一步深化和陶冶个体的情感。古今中外,凡是优秀的文学作品都是作者情感的表达, 其中情感元素的融入使得本来只是单纯符号的文字有了生命的活力。通过阅读这些语言文字,我们就可以认识、理解到作者内心的情感世界,实现与作者跨越时间、地域的精神性交流和对话,而这种对语言文字的更全面、深入的理解以及深度的对话,又会反过来促进我们自己情感的不断丰富和发展,从而为情感生长发育提供帮助。

具体而言,情感对语言学习的促进作用主要表现为:第一,语言行为中渗透情感,甚至语言本身就与情感同为一体。一方面,在语言学习中,语感的养成十分重要,对语言没有或者缺少情感,没有语感的人,只会学习机械的语法规则。这些规则固然重要,但它们还不是语言学习的精髓和灵魂所在。真正的语言学习和语言表达(无论是书面语还是口头语),一定是源自生命深处的自我精神的流淌,它是带着个人情感和生命特征的,因而也是高度个性化的。另一方面,语言不仅受情感影响,而且是伴随着情感的,语言的表达也是在呈现、表达和传递情感。在教育活动中,教师使用什么样的语言与学生交往, 往往是与教师对学生情感状态的认识判断以及教师自身的情感状态、情感品质等密切相关的。如果教师注意并且能够在与学生的交往语言中渗透积极的情绪情感,而避免或者减少将负面的消极情感带到语言中,就会避免或者减少对学生心灵和成长的伤害。第二,有效的课堂和教育对话不是简单的赞成、反对,而是基于别人观点上的讨论。学生真情实感的产生既是一种自我内心的精神体验,也是对问题以及与问题相关的现象的好奇,在课堂教学和教育活动的对话中, 它甚至就是指对他人语言的情绪情感上的反应。这种"反应"能够反过来调动学生自我已有的知识结构和潜能,促使学生寻求更加精准的语言来表达自己的观点，而不是停留在简单的、独白式的"自言自语"层面。融入情感的对话式语言是经过深刻思考而产生的，源自自我内心的语言，它既是对别人话语在知识观点上的反馈，也是一种情感上的回应。

特别的，由于"情感"本身在质料构成中的复合性，情感对于语言的影响不是无来由的。情感之所以能够影响到语言，在很大程度上是由于情感背后所蕴藏的价值观和认知在发挥作用。认知和价值观影响人的情感，再通过情感来影响人的语言，从而表现为情感对语言深刻的影响力。①这就启示我们，思想品德课程和价值教育中的最终目的是要通过引起人的内在精神的改善从而对一个人的品德和人格产生积极的影响。"不同于物质文化，也不同于一般的精神文化，甚至不同于其他形式体现道德价值的道德文化，道德情感这一道德文化，并不直接向人们提供规范、准则，不诉于语言文字，不以明确陈述的方式，而以人们的共同感受和移情来进行社会道德传递活动，以价值互渗的方式，以内在建构活动的方式起作用。"②因此，在这样一类课程中，如果教学活动不能够引起情感上的反应和震撼，往往其效果是十分有限的。如果在运用讲授法进行道德教育和价值观教育中，要想使讲授变得有趣、有

---

① 因此，情感对于语言的影响既可以表现为情感对语言的直接的影响，也表现为认知和价值观作用于情感之后，再通过情感这一中介来影响语言。很多时候，这二者是不可分割的一个整体作用的过程。也正是因为这样，所以很多时候，尤其是在道德伦理领域中，一种道德价值往往就是一种情感。例如爱、崇敬、关怀……它们本身既可以说是一个个的道德价值观，也可以说是一种种深刻的人类情感。一个很常见的例子就是，如果我们对某一件事很了解并且在价值观认识上表现出崇敬、热爱等情感的时候，就会因此而激动，并且会因为崇敬、热爱以及由此而引发的激动去选择用细腻的、丰富的、经过精心选择的词汇语言来描述这件事，从而使得语言在传达意义、生动丰富等方面都比那些缺少情感甚至是没有情感参与的语言要鲜明地多。而这样的语言又会反过来影响到情感，进一步通过暗示、直接表达等方式来影响到情感的丰富、细腻和表达程度。

② 朱小蔓:《情感德育论》，北京:人民教育出版社，2005:31−32.

味,能够触动生命,就必须要有情感的参与和帮助。有情感的语言在传递信号与意义上就会显得更加丰富、饱满,而丰富饱满的信号与意义自然就能够更好地为对方所接受,从而也就进一步丰富和完整地表达我们的意思,也容易引起学习者的共鸣和认同。

三、艺术与情感的先验关系与审美教化

语言一方面与情感之间存在密切的联系,这种联系使人类能够通过语言来呈现、表达和传递自己的情感;另一方面,语言又不能满足人类呈现和传递情感的需要,丰富多变、色彩斑斓的人类情感,实在是非语言所能言尽的。在这方面,艺术(包括艺术作品、艺术欣赏和艺术创作等一切与艺术相关的艺术成果和艺术活动)为我们开启了呈现与传递情感的另一种形式和途径。尤其是对于人的积极情感的生长和发展来说,艺术在这方面帮助塑造并提供了极大的空间和无限的可能,成为人们释放情感、表达情感、提升情感质量,彰显生命活力并促进自我发展的重要手段和载体。

(一)艺术与情感的一般关系

艺术的形式有多种多样,包括文学作品里的小说、诗歌、散文,也包括音乐、戏剧、舞蹈、电影、绘画、雕塑、建筑,等等。对于这些艺术形式具体如何与人的情感相联系,呈现、表达和传递人的情感,包括文学理论家、音乐家等在内的各个领域的艺术家和艺术理论家们都已经从各自专业的角度作出了大量的研究,美学家也从审美的角度给出了很多解释。正如丹纳所言,"要创作优秀的作品,唯一的条件就是伟大的歌德早已指出过的,'不论你们的头脑和心灵多么广阔,都应当装满你们的时代的思想感情',作品将来自然会产

生的"①。因此,对于具体的艺术形式与情感的关系我们不作过多地展开介绍,这里我们关心的问题是:如何从理论上把握和认识所有各种艺术形式的"一般"及其与人类情感之间的关系。

1.艺术作为一种情感形式的必然性

社会文明发展到今天,无论是书面语还是口头语,人都可以通过"语言"这一人类文明的结晶来呈现、表达和传递我们的思想,我们甚至也不缺乏可以用来直接表达情感的词汇和语言:高兴、惆怅、恐惧、敬畏、痛苦、崇敬……但是无论语言如何地发达、精确、细腻,也无论我们如何绞尽脑汁地、小心翼翼地寻找恰如其分的语言来区分并呈现人的情绪情感,总还会有一些情绪情感的细微差别没有办法通过语言来呈现和表达。语言作为一种情感形式一方面的确在呈现、表达和传递情感中发挥着不可替代的重要作用,另一方面也时常令我们感到捉襟见肘、词不达意、言不尽兴,有时候复杂的语言依然难以表达和传递内心汹涌澎湃的情感。

在这方面,艺术为我们呈现情感、表达情感、传递情感打开了另一扇大门。艺术帮助人类在实现充足与周密的生活之后,过一种更加高级的生活——静观默想的生活,"人在艺术上表现基本原因与基本规律的时候;不用大众无法了解而只有专家懂得的枯燥的定义,而是用易于感受的方式,不但诉之于理智,而且诉之于最普通的人的感官与感情。艺术就有这一特点,艺术是'又高级又通俗'的东西,把最高级的内容传达给大众"②。因此,与我们前面提到的身体和语言相比,艺术整合了它们中的优点,从而弥补了作为情感形式的身体和语言的若干不足,在情感的呈现、表达和传递方面体现出其特有的、无可替代的必然性。

---

① [法]丹纳:《艺术哲学》(第2版),傅雷译,天津:天津社会科学院出版社,2007:55.

② [法]丹纳:《艺术哲学》(第2版),傅雷译,天津:天津社会科学院出版社,2007:29.

　　首先,作为一种综合性的生命活动形式与过程,艺术既整合了身体,也整合了语言,并使得"身体"与"语言"能够同时参与到对人的情绪情感的呈现、表达和传递中来。一方面,无论是艺术创作还是对于艺术作品的欣赏,"身体"作为一种形式是以"全身心"的状态来表达和传递情感的,例如"舞蹈",对于情感的呈现和传递就绝不仅仅是通过肢体和躯体动作来实现的,它还与舞者对蕴藏在舞蹈中的精神的理解和体悟有关。只有建立在对舞蹈内涵精神领悟基础上的舞蹈才有可能通过舞蹈者的肢体并在精神上共同体现出"神韵",从而抒发、传递内心的情感。而"语言"也是一样,作为一种艺术形式的"诗歌"就是十分典型的例子——"诗歌"对于情感的呈现和表达不仅通过文字和符号上的遣词造句,而且讲究其中的押韵以及朗诵。这就是说,诗歌整合了书面语和口头语的功能,从而可能以一种艺术的形式来表达人情感,其中,语言也就得到整合,语言的复杂性也在其中体现得淋漓尽致。可见,无论"身体"还是"语言"都可能在"艺术"中得到了最大程度的整合,从而也可能与人的内部情绪情感释放、舒展等成为一体,并且以全身心和复杂的语言形式来呈现和传递人的情感。

　　另一方面,无论何种形式的艺术创作或者艺术欣赏,其依赖的主体都是整个的人。在创作或者参与艺术活动的时候,"人"是作为一个活生生的个体全身心地投入的,这时候,自我的"身体"是全身心的,而语言也是被整合到生命状态中的,从而也就意味着无论身体还是语言,在艺术当中都不再可以分割,它们与整个的"人"一起,成为艺术的一部分,其中不再有肉体与精神之分,也不再有符号与声音之分。人正是在物我一体、物我两忘的境界中创造艺术,并通过艺术成就自我,从而呈现传递自己内心最真切和汹涌澎湃的情感。"现象学的身体理论认为,高级的、确定性的、逻辑的和概念的智能必须从低级的、不确定的、非逻辑的和非概念的身体能力中衍生出来"①,在艺术中,整个人的身体、人类的知识、认识、思维以及一切文明成果和文化符号等都交融杂糅在一起,为艺术创作和个人参与艺术活动服务,它所遵循的是主体的心理和精神体验,是主体的生命状态,而不是除此以外的其他任何知识、形式和目的。因此,也只有在艺术中,身体和语言才有可能被整合到一起,从而超越单纯的"身体"或"语言"在呈现、表达和传递情感中的功能,实现并最大可能地体现出与生命一体的人类情感来。

其次,艺术还将整合后的形态以一种更加完整的(艺术)形式体现出来,从而在艺术中呈现并传递情感。因为尽管身体和语言自身也具有各自广泛的整合态,但是在作为情感形式的意义上,又不可避免地显现出它们各自的局限性,而无论是艺术创作还是对艺术的欣赏,它在本质上是一个主观的精神活动,"按生理学来讲,都是感觉和感官的印象,这种感官的印象合并起来产生出一种特殊的情调,成为艺术和美感的基本原料"②。艺术不仅满足并表现了人的情感反应,而且是人的情感反应的产物。正如怀特海所说的那样,"伟大的文学作品的一个功能就是描绘隐于语词之后的生动的情感"③。尽管呈现出来的艺术品在形式上是客观的,但这种客观性是不以为他人所认识为目的的。艺术创作的目的是表达自我,而不是(或者说不主要是)为了得到别人的理解和认识。别人的认识、看法和理解并非艺术活动主体的主要目的,艺术的目的或者说本质是"向内的"。而相比之下,身体和语言就不完全如此。无论身体还是语言,在对于情感的呈现、表达和传递中除了释放、呈

---

① 徐献军:《具身认知论——现象学在认知科学研究范式转型中的作用》,杭州:浙江大学出版社,2009:52.

② [英]马林诺夫斯基:《文化论》,费孝通译,北京:华夏出版社,2002:93.

③ [英]A.N.怀特海:《思维方式》,刘放桐译,北京:商务印书馆,2010:9.

现、传递主体自我的情感、欲望、自我等之外,还承担"对他人呈现自我",以便使自我能够更好地"被别人认识、了解和接纳"的功能,所以它在指向上是"对外的"。向内的表达是对自我精神的观照,它以生命活动为依托,遵循内心的感受、听从内心的声音,也更容易是真情实感;而对外的表达总是要多多少少地考虑别人是否能够接受,能够理解的问题,它涉及信息在人与人之间沟通传递的问题,而一旦如此,就有可能使内心的情感受到外部规范的束缚,偏离其本有状态,甚至出现虚情假意、情非得已等也是常事。

2.艺术成为情感形式的可能性

通过艺术或者在艺术活动中,人可以呈现、表达甚至传递信息、意义与情感,但无论如何,它本质上都是在释放生命、听从内心的召唤,表达一个真实的自我。因此,艺术之所以能够成为情感的形式,也与艺术在这些方面与情感之间的密切联系有关。

首先,艺术的特点之一就是它以生命的感受和体验,而非外部的关系和约束为依托。"它具有意义,却没有约定的关系,从而不是把自己表现为一般意义上的符号,而是表现为一种'有意味的形式'。其中的意味成分不是从逻辑上加以辨别,不是当作功能得以认识,而是当作性质得以感受。"[①]以感受和体验为依托的艺术和艺术活动放弃了"对外认识"的由此及彼或主—客二分立场,在生命整体上建立起一个精神上的"共在体验"立场,因此它能够从整体上去听从生命的节奏、寻找与之最为接近的契合点。各种不同的艺术形式正是在这个意义上与生命相融合。无论是音乐的节奏和韵律、舞蹈的灵动和活力、绘画的色彩和线条,甚至是诗歌的意象与想象等,都是生命状态的最好表达,因而也是情感的最好形式。正如苏珊·朗格在提到音乐与情感的

---

① ［美］苏珊·朗格:《情感与形式》,刘大基等译,北京:中国社会科学出版社,1986:42.

关系的时候所说,"我们叫作'音乐'的音调结构,与人类的情感形式——增强与减弱,流动与休止,冲突与解决,以及加速、抑制、极度兴奋、平缓和微妙的激发,梦的消失等形式——在逻辑上有着惊人的一致。这种一致恐怕不是单纯的喜悦与悲哀,而是与二者或其中一者在深刻程度上,在生命感受到的一切事物的强度、简洁和永恒流动中的一致。这是一种感觉的样式或逻辑形式。音乐的样式是用纯粹的、精确的声音和寂静组成的相同形式。音乐是情感生活的音调摹写"①。艺术的这种以感受和体验为特征的形式,也就决定了它是在一个完整的意义上去接近生命状态。

其次,"感受"和"体验"的模糊性、不确定性又进一步拉近了艺术同生命和人的精神之间的距离,强化了它与生命之间的相符程度。因为,"生命"本身就是一种模糊和不确定的存在:

第一,虽然现代科学对生命的研究与探索不断深入,人类对生命的特征、规律、奥秘比以往有了更多的了解,但是,生命中依然还有很多我们目前尚无法认识和解释的东西存在。仅仅依靠人类的科学认识尚不足以认识和解释生命中的很多现象,对于人类的理智和认识而言,生命依然是一个谜团,充满模糊和不确定性。

第二,生命的社会精神层面既与生理意义上的生命体的发展密切相关,其本身又受到诸如遗传、环境、早期经验、认知等多种因素的影响。即便是同卵双胞胎,也会在自然生理上存在差异,更不要说在社会性发育、精神状况和心理特征等方面的不同了。正如世界上没有两片完全一样的树叶一样,也不存在两个完全一样的人,社会和精神层面的不同更加意味着每个人都是一个独一无二的个体。

---

① ［美］苏珊·朗格:《情感与形式》,刘大基等译,北京:中国社会科学出版社,1986:36.

第三，在生命早期，无论是人的认识还是思维发展，都是从直观的形象开始的，直观形象不仅是认识和思维的特征，也意味着在认识和思维过程中，任何现象都是以"整体"的大画面形式直接进入人的意识世界，呈现给个体。而个体对信息与意义的接收、理解同样是从直观的大画面开始的。原始认识和思维的这种直观、混沌的状态意味着它并不存在也不需要概念化、类别化的思维结构作为支撑。"生命没有思维照样可以存在，但思维只能是生命的一种方式。思维给自己定的目标尽管很高，可事实上，生命总会为了自己的目的利用思维，给思维一个与解决抽象问题全然无关的活目标"，"让我们坦率地、毫不含糊地说吧：从感觉当中分离出来的知性，仅仅是生命的一个方面，而且还不是决定性的方面"。①

第四，早期人类认识和思维活动抽象的基础在于感受基础上的归类和类比，而并非依赖理性和概念化的语词或物质实体，"在原始人的思维的集体表象中，客体、存在物、现象能够以我们不可思议的方式同时是它们自身，又是其他什么东西"②。现代人的思维对象依然是以生活为基础的，"生活世界所具有的那种强烈而隐蔽的直接性奠定了任何一种知识模式的无法摆脱的基础"③。无论是思维自身还是思维的对象，这种半结构化的、直观的特征往往是介于生命的自然原始状态与结构化、程式化的思维模式之间的比较混沌的状态。生命的这些状态、特征恰好与艺术以及艺术活动中的"感受""体验"等特征是相符合的，因而艺术也就自然而然地表现出其作为一种形式在呈现、表达和传递人类情感中的无限可能性。

---

① ［德］斯宾格勒：《西方的没落》（第二卷），吴琼译，上海：上海三联书店，2006：12、14.

② ［法］列维–布留尔：《原始思维》，丁由译，北京：商务印书馆，1981：69–70.

③ 倪梁康：《现象学及其效应——胡塞尔与当代德国哲学》，北京：生活·读书·新知三联书店，1994：354.

(二)艺术之于情感发展的重要方面

艺术与情感之间的密切关系使得它得以成为一种重要的情感形式。但是艺术对于情感的呈现、表达和传递并非偶然的,更并非所有的艺术形式都有助于促进人的情感发展,帮助提升情感品质并成为整个人的发展和教育的积极力量。尤其是受到现代社会生活变迁的影响,在对积极情感的培育中,更需要一分为二地看待艺术,运用和发挥艺术在积极情感培育中的正面价值。

1.艺术何以影响情感

艺术通过借用其中的元素或者运用一些具体的途径和方式来影响人的情感。无论是艺术品的构成元素还是艺术活动过程中的主体状态都构成作为一种情感形式的艺术在情感呈现、表达和传递中的具体途径和方式。

就静态的艺术作品而言,凝结在其中的各种不同的艺术元素,例如,色彩、音符、旋律、姿态、符号等都是艺术品用来表达和传递情感的有效载体。因为,情感是由各种具体的质料构成的,借助不同的情感质料作为中介,情感不仅得以存在,而且产生变化,得到发展。人对于情感的影响也是以这些质料作为"中介"而将情感与它们联系起来,并获得在表达和传递情感上的便利和优势。例如,"感受"作为一种情感质料,在对于"情感"的释放、表达以及传递中都发挥重要作用,尤其是当单纯的身体或语言不足以或者不适合用来表达情感的时候,通过借助"感受"这一质料,往往会收到更好的效果。因此在艺术品中,我们很容易(也可能)把眼光转移到诸如"红色"等非身体或语言的艺术元素上,通过色彩的对比、渲染等来表达内心的情感。其他的艺术元素如音调、旋律等也同样如此。也就是说,借助生理上的"感受"质料作为中介,各种艺术元素既在事实上构成艺术品的存在,也同时表达并传递着创作、欣赏以及参与艺术活动过程中的人的情感。由此,在各种各样的艺术形式中,我们才能够感受到由"红色"引起的高兴和喜庆,由低沉的音调所传递出的悲伤等。①情感就是这样与色彩、姿态、符号等联系起来,而这些色彩、姿态、符号也就获得了在表达和传递情感中的合法地位,它们既成为表达情感的形式,又是构成艺术的元素。"艺术,是人类情感的符号形式的创造"②,通过它们,艺术也就成为情感的载体并影响情感。而由此也就不难理解,动态的艺术创作和欣赏过程也就是在主体精神和情感参与下的构思、策划和创造的过程。不仅由艺术作品所表达、描述的问题与情境可以引起情感的产生,而且(欣赏与创作)艺术作品本身就可以作为激起情感产生与变化的原因。

艺术影响情感,但这种影响是双面的。也就是说,并非所有的艺术形式都是有助于情感的发展和促进积极情感的生长的。狂热的、泛滥的、违背人类伦理精神和审美趣味的艺术形式和艺术活动由于其中的虚假、矫揉、造作甚至是邪恶、丑陋的成分,往往不仅不利于塑造和形成人的积极向上的情感,而且会滋生负面乃至消极的情绪情感,成为腐化人们生活、消沉人们精神乃至造成个体人格堕落的罪魁祸首。从促进人的发展和支持积极情感生长的角度来说,只有同时具备这样一些条件的艺术形式才是有利于人的情感发展的:①贴近生活的,有助于彰显真实人性、释放表达人的内在真情实感的艺术;②能够展示生活的复杂和多面性,反映人们对生活的理解和思考,启示人们深刻认识生活并增加积极生活能量的艺术;③符合人的生命状

---

① 当然,这里我们为了说明问题,只是简单地以"感觉"为例来说明,而事实上的情况要比这复杂得多,感觉与认知、期望、评价等其他情感的质料之间都是密不可分的,在情感产生和发育过程中,它们更是相互协调、共同发挥作用的。

② [美]苏珊·朗格:《情感与形式》,刘大基等译,北京:中国社会科学出版社,1986:51.

态,能够在生命的舒展中让人感受到自由自在、无拘束,并获得极大审美享受的艺术。

一句话,就是在人的教育和发展中,艺术必须要为培育真实的情感,提升情感的伦理价值和审美成分服务。这是因为,与"情绪"相比,人类的"情感"更加稳固、持久,并且相对而言,情感在道德伦理和审美取向上的色彩和成分也更加突出。因此,在情感发展和情感教育的内涵方面就注定了它不仅是对人先天的基础性情绪的存在和价值的尊重、应答、保护,而且要从人的整体发展需求,尤其是参与社会生活和提升生命意义的角度出发,不断发展这些基础性的情绪,使它们在社会伦理道德和个体精神审美方面得到提升与发展。而要实现这一功能,艺术无疑是一个极为重要的形式。因为符合以上特征的艺术在呈现、表达和传递情感的过程中,其本身就已经提升并促进了情感价值和意义的提升,而那些具有积极教育价值的艺术所呈现和传递出来的情感本身就是一种高级的、超功利的情感,而较少地去满足和迎合个体不合时宜的原初情绪需要。对于这种超功利的、特殊的情感形式,卡西尔说得很透彻,他说,"我们在这里感到的是没有物质内容的纯粹的情感生活。我们激情的重担从肩上放下来,留下的是内部情感,是没有重力、压力和重量的激情的起伏波动"①。因此,通过这样的艺术呈现、表达和传递出来的情感,其本身就是经过升华的情感,因此也就自然地具有伦理和审美意义;而这样的艺术活动过程,自然也就是情感教育的过程。

2.艺术的现代特征及其对情感发展的影响

艺术与个体生命以及整个社会生活文化之间都具有密不可分的联系。英国人类学家、传播学派的代表人物之一埃利奥特·史密斯(Grafton Elliot

---

① [德]恩斯特·卡西尔:《语言与神话》,于晓等译,北京:生活·读书·新知三联书店,1988:144.

Smith)就认为,作为一个有机体,人的所有生活实践活动与器官的工作都是为了保护和延续自己的生命,这是人类活动的最终目标。"对于这个难以捉摸的目标的无止境追求,终于导致文明及其艺术和技艺、艺本习俗和信仰的产生,建筑术是随着坟墓和庙宇的出现而产生的,它包括了木匠和石匠以及艺术家和雕塑家的各种技艺。人们用建筑物来延续死者的生存,这被认为是可以转化为神的生命永存的重要环节。烧香和奠酒等礼仪及舞蹈和戏剧艺术,全都是用来使死者重获生命、重新恢复生者的所有一切重要活动"[1]。随着人类文明的发展,新的艺术形式不断出现,社会生活变迁在带来艺术形式不断多样的同时,也在改变着艺术形式本身的性质和特征,并通过艺术形式反过来影响到人的生活——"艺术对于技术、经济、科学、巫术和宗教,便都有影响"[2],其中就包括人的情感。

现代信息社会,人们生活的节奏越来越快,在对艺术的需求和欣赏品味方面也逐渐走向快餐化。如果说人们在过去还能够有耐心去细细品味艺术作品、欣赏艺术的话,现代人则更倾向于直观、简单的艺术欣赏节奏,在快速的生活节奏和沉重的生活压力下,艺术活动也无可避免地走进世俗生活当中。艺术活动不再仅仅是艺术家的专利,任何人都可以去评判艺术、创造艺术,欣赏艺术。人们对艺术品位和艺术需求的这种变化也就自然地导致了艺术本身的变化,艺术逐渐从高雅的艺术殿堂走向人们的日常生活,艺术形式和题材来源于普通生活,艺术活动更是成为普通大众生活的一部分。

一方面,艺术逐渐走向世俗,回归生活、贴近生活。艺术在为生活服务,提升生活品位和质量的同时,也越来越成为生活的不可分割的一部分。"艺术学不再将自己封闭在一个狭小的象牙塔中,认为艺术与日常生活无关,与

---

① ［英］埃利奥特·史密斯:《人类史》,李申等译,北京:社会科学文献出版社,2009:4.

② ［英］马林诺夫斯基:《文化论》,费孝通译,北京:华夏出版社,2002:96-97.

民众的行为及社会的互动无关，只是一些高雅圈子里的为艺术而艺术的产物;更不会自以为其只是一门研究美的学科,甚至还出现了反美学的倾向。"①艺术成为生活的组成和人们的必需品，而不是生活的点缀和人们仰望的神圣之物。另一方面,也要特别警惕现代社会生活中由于"公共精神"丧失而导致的社会和个体精神的颓废、荒芜、低俗等对艺术层次的负面和消极影响,尤其是通过这些艺术又影响到个体的情感和精神状况。社会转型时期急剧膨胀的权力、财富欲望以及为了迎合某些商业人士和娱乐明星的逢场作秀、超男超女等迫不及待想要成为所谓社会"大众情人"的庸俗心理需求所产生的平面化的、毫无精神内涵甚至是"娱乐至死"的艺术形式等都给个体乃至整个社会情感和精神的良性发展带来很多诱惑、困扰与消极影响。在这样的环境和时代中,甄别艺术、生产艺术、欣赏甚至创作艺术都更加需要注重对艺术精神以及艺术在引领人的情感和心灵成长中的作用的考量，站在时代精神和人类文明发展的潮头,用多样化的艺术形式提升人的情感品质、丰富人的精神世界并引领人走向情感饱满而又不失理性思考和伦理测度的心灵上的美。②

　　这种由生活变化所带来的对艺术和人的情感、精神的冲击,也就构成现代社会中作为一种情感形式的艺术在呈现、表达和传递情感,尤其是帮助促进并支撑人的积极情感生长中的难度与挑战。这种挑战表现为,一方面艺术

---

　　① 　方李莉等:《艺术人类学》,北京:生活·读书·新知三联书店,2013:10.

　　② 　例如,2014 年的电影《归来》,既是来源生活,是对知识分子生活史的写照与刻画,同时它又高于生活,通过艺术化的处理方式,浓缩了一些典型的人物和它们的表情、语气等,通过艺术的手段,平和地讲述故事。尽管没有什么华丽的场面,但是一样能够进入人物的内心,表达人物在特定历史条件下的情感和精神世界。这种方式就既是对生活的写照,又没有丢掉艺术在表达情感方面的价值追求和审美元素,从而既真实地再现了生活,又艺术化地表达了生活中的情感,比较好地处理了生活与艺术之间的真、善、美的关系。

要为个人的私己生活和内在情感与精神的撕裂、冲突、碰撞、和谐等服务，从而真正成为切中个人心灵的，触动个人精神的一种情感形式；另一方面，又要考虑对社会伦理和大众审美趣味的引领（而非迎合），从而唤醒、激发大众对包括文化、伦理、自由等在内的一系列现代社会中广泛关注的议题的深刻思考。处于这二者张力中间的艺术既要考虑个体经验中的自主、自由的审美精神在其中最大限度地彰显，从而保持一种"纯粹"意义上的艺术在呈现和传递情感中的优势，又要考虑艺术的传播和对公共生活的观照。因为并不存在完全脱离公共性的个人情感和精神，尤其是对于人的情感发展来说，对社会生活的参与和对公共精神的传播引领是个体情感发展的一个重要内容。

具体到个体的发展和教育中来，一方面要注意避免艺术被滥用、低俗甚至迎合现代社会中情感与精神上的堕落欲望，从而缺失了其中伦理和审美的一面，最终也就失去对情感的价值和审美引领；另一方面，又要引导学生从生活中发现艺术，在生活中，用自己的生活方式和经验去呈现、表达自己的情感，并不断将个人情感与社会和时代的精神状况联系起来，在其中发现并确立自己的位置，使情感不断在社会化中走向求善与尚美。要做到以上两点，就应该注意：一是不能将艺术与身体、语言割裂开来。任何一种情感形式都是不够完美的，它们在呈现情感上的作用是需要相互融合、共同体现的。以"语言"来说，艺术本身既离不开语言构造的支撑，而语言在表达情感方面的局限和不足也需要艺术来弥补。正如卡西尔说，"艺术确实是表现的，但是如果没有构造，它就不可能被表现。而这种构造过程是在某种感情媒介物中进行的"①。只有各种艺术形式互相作用,它们才能提高情感表达的价值(如语言与认知等的作用)和审美(如身体在其中的作用)元素,从而最终指向人的发展这一共同目标。二是在通过"艺术"这一情感形式呈现、表达和传递情感的教育中,不仅可以运用艺术,通过艺术成果和艺术活动激发、打开并释放个体的情感,还要积极努力地探索怎样借由"艺术"、通过什么样的艺术形式来帮助学生认识自己的情感、解决现实中的情感问题,提升情感品质,从而在艺术中既保护和丰富他们的情感,又发展并提升他们情感的伦理和审美意义。

(三)在艺术化的生活中陶冶情感

在个体的发展和成长中,给予艺术以特殊的重视和关注,运用艺术来培育人的积极情感、陶冶人的情操、涵养人的德性从而帮助人在物质生活与精神品质上获得双重的发展进步,既是每一个人都向往和追求的,也是教育工作者们的目标和责任。

首先,因为生命的存在和发展在整体上是以一种整合协同的状态在进行的,艺术与生命之间的密切关联意味着不管什么时候,只要我们还承认生

---

① 伍蠡甫、胡经之主编:《西方文艺理论名著选编》(下卷),北京:北京大学出版社,1985:737.基于对语言和艺术关系的辩证认识,卡西尔极力反对把艺术和语言分割开来。尤其在情感的表达方面,他很看重艺术的作用,但是并不意味着要放弃语言构造。他说,"艺术家并不是那类沉醉于显示自身情感的人,也不是那类具有表现这些情感的最大便利的人。屈从于情感意味着伤感主义,而非艺术。假如一个艺术家不全神贯注于他的劳作,而是专注于他的个体性,假如他只感受到自身的快感,或陶醉于那种'悲戚的欢乐',那么,他就成为一个伤感主义者。艺术家并不仅仅生活在我们寻常的现实中,即生活在那种经验性、实用性事物的现实中。同理,他也极少生活于他内在生命的范围内,即生活在他的想象或梦幻、情感与激情中。他超乎这两个领域而创造出一个崭新的世界——造型的、建筑的、音乐的形式之世界,型态和构制的世界,音调和节奏的世界"。(参见[德]恩斯特·卡西尔:《符号·神话·文化》,李小兵译,上海:东方出版社,1988:101)

命的重要性,看重生命的质量,追求积极健康的生命和生活状态,艺术在情感教育中的优势就永远不会丧失。艺术与人的生命之间具有天然的关联,不仅在个体早期发展中,绘画、音乐、舞蹈、诗歌等艺术形式具有重要的情感教育意义,就是对于那些在认知和语言能力方面有了一定发展,认识和思维具备一定抽象程度的个体来说,艺术依然是他们生活和生命中不可或缺的部分,因此在个体的发展和生活教育中,基本的艺术活动如艺术创作、艺术欣赏、艺术参与等的开展都会有助于提升个体在这些方面的素养和能力。在这些活动中,强调的是个体的全身心投入,从而不是在"认识",而是在"体验"的层面上将自身融入其中,成为其中的一部分。在体验的过程中,与艺术融为一体,他们既是在体验、创造、欣赏艺术,也是在体验、创造、欣赏自己的生命,感受生活。反过来说,在孩子的成长中,如果他们不能深入体验生活,对大自然之美无动于衷,不去感受音乐、舞蹈之美,也就难以产生深刻的情感体验。文学、书法、音乐、舞蹈等一切艺术形式的创作与欣赏都应该成为情感培育的沃土与养料来源。在这个意义上,无论是艺术欣赏还是艺术创作,最主要的一点是要能够使个体与艺术之间产生共鸣。因为只有在共鸣中,人的内心与艺术作品和艺术活动过程中的元素、信息和意义才能产生联接,从而不断唤起并呈现人的"内在真实性",使艺术形式所具有的精巧、细致,所蕴含的精神、情感等与艺术活动中的个体内心之间达成高度的默契和一致。

其次,正如上面所言,艺术在呈现、表达和传递情感方面的伦理与审美精神是情感教育中一个十分重要的方面。在人的发展和教育中,它意味着将情感引向至善、尚美的方向,而不是任凭自己的情绪随意地释放和随意地表达。换句话说,就是要思考:与日常生活相比,在教育活动和为了人的更好的发展中,情感呈现和传递的特殊性在哪里?我们认为,在教育和促进人的发展层面,艺术的情感教育作用主要具体体现在它的教育意义、启发意义和美学意义方面。因为：①早期生命处于一种模糊的状态，儿童对于外部世界包括他们自己的认识是通过直观的感受和观察来实现的——它们离人的生命最近。例如，在诗歌尤其是儿童诗中，很多具体的意象都与儿童的生命相关，也最贴近他们的生活特征。在儿童的生命和生活中，所有自然界的昆虫、花草都是具有生命的个体，在儿童的世界里，它们不仅是儿童的玩伴，构成儿童世界的重要部分；而且它们所代表的精神，如蜜蜂的勤劳、小草生命力的顽强等也是儿童早期自我情感表达和情感教育的来源。引导孩子表达情感，需要并且应该认识到孩子生命的这些特征，选择使用贴近他们生命特征的艺术方式。②儿童的思维是介于自然原始思维与社会性思维之间的一种混沌状态，这种混沌状态促导儿童很难能够用清晰的思维认识现象。相反，他们是把自己放到现象中去，在主客体相融中来体验和认识的。尽管有时候这种体验还显得比较低级，甚至是非自觉的朦胧状态，但它们就是儿童世界的全部。在儿童世界中，一切事物都被拟人化了，一切事物都既是它们自己，也是儿童自己：小雨点从高处落下来会疼痛，小河可以是没精打采，向日葵可以是面带笑容……对于孩子的教育，拟人、动画等，既是具有教育意义的艺术形式，也是具有启发他们认识和思维的方式，并且具有美学意义。它们就是儿童生活中的艺术。①

总之，艺术走进生活并不代表艺术的堕落和满足私欲上的泛滥，艺术的

---

① 当然，在教育生活中，用艺术来呈现和传递情感，还应该根据当事人的认知、年龄、性格等特点来进行综合把握。其中，"为了人的更好的发展"应该是判断与衡量这一问题的基本前提。符合人的发展规律的，能够促进人的发展的情感呈现方式就是积极的，对于个体而言也是艺术。因此，在生命发展的不同阶段，需要根据生命发展的特点和需要，选择使用不同的艺术形式。其中尤其需要指出的是对于负面情绪体验的表达问题，简单地回避它们或者粗暴地压制它们都是不明智的。看到它们积极的教育意义，努力选择用合适的、具有教育意义的艺术形式转化负面情绪，既是情感教育的一个重要措施，也是教育者的情感能力和个体情感修养的表现。

世俗也不等于其精神实质上的低俗、庸俗。情感之根深深地扎在生活的土壤上，因此处理好艺术与生活的关系，就有可能通过艺术并且在艺术中表现和发展出人类真实、善良、美好的积极情感。就艺术与生活的关系而言，既要在生活中看待艺术，同时也要用艺术化的方式来创造生活。正如怀特海所言，"事实上，生活的艺术首先是活着，其次是以一种满意的方式活着，第三是在满意程度上获得增加"①。值得过的生活一定是积极向上并充满活力的，因而也是在艺术上向善求美的。只有明确了这样的关系，教育者们才能够有意识地引导学生们立足生活开展艺术活动，将生活的情感通过艺术的形式表达和呈现出来，并在其中积极地面对生活中的各种（无论是积极还是消极的）情感及其问题，最终过一种富有人情味的同时又充满艺术气息的积极的情感生活。

---

① [英]A.N.怀特海：《教育与科学 理性的功能》，黄铭译，郑州：大象出版社，2010：133.

第三章　情感时空及其教育

情感是人的一部分,但它从来都不是仅仅属于个体的。包括情感在内的整个人的成长与发展都依赖于时空,并从时空中获得能量(无论是正能量还是负能量)。时空不仅是构成情感的一个重要范畴,而且对情感的产生、变化和发展产生影响。"人类婴儿时代生物学意义上的缺陷与不足都由他们生活于其中的文化、历史以及他们受到的教育和作出的决定所弥补与克服"①,正是在一定的时空中,人(包括人的一切实践活动)以及人的情感才得以存在、发展并获得意义。因此,对于时间、空间②与情感关系的分析,不仅是认识情感的一个重要维度,也是在教育中认识并创设时空条件,促进情感乃至整个人的发展必不可少的方面。

---

① ［美］谢弗勒:《人类的潜能》,石中英、涂元玲译,上海:华东师范大学出版社,2005:18.
② 将"时间"和"空间"分开来论述,纯粹为了研究和分析的方便。时间总是某个空间环境中的时间,单独意义上的"过去""现在"是没有意义的。同样,任何一个空间又都必然处于某个时间当中,具体的空间环境存在必须依赖一定的时间来体现,否则,"存在"本身之存在就会受到怀疑,而空间的"改变"和"发展"就更不可能发生。无论是在自然意义还是人为意义上,时间与空间都是不可分割的。在这个问题上,我们只能部分同意柏格森的说法,他认为,在物理意义上,时间与空间是可以分开的,而只有在主观精神与思维层面,时间与空间才能融为一体。他说,"只有人们考虑一种预先被客观化的空间,而不是考虑我们试图加以描述的、作为我们在世界上存在的抽象形式的这种最初空间性,时间才排斥空间"。(转引自［法］梅洛-庞蒂:《知觉现象学》,姜志辉译,北京:商务印书馆,2001:519)

一、时间绵延与超越中的情感教育

无论是对于人的存在,还是人的生活实践(包括教育活动)来说,"时间"都是一个无可回避的维度。一方面,时间构成人的一切活动的既有背景,人自身以及人类的一切生活实践在一定的时间延续中产生、展开并发展;另一方面,人又从自身的存在状况、生命过程(包括伴随其中的生理、心理、精神等)和社会实践(包括生产、交往以及其中的伦理道德、规章制度、文化习俗等)出发来认识时间、解释时间并赋予时间以意义。人的情绪情感在时间中产生、变化、持存和发展,教育活动和人的发展也在时间中展开。

(一)时间与情感的一般关系

一般而言,时间与情感之间是相互影响和作用的。一方面,我们常在客体化的、物理的意义上将时间比作不断流淌着的"河流",随着河流的"流淌",人及其自身的一切(包括生命)都在岁月的长河中发生、变化。"情感"作为人的一个部分,自然也在时间中,随着时间的变化而产生、变化并不断地发展。另一方面,对于人来说,时间本身又是具体的。甚至正是因为人的存在和生命活动的需要,时间才在人那里成为可能并具有意义。尤其是在人的情绪情感等主体生命意识的参与下,"时间"不仅获得不同的解读与诠释,而且成为人之生命的一部分。人在赋予时间新的内涵的同时,生命活动以及情绪情感自身又从中获得很多新的特征并且不断地变化,从而积淀并发展出形态各异、色彩斑斓的情感类型和生活中的情感样态。情感既依赖于时间,又超越时间。

1.情感依赖于时间

首先,时间的流逝构成人的生活以及人类情感存在、变化的真实性。时间总是以它自己的节奏和速度从我们身边流逝,人在时间长河中的出生、成长、变化、发展等一切现象都是不以我们自己的力量而改变的事实。真实的时间构成我们一切生活的背景并且赋予生活以真实性,构成生活和生命不可逆转的存在特征。时间对每个人既是真实也是公平的,在时间中我们参与生活、体验生活并且塑造和解释生活,从生活中获得自己生命的价值和意义。情感就是在参与这个过程中发生改变并获得了发展。有了情感,人才会真实地体验到四季轮回、生老病死;有了在真实时间中的真实情感,生活才显得格外有意义,值得深入体会和倍加珍惜。一方面,依寓在真实时间中的"情感"本身是真实的,在某个时间点或时间段下,"情感"获得自己真实的存在意义;另一方面,在不同时间点或时间段,情感也是不一样的,时间的变化必然地意味着情感的变化和发展。不断流逝的时间一方面构成了绝对变化的情感样态,赋予情感以真实性,另一方面,这种真实的情感又是相对短暂的,它随着时间的流逝而很快发生变化。在物理意义上的时间线条中,发生的情感是真实的,情感的变化也是真实的。

其次,时间的流逝赋予人的生活以及人类情感存在、变化以时序性。在生活中,我们常常会用"过去""现在"和"将来"来标识我们对时间的理解,如果从人的存在出发来看,这种物理意义上的时段划分同样也就意味着人的生活以及与此相关的人类情感的存在和变化会经历一个过程,这个过程同样从"过去"走来,在"现在"作短暂停留,并向着永远的"未来"开放。时间的流逝变动带来情感存在和变化上的"时序性"——情感在时序中存在并发生变化,"过去"逐渐模糊,"现在"正在进行,"未来"则充满未知与可能。我们不可能永远处于一种情绪情感状态中;同样一种类型的情感,在不同的时间序列中也会发生性质、程度上的改变。即便是较为稳定的心境和人格,也会随着时间的改变而不断发生变化。情绪情感的这种特征赋予它变化和发展的基础与可能,而短暂的、即时性的情绪之所以能够上升为较为稳定的情感、情操、心境和人格特质,也需要在时间序列中得以确认。情感对时间的这种依赖关系主要表现在两个相互独立又彼此衔接的方面:一方面,当前的情绪情感状态、性质等都是以"过去"的情绪情感和生活经历、生命经验等为基础的。无论在生理基础,还是在其他的影响因素上,情绪情感都是从过去持续到现在的一个连续体。它可能表现为情感类型的逐渐增多,也可能表现为从单一情感向复杂情感的转变,还可能体现为情绪情感在正面/负面、积极/消极、深刻/肤浅、稳定/变动、敏感/麻木等各个方面的相互转动变化。另一方面,由于物理意义上的时间流动不仅意味着从过去到现在,还意味着从现在到将来。而"将来"是具有不确定性的,因而与此相关的情感也是不确定的。我们能够回忆过去的部分情感,感受当下的情感状态,但是无法在此刻提前感受下一刻的(真实)情感。[1]只有等到"未来"成为"此刻",我们才能够真实地体会情感的状况。无论在常识中还是就物理意义上的时序而言,人既不能改变过去已经发生的事件和产生过的情绪及其影响,也不能或者很难体验到即将发生的情绪状态。情绪情感状态在"将来"面向上的不确定性,也就意味着它时刻处于变化之中,这种变化既受过去和现在的影响,又与人的主观性相关,并且在一定程度上又是可以不受或者少受人为的、既有因素的束缚与限制,从而在一个无限的、不确定的时间序列中展开其无限的可能性。

---

① 尽管我们可以通过认知去预测、通过想象与联想去寄托下一刻自己的情绪、情感,但是在物理意义和相对客观的时间线条中,情感的真实性决定了我们永远也只能是"预测""联想"和"寄托",而不是真实发生,也不是真实体验。"体验"只能是对当下的体验,而不能提前体验。

最后,时间的流逝是一个绵延的过程,它影响甚至决定了人的情感存在和变化的连贯性。"过去"—"现在"—"将来"的划分是相对和人为的,其中的每一个阶段之间并不存在严格的界限,此刻即将成为过去,而将来又瞬间成为此刻。处于其中的情感也因此不存在绝对的过去情感、现在情感和将来情感,时间线条中的情感在存在和变化上具有前后连贯的特征。具体来说,立足此刻,情感的存在和变化表现出两个方面的特征:一方面,当前的情感状态会受到过去情感状态的影响,体现出"承前积淀"的特征。一个刚刚经历了悲伤情绪的人,无论如何是难以一下子从这种情绪中走出来的。而如果就个体自身的情感状况来说,对其当前的情感性质、强度的判断是以过去为参照并且受到过去情感和相关因素的影响的。当我们说"他现在十分悲伤",实际上是以他过去一个时刻的情感状况(高兴或者至少是"不怎么悲伤")为对照的,而之所以此刻会"悲伤",则是以过去的情绪情感状态或者相关的因素为影响源的。另一方面,现在、此刻的情绪情感状态又会影响到下一个时间段(点)情绪情感的发生和它的属性,体现出"对后保存"的特征,下一刻的情感以此刻的情感状况和经历为基础。处于激动和兴奋状态的人往往也很难一下子恢复到平静的状态,而处于恐惧和不安的情绪状态的人,指望他们能够一下子恢复信任并融入和谐人际氛围中来也是不现实的。

2.情感超越时间

人都要存在并生活于特定的时间和历史中,这是不以个人的意愿和选择而发生改变的事实。也是在这个意义上,人的情感是依赖于时间并受到时间的影响的。时间对情感的影响除了来自我们以上讨论的时间本身的特性之外,还在很大程度上是与存在并生活于这一时间段(点)中的"人"相关的。一定时间中的人(包括人的精神、人参与的实践活动等)是影响甚至决定我们情感的核心因素。但是人除了在客观上构成一"类"并且相互影响之外,还在主观上"是"并不断地"要求"和"成为"他自己。作为人的主观性的一个重要部分，情感在客观和物理意义上的时间依赖性不仅不妨碍它的灵活性，而且，由于与人的心理、精神以及意识等相关，情感还在人的主观层面表现出极大的自由和弥散性质，从而在时间线条的主客观交融中体现出它对时间的超越性一面，并表现出其独有的特征与魅力。

人的主观精神和自我意识（包括人的情绪情感）既在客观的时间中存在、变化和发展，又影响甚至超越客观的、既定的时间序列，在其自身中建构起另一个跨越时间序列的人的主观世界。在主观世界中，无论是心理、精神还是其中的情绪情感都不受物理意义上的时序限制，它们可以与过去和将来发生牵连，从而在一个开放的思维世界中延存——"过去不是过去，将来也不是将来"①。不仅如此，这种延存性由于人的心理、精神以及主观意识的加入，其内涵更加丰富、跳跃和激荡，从而极大地丰富了情感的原因和人类的精神世界。包括情感在内的人的心理、精神和主观意识的介入，不仅改变了物理意义上"时间"的性质和意义，而且反过来影响到人自己的主观精神，包括他的情感。无论是情感的产生还是变化、发展，都在一定程度上超越物理时间的束缚：情感发展的基础除了我们上面提到的物理时间以及与此相关的人物、事件等之外，还与个体自我的认知、主观上的联想、回忆、想象等密切相关。情感质料的多种构成使得情感有可能超越过去和未来，尤其是随着人的想象、回忆等思维能力的不断发展，情感可以超越物理意义上的时间限制，从而在心理、精神和主观意识层面沟通过去、现在与未来。

特别要提出的是，以现代科学技术的发展为依托，人类精神生活不断丰富，思维和视野都更加开阔，从而为人在精神和意识上摆脱时间束缚提供了

---

① ［法］梅洛-庞蒂：《知觉现象学》，姜志辉译，北京：商务印书馆，2001：526.

更多的可能性。今天，无论是情感的产生还是情感的变化与发展，都越来越不受到具体时间的限制，我们可以通过电影、音乐等各种艺术化的方式来实现与过去的对话和对未来的畅想，从而不仅调节自己的情绪情感，而且也获得情感体验上的空前丰富、饱满。借助现代科技和媒体技术，我们甚至可以足不出户就能够体验十分丰富的情感，也可以不用与他人进行交流，通过一个人阅读、聆听，就能够与古今中外的人进行对话，感受他们的思想情感，从中获得丰富的精神养料并调整自己的情绪状态，从而充盈自己的内心和精神世界。这种情况大大地扩展了情感的产生渠道和变化的途径，无论对于我们认识情感、丰富情感还是进行情感培育，这些都是具有积极的参考意义的。

当然，也应该看到，现代社会的情感自由度和主观性的增强并不意味着情感与物理时间之间关系的淡化，更不意味着时间以及在时间链条中生活和实践的他人、发生的事件等在情感产生、变化和发展中的影响地位的下降。相反，无论人的心理、精神等主观意识如何发达，也无论人类的文明如何发展，情绪情感都不是无本之木的抽象物。人在根本上是社会性动物，人要生活，并且只能依靠生活、从生活实践中获得养料和资源来发展自己的情感，丰富自己的心理和精神世界，从而获得自身的发展。物理意义上的时间永远是我们存在的背景，从而也就构成了情感产生和变化的载体。当偏离物理意义上的时间（经历）太远，离开甚至是忽视特定时间中的他人、事件的时候，个体的生活也就离现实的人的生活越来越远，其情感也就越来越成为完全个人化的心理、精神和意识的一部分。这时候，也许个体可以通过认知、联想、回忆等个人的主观性活动来引起、获得甚至是丰富自己的情感，但是很难再在真实的生活关系中体验别人的情感；人可以做一个自我情感丰富的人，却不能做一个真实的人；人可以对书籍、电影等艺术中的情感产生极为丰富和深刻的心理感受,却很难回到现实中体验现实生活中的真实情感。最终,人也就只能生活在他自己的精神和假想的主观世界里,沉浸在一个人的自得其乐、想入非非甚至是自我负面情绪之中。

(二)记忆、情感经验及其教育意义

情感伴随时间而生,情感的时序性也就意味着它的前后连贯是一种事实,这种事实构成情感存在和变化发展的基础。其中,在时间的"过去"面向上,记忆是影响情感激发、变化和发展的重要因素。

1.情感记忆的特殊方式:情感经验

人人都有生活,因而都在时间线条中经历过、经历着各种事情,不管这些经历的性质、多少、深浅,它们都或多或少地在人的大脑中留下记忆。记忆不仅影响人的学习,而且影响人的心理、精神和意识发展,从而也影响到人的社会性发育。其中,情感自然也离不开记忆的影响。不过,与对知识、逻辑语词、机械程序等的记忆不同,与情感密切相关或者说对情感及其发展产生影响的记忆不是(或者说不主要是)依靠概念与理智,对情感的记忆过程也不是(或者说不主要是)识记、背诵和归纳总结。记忆对情感及其发展的影响主要体现为在时间线条中不断感受、体验并积淀内化形成的情感经验。

情感能够通过记忆并在记忆中形成情感经验,是与多方面的因素相关的。其中,情感质料中的"认知"成分和因素决定了人既可以在一定的社会文化中借助一定的概念符号并通过理智上的思考来辨识一些情绪情感色调,从而在对情感的认知和了解的基础上习得一定的情感惯习。更可以通过自己主观上的心理过程和整体感知激发情绪情感并获得对情绪情感的记忆和储存,从而在主体自我的生活经历和精神等层面形成情感经验。其中尤以后者更为重要,它是一种对于情感的特殊的记忆方式,这种记忆不依赖于(或

者说不完全依赖于)人的大脑和心理等方面的支持,而更多地与文化环境和个体的生活经历相关联。"人类在长期演化中,有两种记忆被保存下来,一种是'语义记忆',一种是'场景记忆',后者给人'时间'的感受,把人们带到'过去',更贴近人们的私己经验。"①这一点也已经得到了现代脑与神经科学研究结果的证明:尽管脑内的杏仁核是人类情绪情感的重要机制,在情绪、情感的发生中发挥着核心作用,但是"杏仁核损伤并不完全消除习得性情绪和习得性奖励,而这些反应在杏仁核毁坏后得到保留……灵长类动物对许多条件性恐惧和条件性奖励刺激在杏仁核损伤后仍显示特定类型的恐惧和奖励反应……切除杏仁核破坏了知觉到的刺激的情绪意义,但是并不等同于破坏了情绪本身"②。因此,如果个体经常性地经历某种情绪情感状态,或者长时间地处于某种情绪情感刺激中,就可能会在他的生活经历和精神层面留下"情感经验"(条件反应),一旦当外部的环境条件满足或者刺激了这些"情感经验",就会在他的精神层面引起某种类似的情感经历和画面,从而使得类似的情绪情感记忆被唤醒并产生出来。因此,在时间序列中,以物理时间为存在载体的情绪情感并不是随着时间的流逝而消失殆尽,相反,它们是在时间流逝的过程中,随着时间中的人的生活、经历的过程而不断地在人的生活经历乃至精神记忆中得到一定程度的保存和积累,从而一方面对以后的情绪情感状态及其变化发展产生影响,另一方面又形成并固化为稳定的人格特征的一部分。

当然,与知识学习中的理智和语词记忆一样,对于情感的记忆也存在可能被遗忘、产生记忆错乱甚至是记忆疲劳等问题。尽管情感经验的形成主要不依赖于概念和符号系统的支持,但是它与情感经验所发生的文化环境以

---

① 朱小蔓、朱永新:《中国教育:情感缺失》,《读书》,2012(1):5.

② 孟昭兰主编:《情绪心理学》,北京:北京大学出版社,2005:42.

及个体的生活经历状况之间具有密切联系。首先,文化环境状况通过影响人的价值判断和观念意识,从而与个体情感的产生、性质、强烈程度等发生关联,影响到个体情感经验的性质和强度。复杂多变和价值多元的文化环境既容易因为瞬息万变而带给人多样化的生活经历,从而产生丰富深刻的情感经验,也容易造成个体价值判断和自我意识的迷失,从而导致情感上的动荡、肤浅甚至是产生一些负向的乃至混乱交错的情绪经历和情感纠葛。其次,个体生活经历状况就更是与其情感经验密切相关,多样化的、丰富的生活阅历既会影响到个体的价值判断和认识水平,从而通过理智上的"认知"影响到他的情感状况,也会直接地在无形的经历中形塑个体的情感,从而在情感的性向、丰富程度上都留下深刻的经验和记忆,并进而在个体的心理和精神层面整体性地表现出来,成为个体较为稳定的心境和人格特质。最后,对于每个人而言,无论文化环境还是他自己的生活阅历都是处于时间链条当中的,因而也是不停地变化发展的,所不同的只是变化速度和程度上的差异而已。这样的变化既不断形成并影响个体新的情感经验,也对过去的情感经验产生影响。在时间的流逝中,情感记忆也会逐渐地被淡化、遗忘甚至是产生疲劳,尤其是同质性的文化环境和生活经历,既容易因为相似性的场景和经历而再一次强化和稳固人的情感经验,也容易因为相同的感官和心理刺激而造成在情感的感受性、敏感性方面的下降,从而形成情感疲倦①,甚至影响到情感记忆和情感经验的深刻与丰富程度。

2.两种情感经验来源:集体记忆与个体生活

情感经验不会凭空产生,要依赖于时间,在岁月的冲刷中慢慢积淀。但是时间又是抽象的,时间本身不会给人带来什么,倒是时间中经历的人、事并由此形成的感受、体会是情感经验的重要来源,并构成我们关于情感的记

---

① 当然,还要注意"情感疲倦"与"情感稳定"两种情感状态之间的联系与区别。从表现来看,二者都体现为情感反应和状态上的不明显、没有多少情感起伏和外显的情感流露出来。但是前者主要是指由于反复和经常性地处于同一种情感状态之中而导致的主体内心对情感的感受性下降并造成的情感体验的不敏锐、不深刻和麻木。后者则是在道德和伦理的意义上说的,它是指主体通过接受教育和提高自我修养,在对情感的呈现、表达方面融入认知、意志等多种因素而形成的情感价值上的升华。它往往表现为个人经历各种生活磨炼之后,在认知和情感价值上得到升华,并形成稳定的心境和人格气质。具有这种心境和气质的人,哪怕内心有着深刻的情感体验甚至是汹涌澎湃的情绪情感激荡,也会由于主体个人的道德素养与情感修炼而不会随意地表达出来,它是在主体自我调节基础上的情感稳定和从容,类似于中国道家的"无情之情"。

因此,在教育生活和人的发展当中,无论是从情感经验本身的特征还是对从事情感劳动的教育者与学习者的实际情况来说,对于同一种情感在反复感受中出现的麻木并由此引起的情感疲倦状况都是正常的。学校生活(包括课堂教学)中要求教师和学生始终保持一种倾向和色调的情绪情感状态,长时间地处于兴奋、积极、适当的情绪情感状态等,实际上是不符合情感劳动的真实状况的,也是对情感经验特征的无视。当然,这又并不意味着要放弃对积极情感价值的追求,忽视深刻情感体验的重要性。所以,在教育生活中,一方面,应当承认并尊重师生作为普通人,其出现情感上的疲劳、疲倦也是自然和正常的。教师不仅要理解和尊重学生在教育生活(包括课堂教学)中的情感疲倦以及由此带来的开小差、注意力不集中等状况,也要承认自己在教育生活(包括课堂教学)中出现的情感疲劳和疲倦状况。对于教育特别是教师而言,重要的不是隐瞒或者用不恰当的方式来传递自己的情感疲倦状态,而是敢于坦诚自己的情感疲倦状态,并且用恰当的方式传递和表达自己所处的情感状态,从而让同事和学生更好地认识自己所处的情感状况并给予更好地移情性理解;另一方面,怎样在情感培育和个体发展中寻求恰当的方式、方法,维持师生的情感投入,形成丰富、深刻的情感体验,并且尽可能有效地避免由于情感浪费、麻木、迟钝等带来的情感疲倦,也应该是值得教育工作者们进一步思考的迫切问题。尤其是在班级和学校规模都比较庞大的情况下,教师们每天要承担大量的教学甚至是教学以外的事务,"情感疲倦"甚至可以说是大多数教师职业生活中的"常态"。如何在每日烦杂、琐碎的教育生活中,在情感疲劳、疲倦成为每日生活常态的情况下,保持对教育的热情并且以一种慢的、积极的、富有理智的同时又是充满清醒和自觉意识的情感状态投入教育生活中,是时时考验教师们的耐心、智慧、情感能力、自我反省意识和教育信念的事情。

忆的重要部分。"在一个现在事件与一个过去事件之间不存在我们直接知觉的时间关系。现在事件只与过去事件的记忆有关。但关于一个过去事件的记忆本身就是意识中的一种现在成分。"①

因此，在时间的绵延中研究情感经验，就是对与时间相关的，在时间段（点）中发生的事件、生活的人以及由人所创造、使用的一切工具、制度、伦理等文化符号的考察。它在广义上联系到整个人类社会和历史时代的状况，在狭义上则与个体的生命经历和生活史相关。前者在宏大历史的框架内以集体记忆的方式影响个体的情感经验，后者在个体生活史的范围内以个体经验的方式影响他的情感记忆。

任何人都必然地生活在特定的历史时代和社会环境中，他所处的时代，所属的国家、民族等都是与生俱来因而也是不容改变和否定的事实。因此，历史时代和国家、民族的一切经济、文化、政治等状况所赋予个体的社会身份与文化影响便构成他生命和一切生活实践的承载体。而对于个体来说，"不同的社会是根据不同的记忆而存在着的"②，"在前后相连的几代人中，共同的记忆与由共同的努力联系起来的共同的志向是相一致的，是形成和维系某一共同体的纽带"③。特别是在个体的情感和精神方面，如果人们彼此共同经历或分享他们所处时代（包括这个时代中的一切人、事）中特殊的制度符号、思想状况等文化资源的时候，就会在他们身上留下精神能量和情感烙印。退伍的军人面对或者回忆起当兵时穿过的军服、战场上用过的衣物、军营中唱过的军歌时，会为战争与军营生活中的难忘经历而动容，对过往年代和岁月中的生活感到历历在目、记忆犹新；多年不见的发小和好友会因为回

---

① ［英］A.N.怀特海：《教育与科学 理性的功能》，黄铭译，郑州：大象出版社，2010：82.
② ［美］谢弗勒：《人类的潜能》，石中英、涂元玲译，上海：华东师范大学出版社，2005：24.
③ ［美］谢弗勒：《人类的潜能》，石中英、涂元玲译，上海：华东师范大学出版社，2005：24.

忆起童年和少年时候一起玩过的玩具、做过的游戏、发生过的有趣的事情而情绪激动、满怀欣慰甚至是产生感叹、欣慰和喜悦等复杂的情感……之所以如此，主要是因为人们彼此之间分享了他们所处时代和社会中共同的事件、符号以及由此所构成的某些文化印象。"通过文化符号标识情感反应，这些符号也就具有再次激活情感反应的力量，并因此提高了情感能量的水平。"①因此通过回忆或者再一次亲历这些共同的文化符号和生活经历，就容易引起人们对于过去的记忆与思考，并联系到自己在其中所处的地位、发生的联系和受到的影响，从而唤醒过去的情感经验或者产生新的情感体验。这种宏大历史背景中的集体记忆是影响个人情感状况，形成个人情感经验的重要来源，它使得人们在个体自己的生活经历之外还具有某些"共性"的特征，这些"共性"构成一个时代或者一个国家、民族人们之间的共同情结和集体记忆。一个时段和历史时期的人们正是通过互相分享他们"一代人"所共有的集体性情感记忆，从而将个人私己生活中的个体情感与对一个时代、国家和民族的共同情怀融合在一起，在历史与时代的岁月变迁中积淀并丰富个人的情感经验，锻造自己的情感品质与精神信念。②

① [美]特纳、斯戴兹：《情感社会学》，孙俊才、文军译，上海：上海人民出版社，2007：78.

② 这种特定时代所构成的宏大历史对于一个时代人的情感和精神影响往往是长期和深远的。例如，在今天的文学等艺术作品中，我们还常常能够看到经历过 20 世纪 80 年代生活的人对于那个时代的回忆。这种回忆既是个人性的，也是集体性的。它更多地是夹杂着那一代人对于一个时代的情感与精神寄托，"它是一个与年代有关的词，但对我们许多人而言，它更是一种记忆、一种情结"，"无论经历了多少动荡、反复和论争，无论价值多元的趋势有多么势不可挡，这种信念，这种责任感，在整个 80 年代都是普遍而真切的内心存在。这就足以形成一个能聚合个体和社会，并极大地影响人文生态和生活氛围的能量/心理场"。（参见李晓桦、陈晓明、唐晓渡：《走过一九八零年——李晓桦〈世纪病人〉与世纪之痛》，凤凰网读书会，2014 年 9 月 26 日）80 年代的迷茫、理想主义、追求纯粹以及英雄主义、家国情怀等都渗透进每一个经历过的人的情感记忆中，构成那个时代人们的集体无意识，既体现了一个历史阶段和时代的整体情感状况，也影响到经历过的每一个个体的情感和精神。宏大历史中的集体记忆对于个人情感与精神发育的影响也是巨大的，它甚至尤其影响到个人一生的人生观、价值观等方方面面。

当然,对于每个个人而言,并非一个时代中的所有事件和文化印象都会成为他的记忆内容。只有与个人的生命和生活经验发生联系,渗透并影响到个体的生活状况，甚至本身就构成个体的生命和生活经验不可分割的一部分的那些时代中的人物、事件和符号才有可能形成对某个人而言的"集体记忆"。这就意味着,并非所有的人都分享同样的集体记忆,一个时代、国家和民族中的人,由于个人生命经验和生活经历的差异,对于时代的印象和记忆并非完全相同甚至有时候还是相互矛盾的。宏大历史时代中的人物、事件和符号要对人的情感产生影响,还必须要通过具体的个人生活来体现。"要解释某个人的行动,我们必然地要进入到行动者延展了的时间世界中。我们必须理解圣徒与殉道者实际的宗教生活的历史，理解革命意识形态所赖以建立的那些事件,理解政治家和诗人所构想的未来,理解那些至今仍然在鼓舞着思想家、艺术家和农民的作品。"①只有对个人命运产生影响或者与个人的生命、生活经验密切相关的那些历史才有助于更好地认识一个人,并且通过认识一个人而进入他的生活历史中,理解他的生命,体会他的情感。在这个意义上，一个人的情感状况和情感经验与他自己的生命和生活经验之间有着紧密的联系。他所经历过的时间和岁月中的人物、事件和与此相关的一切文化符号都形成他自己的记忆,有的是刻骨铭心的、有的是虚华肤浅的;有的是积极愉悦的、有的是消极悲观的……时间长河中的一切经历对于个人的情感发展而言都是十分难得的宝贵财富,它们使一个人成为现在的自己,也影响一个人不断生成并发展他自己,其中也包括他的情感。

可见,集体记忆和个体生活都是一个人情感经验的重要来源,它们在时间的长河中形塑一个人的情感性向、品质乃至整个人的精神面貌和人格气

---

① ［美］谢弗勒:《人类的潜能》,石中英、涂元玲译,上海:华东师范大学出版社,2005:22.

质。但是并非所有的时代记忆都有助于个体情感的积极生长,并非所有的个体生活经历都能够提升人的情感品质。否则,我们就无法解释人与人之间的情感差异,也无法理解个体情感品质上的不同,更无须通过教育来培育人的情感——似乎只要去经历生活,情感品质就会自然得到提升,积极良好的情感素养就会自然形成一样。因此,对于人的情感教育来说,尽管时代和历史的整体状况(包括其中的人物事件和文化符号)我们无法改变,一定时代和历史对人的生活和情感经验的影响也在一定程度上受制于个体的出身和家庭。但是我们仍需思考:时代记忆何以影响到个体的情感? 而什么样的个体生命和生活经历可能会有助于情感的发展,进而促进整个人的发展和人类文明的进步?

首先,一个时代有一个时代的文化,对于时代的记忆离不开特定的时代文化。但是文化总是多种多样并且不断发展的,文化对个人情感的影响是多方面的。动荡、落后、野蛮的文化只会造成缺乏安全感、单一、束缚与压抑的情感,而和平、开放、文明的社会则容易形成互相关爱、平等公正、丰富多样的情感。但是无论哪一个方面,都还不足以对个体情感产生直接的影响。就个人来说,时代和社会的状况最早通过家庭生活和上一代人的情感与精神状况而对个体的情感产生影响。与个体最早生命经验和生活经历密切相关的重要他人(如父母等)和家庭生活经历既是时代和社会文化的缩影,也是影响个体生命早期的情感经验和后来生活记忆的重要因素。通过对重要他人和家庭生活的"过滤",时代与社会的状况才得以与个人生活联系起来,并对个体的情感状况发生影响。正因为如此,我们看到,对于个体的情感发展而言,和谐的家庭生活和良好的早期生活经历都可以阻挡,甚至弥补由于时代和社会状况的不足和缺憾给个体情感发展造成的不利印象,帮助支持个体形成积极健康的情感经验。

其次，个体生命和生活中的每一次情感经历都会或深或浅地影响到其后续情感的发展。对于生命活动范围还比较狭窄、理性认知和判断能力都还比较薄弱的个体来说，早期关爱、温暖、和谐、安全的情感应答环境和生活经验更有助于促进他们积极情感的发展和社会性发育。因为"情绪对于一个儿童对世界的看法及他自己在社会中的作用都有影响。儿童进入成人期时，他们还怀有儿童时期的记忆。情绪上的温暖，得到别人爱和爱抚的感觉，及正反两种感情的适当表达都有助于儿童同其他人建立感情联系，这种感情联系反映出成就和社会技能"[1]。生活中我们也常常可以看到，个体童年的生活经历以及与此相关的情感经验对于他们后来情感以及整个人生发展的重要影响。不仅如此，由于"人的早期情感反应模式会影响神经元活动的方向性，这也关系到神经元活动结构是否良好。……儿童那些人之初本源性的、基础性的情感以及生命早期的情感倾向和认同对于其价值观和信念的形成犹如良种和沃土，具有优先效应"[2]，如果这些积极的情感倾向得到保护并获得发展的积极的条件性支持，那么对于个体后来生活中复杂情感的发展和对情感经验的主动性选择等都具有重要的生物学意义。

最后，生活不可能永远一帆风顺，生命之路永远布满新奇、冒险和无知，人的情感也因此而充满波折和动荡。无论喜怒哀乐还是酸甜苦辣，都既是生活的本色，也是情感的原貌。它们一起构成个人生命和生活的一部分，使人成为有血有肉的人，人类社会成为一个色彩斑斓的社会。因此，对于个体的情感发展和生命来说，经历正向、积极的情感经验仅仅是它的一部分，而非全部。"生命如果受到单纯的适应的束缚，它就会蜕化。对于促进新事物来

---

[1]　中央教育科学研究所比较教育研究室编译：《人的发展》，北京：教育科学出版社，1989：347.

[2]　朱小蔓等：《情趣教育：一种有意义的情感教育探索》，《中国教育学刊》，2014（4）：2-3.

说,将经验中的模糊的和无秩序的因素结合起来的力量是特别重要的。"①个体只有在生命和生活中经历过矛盾、产生过冲突,甚至发生情感上的痛苦、纠结、深思之后,才能够在不断丰富情感的过程中形成深刻的情感经验,并且可能促进情感的不断成熟、发展。已有的研究也已经证明,"当儿童从一个阶段进展到下一个阶段的时候,每一个继之而来的阶段都得到过去的经验的累积储藏库的支持,不论这些经验是充分的和适当的,还是不充分的和不适当的"②。情感经验的正负对情感和整个人的发展并非绝对的对应和正比例关系。相反,正向的情感经验既能够产生积极的情感教育效果,也可以给孩子们的发展带来消极的影响;而负向的情感经验同样既可以产生积极的教育效果,也可以产生消极的发展影响。

3.情感经验的教育意义

无论是外部他人还是个体自我的情感经验都会影响到人的情感发展和教育中对情感的引导培育。

从教育者的角度来说,在对孩子们的情感引导和教育中,仅仅依靠理智上的认知来提升情感品质,依靠课堂教学来学习情感呈现、表达和传递,通过环境来改善情感发育的条件等还是不够的。对情感的培育还必须充分注重教育者自身情感经验的重要性。教育者的情感经验是否丰富、是否积极向上,既渗透在他自己的心境和人格特质方面并通过心理、精神和思想观念等影响到教育活动(包括课堂教学)的效果,也具体化为他自身的整体气质面貌并通过教育和生活中的言行举止表现和流露出来,从而在与学生的交往中无形之间影响到学生的情感状况和情感发展。这种用情感影响情感、以精神感染精神、将心灵联结心灵的"将心比心""以情育情"的情感教育方式不仅突出了教育者自

---

① ［英]A.N.怀特海:《思维方式》,刘放桐译,北京:商务印书馆,2010:75.

② 中央教育科学研究所比较教育研究室编译:《人的发展》,北京:教育科学出版社,1989:351.

身情感经验的重要性,也反映了情感教育不同于知识学习的特殊性。与知识和学识相比,教育者的情感和人品在情感培育中具有更重要的作用。也是因为这样,我们看到,那些情感品质良好、具有积极情感修养的家长和教师即便没有多少关于情感的知识和情感教育的意识, 孩子们一样能够从他们那里获得情感上的积极生长,体会到情感的魅力和由此而来的生活的美好感受。

从学习者的角度来说, 在其过去生活经历中形成的记忆和由此积淀的情感经验无疑会体现在他生命的方方面面,这些情感经验不仅使他"成为现在的自己",而且影响到他的学习和情感发展。甚至无论多么小的儿童, 即便是在我们看来没有什么生活经历的婴幼儿, 在其情感经验上也并非一张白纸。情感经验除了与文化环境和个体生活有关之外, 还根深蒂固地伴随个体的生命而来。每个人都或多或少、或深或浅地带着他自己天然的生命基因、遗传一路走来, 而个体早期生命活动中形成的生理上的情绪的条件性反应更是蕴藏着简单的情绪情感基质。这些都成为个体参与生活的情绪情感基础并又在生活经历中不断获得新的生长、发展、强化或者是削弱。因此,每个人当前的状况都是与他过去的生命历程和生活经历相关的。①情绪情感问题

---

① 这里的"个体成长"从狭义上讲,指的是儿童青少年的成长与发展,从广泛意义上来说,教育者们本身也是学习者,因此它还包括家长、教师等成人世界的教育者们本身的成长与发展。就前一个方面来说,它当然指在对学生的教养、培养、教育以及学校的课堂教学等方面,都要注重儿童青少年的生活经历、个人生命经验等在其中的影响作用;就后一个方面来说,它也意味着对成人教育者们自身的生活经历和生活经验的看重。这不仅有助于我们更好地认识和移情性地理解成人教育者们的情绪情感状态的表现及其原因,也有助于立足成人自身的生活经历和生命经验来进行自我教育。尤其是在教师教育中,需要清楚的是,教师的生活是一个连续体,而非割裂的片段,早期生活经验在教师"成为"教师之前就已经存在并对作为"人"的他们的发展(包括情感)产生影响。教师的情绪情感发展是与他们自身的生活和生命经验是分不开的。专业工作固然提供教师发展的动力,但是与其说教师及其专业的内在成长动力来自其专业工作,倒不如说是来自教师个人的生活和生命经验。教师专业只提供教师发展的伦理规范和道德要求,而生活和生命史则从"人性"(包括情感)上提供教师专业发展的人生观、价值观等内部支持。在以往的师范生培养和教师教育中,注重从初中起点开始选拔师范生生源,其中的一个目的就是为了在他们个人的生活成长中保护、培育和发展他们积极的情感素养,在生活经验中发展他们成为优秀教师的情感和内在条件。

的显露与呈现是当下的，但是引起它的原因则有可能是在长期积累中形成的，是深层次和隐藏的。在对个体的教养和教育中，辨识、认清他们当前的情绪情感状态固然重要，但是这还不够。如果成人世界的教育者们隔断学生与他们自己过去生活的联系，用纯粹当下的状况来简单地分析判断，甚至武断、粗暴地对待个体的生命，那么就会使教育教学流于形式、浮于表面。这种只看重表面现象的教育教学是对个体过去情感经验的无视，也是对生命本身的不尊重，"它道出的是当代课堂教学无深度的深度，一种满足于忘掉事关自身存亡的那些深刻问题的行事方式。教学简化为指向于借助当今多媒体技术获得的事实和信息的提示，不去理会那些事实所蕴含的文化故事的方式"①。从而不仅使情感培育失掉深刻性，也使整个教育活动变得索然无味。

当然，处于时间链条中的情绪情感的变化发展是一个连续累积和不断地积淀保存的过程，其中充满了反复、遗忘和波折。情感教育既是一个情感上的潜移默化的隐性过程，更是一个需要经历认知上的努力和精神上的困顿的过程。②从简单的情绪发展到带有个体自我意识参与和价值判断的社会性情感不仅需要文化环境和教育的参与，还需要在时间和生活的岁月中反复不断地强化、回忆，甚至是经历反复无常与动荡。正是在时间的经历中，加上个体的体味、思考和有意识地琢磨、内化，情感才有可能上升为个体较为稳定的心境并成为人格与精神的一部分。而也就是在这样一个连续的时间

---

① ［加］史密斯：《全球化与后现代教育学》，郭洋生译，北京：教育科学出版社，2000：225-226.

② 就具体的情感教育阶段来说，在低龄的、理性认知发展还不成熟的儿童中，父母和教师可以以正向情感需要的满足和引导培育为主，尤其要反复强化他们正向的情感体验，在他们的记忆中留下美好的情感经验，从既让这些早期的情感经验内化为他们人格的一部分，又在生物学上支持后续复杂情感的发展。而对于那些认知水平发展到一定程度、具有一定的判断能力、心理承受能力和自我调节能力的孩子，则可以适当地增加并引导他们经历具有积极教育效果的负向情感体验教育，这样既丰富他们的情感感受和范围，也利用负向情感在他们伦理道德、人生价值观等发展中的积极效价，促进他们更好地适应将来生活和社会中的各种复杂环境与问题，获得情感品质和能力的提升。

过程中,个人的情感呈现和传递才实现从(有意识的)情感表达走向(无意识的、人格深处的)情感流露。因此,情感的培养和教育都有并且需要一个过程,它不仅需要时间经历而且还需要持之以恒地精力投入和全身心倾注。与知识学习和技能培训不同,情感教育往往不是可以短期内一蹴而就的事情,尤其是对积极的、深刻情感乃至精神的培育来说,它既需要意志上的努力,更是需要以过去的情感(积淀、资本)作为基础。所以对于孩子们而言,父母与子女之间、教师与学生之间彼此的内心接纳、认同和由此形成的情谊无疑是进行深刻、有效的情感教育的重要方面。家庭与学校教育(包括课堂教学)中的瞬间、即时性的情感回应固然重要,但是在生活经历中的长期坚守与情感认同将决定情感教育的价值深度,甚至对学生终身的发展产生持续性的影响。

(三)想象、情感敞开及其教育意义

"人类所有的行动都以某种特殊的方式联系着过去和未来,把不同的时间组织或'捆绑'起来。……因此,所有的行动,不管是在开始的阶段还是在后来的反思阶段,都包含了记忆和想象。"[①]情感以时间为载体,也与时间相伴随。正是在时间的"未来"面向上,人的情感才获得发展并表现出无限的生机、自由和活力。

1.真实性与想象性:"未来"面向上的情感发展

以时间为背景,在时间线条中,人的情感不仅事实上发生着变化发展,而且与个人心理、精神和意识,尤其是人的主观想象相关。真实时间中的情感发展既因为对时间背景的伴随状态而体现出真实性的一面,又因为与人

---

① ［美］谢弗勒:《人类的潜能》,石中英、涂元玲译,上海:华东师范大学出版社,2005:22.

的主观性紧密相连而在这种真实性中表现出想象性和不确定的一面。尤其是后者，对于人乃至人的情感发展都具有特殊的价值和意义，"人关于他的存在的想像确实影响着他的存在本身"①。

因为"想象"本身就是一个不受逻辑思维约束的、自由弥漫的心理和精神过程，因此真正的"想象"是不受时间限制的。对于过去的想象与记忆相关，对于未来的想象则关乎发展。尤其对于向着未来展开的"情感发展"来说，个体的想象以及与想象相关的状态具有特殊的意义：它既包含理智上的"预期"成分，但又不受"预期"的限制，更不同于理性化认知和程序性的推测、逻辑推理与演绎。对于情感的想象也就体现为一种在情感发展状态上的无所拘束、自由畅想和包容开放，它使人的情感发展有可能表现出极大的不确定性，并由此也获得鲜活的生动性。

首先，在时间绵延中，情感发展是一个真实、具体的过程。人的情感是与特定的时间联系在一起的，时间向着未来绵延的"客观事实"同时也就赋予情感的不断变化发展以"真实性"——无论如何，情感总在不断地发生变化，向前发展的，不论这种变化发展的性质好坏、程度有何差异，情感的发展都在时间中体现为一个真实的过程。这就意味着，在不同的时间段（点），人的情感都有可能是不同的，脱离时间限制而纯粹地谈论"某某的情感如何"这样的问题也没有多少实际的意义。情感的这种处于不断变化发展的状态同时也内在地隐含着情感状态在时间上的真实性和具体性：只有用"在……时候，某某的情感……"这样的言说和思考方式，情感才是真实的情感，情感发展才现实化为一个具体的、动态的"过程"，而非笼统的、静态的"概念"。因此，对于个体来说，其情感随着时间绵延而发生的性质和程度上的变化与差

---

① ［德］米夏埃尔·兰德曼：《哲学人类学》，张乐天译，上海：上海译文出版社，1988：9.

异都是其真实生活过程在情感上的具体化显现，因而也是可以理解并应该得到正视的。具体时间中的生活时刻在发生变化、向前推进。生活有多复杂，情感也就有多具体，情感发展过程是在生活中进行，伴随着生活的展开而获得发展的。

其次，时间绵延中的情感发展又是一个与主体想象密切相关的，因而充满不确定性和多种可能性的开放过程。情感发展要在具体的时间和生活中展开，但无论时间还是生活，又都离不开其主体——人的存在和影响。外部时间中的他人和事件、过去生活中的情感经验等固然影响到情感的发展，但是在一定程度上来说，他人与事件的影响是外部的，过去生活和经验的影响也是固定和有限的。而人的主观性和建立于主观性之上的联想、想象等心理和精神力量则是构成个体情感发展的强大内动力。个体的情感要获得发展，不仅意味着对外部条件的依赖，也不仅仅是对个人已有情感经验的筛选、巩固和积累。"发展"本身还意味着个体经历新的情感过程和对理想"情感图景"的期待以及建立于其之上的新的情感联结和情感基质的形成，其中必然包含着人对于自我情感乃至心理和精神状态的创造、希冀和畅想。作为一个过程的情感发展中蕴含的不确定性和无限可能性都体现了作为主体性的人的活生生的生命冲动和意愿，它意味着对"我（们）的"当下生命发展活力的尊重和将来的情感状况的期待，也必然渗透着浓浓的人的主观愿望和无限想象。因此，情感发展本身也意味着主体建立于想象基础上的对情感的多种可能的、开放的全新经历。情感发展需要引导，但绝不是"被引导"——对于情感的引导既不完全基于外部"他人的"认识体验，也不完全依赖主体内部过往的情感经验。过去的情感经验是情感发展的基础，但不是束缚，亦不可固守；情感发展除了以过往的情感经验为基础，对过去积极情感经验的巩固强化之外，还包括对过去负面和消极情感经验的遗忘和摒弃，以及未知的新的情感经历的开拓。它不仅允许新的情感出现,发展并提升新的情感品质,又引导当下的情感体验向无限的未来和可能敞开,不断获得情感的丰富性。

最后,并非所有的主观想象和期待都是有助于支持情感的积极发展的。主观想象的弥散性意味着对于情感的发展而言,它既有积极的一面,也有消极的一面。主观想象既不等于为所欲为,也不等于自我放纵。对于积极情感的生长和发展来说,主观"想象"同时还要求并体现为:一方面,它是一种内心自由的状态。这种自由状态为调动个体全副身心地参与到情感体验当中创造了条件,它有助于拓展情感发展的内在空间,解开个体的心理束缚和精神包袱,使人能够真正在内心的敞开中去感受、体验并创造新的生命和生活经历,从而增进情感新质的形成并达到各种单一情感之间的交锋、共融,从而建立复杂的情感联结,获得情感的丰富性。另一方面,内心的自由状态还必须以积极、向上的价值观和审美取向为依托。也就是说,对于情感发展的主观想象应该是一种不违背/损害他人生命和生活为前提的、有益于身心健康的、美好和谐的"自由"。它以向善、尚美为努力目标,追求个体内心情感的张扬、敞开和重组,从而在主观的精神世界中建立起情感与思想自由驰骋的空间,不断拓展情感感受的边界,经历并积累新的情感经验,并最终获得道德感和美感体验,提升自己的精神境界,在丰富情感的感性方面的同时,也提升情感的理性价值和审美意义。

2.教育何为:对时间延续中的"情感发展"的思考

在时间延续中,人的情感既自然发展,又迫切需要教育的引导和支持。情感发展的真实性和想象性提供了在教育中进行情感教育、促进积极情感发展的基础和可能。

首先,在时间的"未来"面向上,对于情感发展真实性的尊重和善用是情感教育首先要明确的原则。就情感本身来说,一切教育都以个体已有的状况和自然规律为前提,情感教育尤其如此,它不是对情感的强加,甚至也不是对情感的改变,而是对情感的尊重。孩子们在情感发展中表现出的任何状况应该受到教育者们的正视、理解和尊重。尤其是对于那些看起来不好的、负面的或者我们认为对他们成长发展具有消极意义的情绪情感,教育者们应该慎重地处理和纠正。情绪情感发生的即时性、突然性以及伴随其中强烈的心理和精神波动都意味着前提性尊重与移情性理解的重要教育意义。特别是对于我们还不知道原因,没有整体性把握的情绪情感事件,盲目地干涉和武断地判断往往会给孩子情感和心灵的发展带来无法挽回的伤害。而一次情感教育上的失误和错误对于个体发展的伤害要远远大于若干次知识教学和认知错误对孩子造成的打击。①况且,就情感本身的特殊性质来说,即便是对于那些真切的、糟糕的负面情绪,教育者们暂时性地尊重(甚至哪怕是假装理解和认同),而不是站在成人立场上以教育者的姿态进行直接说教和引导,也会更有助于情绪情感向积极方向转化与发展。②

此外,情感发展的真实性还表现在作为一个过程的情感发展中。就情感发展的过程而言,它伴随时间绵延中的变化和不确定性也是一种真实的状

---

① 教育中对于学生的打击和伤害大多数是情感上的,而非认知上的。当学生在家庭或者学校中犯了错误的时候,家长与老师的批评往往也在有意无意中从对于"错误"本身的分析和对学生由于技能、知识、经验上的欠缺与不足的批评而转变为对学生情感上的伤害。"你怎么这么笨呢?""这样的事情都做不好!""你看看别人为什么都会做呢?"等,类似这样的批评语言无一不是指向对学生心理和情感上的打击,却又根本没有指向"错误"本身或者学生在知识、技能、经验方面的不足。

② 在对情感的引导教育中,对积极情感的强调和重视固然重要,并且也是情感教育的最终目标。但是简单地说教或者一味地强调"积极情感"往往并不能达到很好的教育效果。基于理解和尊重基础上的对于负面情绪情感的"认同"甚至是"接纳"往往会由于教育者的"低期待"而在情绪主体那里获得更多的反向移情和理解,从而更容易帮助他们找到情感上的归属和支持,激发他们自我内部的心理与精神动力,获得从负面、消极情绪情感向正面、积极情感转化的勇气与信心。这种"迂回式"的教育引导比直接的纠正、灌输在某些时候能起到更好的教育效果,也在一定意义上反映了"以情育情"以及情感教育的独特性。

态。这就意味着情感教育是需要时间,在时间和生活经历中慢慢进行的。对于教育者来说,孩子们的情感发展需要的是静心等待,而不是拔苗助长。无论是通过教育帮助引导,还是通过促进孩子们自我意识与主体性的成长来进行情感上的"自我教育",都需要时间。因此,多给自己,也多给孩子们一些时间,用过程性的、发展的眼光认识并面对孩子们的情感发展以及情感发展中出现的一切问题、矛盾和冲突,而不是急于下结论、作判断,对于情感教育来说是无疑是一个慎重的选择。它可以帮助教育者们更好地理解孩子,同时也发现并纠正自己的教育过失,尤其避免根据一时、一刻的情绪情感表现对孩子们作出不恰当的、表面的判断,从而给他们的成长和发展造成负面的甚至是令我们悔恨终身的影响。

当然,伴随时间过程的情感发展不仅意味着对真实性的尊重,还使得根据时间变化进行情感教育方式、方法上的调整成为可能。在个体的不同成长阶段,其情感发展的特点是不同的,与此相应的情感教育方式也可以并且应该随之进行改变。例如,对于低龄的、认知发展不够成熟的孩子的情感教育可能多选用直观的(比如肢体动作)、公开的(比如在群体中,和其他人一起)、夸张的(比如夸张的表情)、形象的(比如拟人化的)方式进行;而随着个体成长,尤其是包括辨别和判断能力在内的整体认知水平的不断提升,对于他们的情感教育可能更要兼顾使用间接的(如语言和艺术)、个别的(如私下交流)、现实的(如从生活实际出发)、迂回的(如说理、认知等)方式方法。这不但符合他们情感发展的特点,也贴近整体人的心理、道德和精神发育实际,有利于维护学生的自尊和个性发展,从而不仅恰当地处理好情感发展中的实际问题,也容易建立成人与孩子们之间良好的亲子关系、师生关系。除此,在尊重个体情感发展阶段性特征之外,还可以将"时间"本身作为引起情感变化和发展的"原因",从而利用时间来帮助孩子们摆脱负向和消极的情绪情感状态。因为在个体成长中出现的负向情绪有的只是特定时间段(点)中的一种瞬时反应,有的则是由于个体不合理甚至错误的欲求没有得到满足而引起的情绪落差。因此,教育者们也不必过于惊惶失措,除了进行适当的教育引导之外,不理会或者帮助孩子转移、改变他们的欲求和认知,也可能会帮助他们自然而然地摆脱、逃离这种短暂的负向情绪状态。

其次,在时间的"未来"面向上,由于个体主观因素的渗入,情感的发展又是充满想象性和不确定性的,并因此而增加了情感教育的生机和活力。它意味着支持包括认知、心理、伦理、审美等整个精神在内的个体的"内在性发展"应该是情感教育的一个重要方面。一切的外部教育都要通过内部状态才能发挥作用,对于知识和技能的学习是如此,对于情感的教育更是如此。不仅情感品质的提升需要个体自觉意识的觉醒,而且永远向着未来开放的情感发展过程需要来自个体内心的生命和精神支撑才有可能走向生动、积极、美好的境界。个体的精神状态和对未来的想象力、憧憬、谋划,都影响甚至是决定了他的情感品质和情感发展的质量、情感修养的水平和境界。情感上的"自我教育"要求教育者们应该能够最大限度地激发或者利用孩子们在自我情感上的想象力、热情和意愿,不仅引导并巩固他们过往经历中同质或者相近的积极情感记忆,而且在他们内心树立起对美好情感的意愿,培育牢固与可靠的情感品质。①

比起直接的情感干预和教育来说,通过创造积极情感产生和发展的条件来对情感进行引导和培育的意义要更为重要。因为它所依赖的是个体"内

---

① 具体的情感记忆激发的方法,既可以有意为之,也可以瞬间关联。我们可以人为地创造环境,运用联想、想象等方法,调动人原先储存在大脑中的情感画面,引发同样或类似的情感记忆。也要注重那些偶然的、瞬间意象的捕捉,这种瞬间引起的情感,有时候也十分强烈,给人带来深刻的情感体验。

在性成长"对情感的支持。这种通过在个体自我心理与精神层面做出努力，调整情绪情感状态，进行情感培育的自我教育方式在情感教育中表现出十分重要的意义，因为"当情绪的自我调节发展良好时，青少年获得了情绪的自我效能（emotional self-efficacy）——能控制自己情绪体验的一种感觉。这就形成了一种令人快慰的自我意象，以及积极的世界观，而这一切在他们面临情绪挑战时能给予他们更多的帮助"①。由此，情感发展也就在一定程度上脱离了对时间延续的依赖，在其自身的不确定性和人的想象性中获得了生机与活力，情感教育也在这当中表现出它独有的特征和规律。

当然，现代社会中，情感教育需要在情感发展的真实性和想象性中保持一定的平衡，既在时间绵延中根据具体时间中的具体情感状况进行区别教育，又发挥个体自我的内在教育动力，在面向未来的主观想象中创造新的情感发展目标，提升情感品质。教育者们既要注重通过并利用各种现代媒体丰富自己和孩子们的精神世界与情感体验，又要把个人情感与精神世界的丰富与现实的生活实际联系起来，在真实生活的具体经历中保持积极的情感追求和丰富的内心世界，从而培育坚定的信念和积极向上的人格情操。而如何在现实、具体的情感状态和未来、想象的情感理想之间相互转化通达，不仅是情感教育的话题，而且是关乎人生修为的大问题。对于这个问题的探讨值得每一位热爱生活、追求美好人生的人为之努力。单单就情感教育来说，家庭教育中除了阅读和各种精神陶冶之外，还应十分注重父母与子女之间在真实生活中的亲子关系；而在学校教育中，一方面要意识到，微观课堂教学中，学生的情感是随着教学时间的不断"推进"而发生改变的。师生之间在向"教学目标"迈进的过程中，也就伴随着学生内在感受、体会、经验等方面

---

① ［美］贝克：《儿童发展》，吴颖等译，南京：江苏教育出版社，2002：562.

的变化。学生感受学习新知的愉悦、体验解答难题的苦恼等,一系列的心理变化过程同时也是学生在具体的情绪情感上不断获得变化和发展的过程。另一方面,在校园文化和各种学校活动中,通过集体和公共生活来培养积极的理想和高尚道德与审美情操也是学校情感教育努力的目标。

二、情感持存的空间维度和教育昭示

同"时间"一样,空间对于情感以及人的存在和生活的意义似乎更加不言自明。情绪情感的存在、变化和发展在一定的、具体的空间中完成,人类的教育活动也依寓于一定的空间当中。空间以及空间环境所构成的关系场本身就是人类情感的影响源,而生活于空间中的人以及人的一切交往、实践活动又无不时刻在塑造、改变并发展着人的情感,促进人类文明的进步。当然,情感也构成社会实践的主体——人,并通过人的存在、生活和实践影响、改变甚至是创造空间和环境,从而不断将自然环境塑造成一个属人的、充斥人类的情感与精神的人类社会。空间与时间交织在一起,共同影响人的情感及其发展、教育。

(一)空间与情感的一般关系

也许有人会问:对于"情绪""情感"这种与人的心理、精神等密不可分的主观意识性很强的东西来说, 它还会对外部的自然空间环境有多少实质性的依赖和密切的关系吗? 难道情绪情感不是一类人的主体精神和自我意识的产物吗? 我的情感还会占据一定的空间环境吗? 今天,我们到底应该在何种意义上来认识空间与情感之间的关系呢?

1.情感对自然空间的依赖

首先,对于人的存在和一切人类实践活动来说,无论愿意与否,从出生的那天起,人就注定要在一个空间环境中生活,自然的物理空间构成人之存在的绝对与必须。人的存在和生活不仅伴随着时间的流逝,而且也依寓并展开于一定的空间之中。尽管人的一生可能会经历多个生活地点、多种环境的变化,但是人依然要在各种不同的空间环境中存在、发展,在不同的空间环境中展开自己的一切生产和活动。没有这种空间环境作为载体,人的存在就成为抽象,失去依托。存在是对空间的依赖,是在空间中"在"。没有空间,人自身也就成为虚无,更不要谈具体的人的生活了。情绪情感也是一样,因为它们是与个体存在以及个体生活相关的,因而也就必然与个体存在和生活所依寓的空间环境密不可分。一方面,自然空间环境通过提供人类进化的基本保障而在客观上为情感发育提供必要的也是最基本的空间和环境支持。"当人类的祖先逐渐地运用文化组织社会生活时,自然选择生成了对文化和社会结构的承诺,促进了人类的情感能力。"①自然环境是人类社会形成的基础,从而也是人类情感进步的推动力。另一方面,自然环境的状况影响甚至是决定了个体的情感状况。无论宏大历史背景还是每个人的个体生活,都是个体认知、伦理、精神等一切主观性的来源,自然空间通过影响人的客观存在与主观精神而使得人的情绪情感不得不依赖于它,并在其中获得发展,彰显意义。

其次,无论是人的存在还是实践,都是在具体的空间环境中展开的。大到国家、民族,小到社区、家庭、学校,都是个体实践活动的现实环境,其中生活的人、发生的事、组成的关系、形成的制度等,又都以一种文化符号、伦理

---

① [美]特纳、斯戴兹:《情感社会学》,孙俊才、文军译,上海:上海人民出版社,2007:6.

思想的方式直接或者间接地成为每个人情绪情感的来源。因此,空间环境的性质和文化生态的状况会在整体上影响每个人的情感状况,我们常说"一方水土养一方人",具体空间环境不仅影响人的生理特征,而且影响人的心理、情感、精神和思想。广阔的空间环境可能与崇高、博大、豪迈等情感基调相关,而狭小的空间环境则可能发育出较为温和、细腻的情感。在我国,人们常常说北方人性情豪爽直率,南方人性格温婉秀气,等等,就是立足宏观自然空间环境与情感之间的这种关系来言的。而微观环境的性质也一样影响到个体的情感状况,干净整洁、和谐融洽的空间环境会给人带来舒适感、协调感、温暖和关爱;而脏乱不堪、萧条败落、人际关系不融洽的环境只能造成悲伤、烦躁、不安全、不信任甚至是怀疑、猜测、恐惧等负向的情绪情感。

最后,在具体的空间环境中,人的情感不仅在个体意义上具有"个人性",而且在社会意义上具有"关系性","人的情感"只有在"人们"中,在由"人们"及其一切活动所构成的社会、经济、文化、政治等空间中才能产生、发展并获得意义。没有空间,不仅情感本身的产生成为问题,人与人的情感交流和我们对于他人情感的认识也都是不可能的。空间环境不仅影响情感的性质和整体状况,而且影响到情感的发展和变化。环境变了,情感也会变。情感跟随环境发生改变,甚至其本身也就是人所生存和实践的环境状况在具体每个人身上的标识器和风向标。通过个体的思想和情感状况,可以大概地窥视到他所处空间和环境的状况。情绪、情感在社会交往和日常生活中的这种作用使得它具有类似符号的功能和意义,而"符号的含义在社会交往中呈现于具体情境……完全脱离情境的符号,蜕变为'指号'(signs)。可以认为,符号是历史性的,而指号是逻辑性的。也因此,符号含义是不可穷尽的。于是,符号含义在历史过程中呈现,与社会交往和人类的实践活动,有了密切联系,它们一起构成海勒女士阐释的'文化创造'过程"①。因此,情感也要依赖于空间环境,并在空间环境中获得意义的。与时间和情感的关系一样,我们无法笼统地问一个人的情感如何,而只有诸如"此时此刻,你的心情如何""当时你有什么样的感受""在某某情况下,你会有怎么样的体会"等之类的言谈,因为具体才有意义。

2.从自然环境到人类社会:情感空间及其现代征象

在依赖自然环境,在自然环境中获得情感发展和意义的同时,人也在不断地拓展空间、改变空间、创造空间,将一个冷冰冰的自然环境和物的空间改造为各种情绪情感相互交融的,弥散人的精神、灵魂和思想的人类社会。人类社会的形成不仅标识了人的社会性并因此而将人与物区分开来,而且也反过来影响人、改变人甚至因其中的人际交往、劳动实践、伦理制度、文化符号等形塑人,使得每一个自然个体在其中不断实现自身的社会化,获得情感的变化、发展并成为特定社会共同体中的一个个个体,从而在情感上也兼具群体共同性和个体差异性。

前述物理意义上的自然空间环境只是人的情感产生和变化的客观载体,人的自然性决定了他的情感存在和变化发展都要依赖自然环境。但是人自身以及人所形成的人类社会又意味着情感对自然环境的依赖并非绝对和必然的。否则,我们就无法解释,为什么在同样的自然空间环境中,不同的人所具有的情感气质和表现出来的情绪情感状态都是不一样的。面对同样的一件事,有的人淡定从容、有的人兴奋愉快、有的人却紧张不安……同样的地方、同样的环境布置,和不同的人在一起会有不同的心理感受,产生不同的情感体会。自然环境只是构成我们情感变化发展的客观载体,而其中活动

---

① 汪丁丁:《复杂秩序涌现与现代世界诞生》,《读书》,2013(11):48.

的人、发生的事,尤其是与个体发生关联的人和事往往很多时候会代替自然环境而成为我们情绪情感的重要影响源。甚至可以说,正是在有人和人的活动的空间中,人的原始情绪才有可能向更高级的人类情感发展,个体意义上的情感也才会有所依托并有所指向,从而在一个更大范围的人与人的社会中形成有温度和人情味的"人"的生活。

我们把这种非物理意义上的、由人(包括人的活动和人所创造的文化)以及人的情绪情感弥漫并构成的,进而又反过来影响到人的情绪情感状态和存在方式的社会空间环境称为"情感空间"。在情感空间中,情感与空间之间既不是彼此分割的关系,也不是依赖关系。情感与空间是交融在一起的整体,空间中弥散人的情感,人也被所处空间中的情绪情感场所裹挟、包围。人的一切活动乃至整个存在都成为情感与精神浸透的部分,情感不仅影响到人的存在和人类活动的展开,甚至成为人类实践的基础,人自觉或不自觉地受到情感影响、从情感出发来诠释、解释整个世界,包括我们自己。

情感空间不仅超出了物理意义上的自然空间界限,扩展了空间的范围,而且也极大地扩展了情感存在和变化的空间载体,影响到情感的产生、变化和发展。在情感空间中,原来物理意义上的空间环境也就具有主体自我意识的特征。就情感与它的关系而言,这种主体自我意识参与所构成的空间在本质上是自我内构和物理形态相融的结果,它不仅仅是指承载、表现情感的事物所占据的实体空间,也不仅仅是脱离自然的、由主体抽象内构出来的情感幻境。它是由主体心理与外部环境互相交融而产生的、同时呈现社会文化符号和主体自我精神的生命空间。用施密茨的话来说,"情感空间是作为气氛的情感在其中扩展开来的空间;我说的空间具有与视觉空间、听觉空间和触觉空间同样的意义,它是指这样的空间,在其中伸展着作为被看到、被听见和被触摸着的世界,而不是指那些被分割的空间"①。在情感空间中,情与物是交融的,物与我是难分的,情感的弥散、扩充、涌动、超越都在情感空间中表现出来,如流水行云般回荡其中。

不过,与自然空间环境一样,情感空间也处于不断地变化之中。而且,情感空间的"属人"性质更意味着人的状况和人类社会生活、实践的变化都会影响到情感空间的状况和性质。今天,随着科学技术的日新月异以及现代社会生活中个人自我意识的不断增强,人不再仅限于通过某些固定的空间环境作为他们情感的来源和精神生活的载体。借助现代媒体和科学技术,人可以将各种各样的空间环境融合在一起,从而在一个画面和空间中同时呈现并展示多重空间环境,并借此感受、体验瞬息万变和相互叠加交融的不同空间所带来的心理、精神和情感上的变化。这一方面丰富了人的生活,充实了人的精神世界,使得人可以更快捷地跨越不同空间界限,体验到丰富的情感状态。另一方面,这种借助科学和技术而创造的"整合空间"也必然是虚拟和不真实的,即便是再高超的仿真技术,也只是在"整合空间"内部的"真实性"上有所改善,而"整合空间"本身依然不是一个真实的空间环境,离人的现实生活也毕竟还有一定的距离。人对于"整合空间"的感受、体验往往是借助视觉、听觉等我们身体的某一个或几个器官来实现的,它在根本上不同于我们将自己的整个身体全部浸入其中的情感空间中的感受、体验以及与此相关的情绪情感状态,因此也就无可避免地具有一定程度上的虚假性和不真实性。如果经常性地与这种"整合空间"打交道,并借助想象、幻想等方式来感受、体验生活的话,那么就会影响(限制)到人的情感发展。在机器化、间接化的"人—物"关系中,人的情感培育和发展是难以与生活之间建立联结的,其效果也是有限的。

---

① 庞学铨:《新现象学的情感理论》,《浙江大学学报》(人文社会科学版),2000(5):14.

　　与此同时,伴随社会大环境的变化,由现代媒体技术发展所带来的对自然"空间"的主体解释也在一定程度上凸显并反映出时间与空间之间的关系:一方面,在一定程度上,时间和空间都有各自相对独立的客观性,但是它们二者之间又是密切相关的,就物理意义来说,"二者都是某种生产和占有结构以及生产性社会组织的结果和反映"①。在人的生活和生产劳动层面,时间和空间密不可分。另一方面,伴随空间的(在一个画面中的)被整合,时间也趋于"浓缩",时间以及在时间中的人的一切感受、体验都在逐渐变得肤浅,既缺少对历史的厚重感又缺乏对未来的新鲜和好奇——仿佛只要在一个画面或者影视作品中,人就可以同时实现对时间和空间的超越。时间逐渐被空间所代替,人越来越难以在情感和精神上去追寻事物的过去,也很难对未来的新鲜感表示出好奇与憧憬,似乎一切都见怪不怪,一切都理所当然,一切都在预料之中一样。表面的现象逐渐取代深层的本质,瞬息万变的生理刺激逐渐掩盖刻骨铭心的心灵震撼。在这样的社会和空间环境中,无论是音乐还是文字,都逐渐被图片和录像代替,在 MTV 中,人们很少再注意音乐本身的质量,而是更加关注画面的变动,图形、照片的色彩,以及由此表现出来的视听冲击;在书籍中,人们也很少再注意文字本身表达的意义和文字背后的情感,而更多地被扁平化的指号与规范所束缚。表面的符号框架和视听感触等在情感中的作用越来越超过甚至代替了人的全部生命投入其中所带来的情感与心灵体验。在这样的情感空间中,人的情感也受到影响而开始萎缩、变质:人越来越容易认为他们看到的、听到的就是所有,就是一切,从而被人自己所创造和设计的那些图像迷惑、欺骗,一方面离真实生活越来越远,另一方面,深入内心的体验和深刻的意义感越来越少,人在情感、心理等

---

①　Fredric Jameson（1991）．*Postmodernism，Or，The Cultural Logic of Late Capitalism*，Durham：Duke University Press，p.367.

一切主观精神方面看似热热闹闹，其实却又虚幻、肤浅、浅薄甚至脆弱得很。

(二)联系与交往：影响情感的两种基本要素

应该说，只要有人的地方，就会有情感空间的存在。情感空间与人的生活和实践同时存在并同步变化。但是情感空间的客观存在并不意味着它对其中每个个体及其情绪情感的绝对同等影响。对于每个人来说，情感空间还具有"私己性"——也就是说，尽管身处同一个国家、民族，甚至是同一个社区、家庭，哪怕是在同一个时刻的同一个场合，个体意义上的情感空间(包括它的整体状态、性质、程度等)都是不同的。其中，"联系"与"交往"是影响情感空间个体意义的两个基本的也是最主要的因素。

1.情感空间中的"联系"与"交往"

尽管情感空间真正还原了一个具有生命气息的意义性关系场，但是并非每个个体都会受到这种关系场的影响，即便是身处其中，个体间的情感状态也会各不相同。排除个人的内在主观差异不说，情感空间对个体情感的深刻影响必然要通过"联系"和"交往"来实现，它有两个含义：其一，只有个体与情感空间中的人或物有一定的空间距离，即个体身处一定情感空间当中的时候，他才会被其中的情感氛围所裹挟，并可能在情绪情感上受到影响。其二，个体与情感空间中的人或物之间产生事实上的关联，甚至被带入、卷进对情感空间的影响、创造之中，从而在一种真实的交往(包括互动、回应、倾听等)中获得对情绪情感的体验并激发、改变、发展自己的情感。通过"联系"和"交往"，情感空间对于个体情感的影响(无论积极还是消极)往往是更为真切的、隐形的、持久的也是深刻的。

首先，情感空间中的"联系"是广泛的，也是指向各个方面的。"联系性是属于一切类型的一切事物的本质。它之所以成为类型的本质，是因为类型都是相联系的。抽调联系性,必将抹杀所考虑的事实中的一个本质性因素。任何一个事实都不仅仅是它本身。"①也即是说,只要个体处于一定的情感空间中,他就事实上已经与其中的人、物、事件之间发生了某种关联,这种关联既可以是空间距离上的直接接触,也可以是感受距离上的听到、看到、闻到,甚至还包括制度距离(如共同受到某些规章制度、文化伦理等的规制或影响)、经济距离(如发生经济利益上的某种相关)、心理距离(如共同的心理感受、预期等)以及情感和精神距离(如情感上的共同体验、同感共受等)上的"共处"或"接近"。无论客观上的自然联系还是主观上的社会文化心理联系,都是情感空间中的真实关系,它对个体情感的影响也因此是真实存在并真实变化的。因此,这种"联系"也就不仅意味着情感空间中的人与物的联系,也包括人与人的联系,而且人与物的联系最终要通过个体或群体中的人来实现。"联系"是情感空间的绝对构成要素,没有"联系",情感空间既不可能客观存在,更不可能在主观层面上获得它的个体性意义,而个体的情感也在这种"联系"的关系中受到隐形的,却又无时无处不在的持续性影响。

当然,个体处于情感空间中、被裹挟在一定的情感氛围中是一回事,而主动影响甚至参与到情感空间的创造中是另外一回事。也就是说,身处情感空间中的个体一定会与其中的人、事、物发生某种程度、某些层面的直接或间接性"联系",并且在"联系"中受到某种情感氛围的影响而体验或者发生情感上的变化、发展,但是未必会与它们之间发生交往。无论对于个体还是个体的情感及其发展来说,只有"联系"还不够,而事实上身处情感空间中的个体也不会仅仅止于"联系",他一定会在某种程度上或多或少、或深或浅地参与其中,对其中弥漫的情感作出主观上的反应甚至是改变。这样,与"联

---

① [英]A.N.怀特海:《思维方式》,刘放桐译,北京:商务印书馆,2010:12.

系"紧密相连的情感空间中的"交往"关系也就进入我们考察的视野。

其次，与"联系"相比，"交往"的条件要求更为苛刻。物与物、人与物、人与人之间都可以发生"联系"，但是"交往"只有在人与人之间才会发生。而且，甚至也并非人们之间都会产生或者存在交往行为与关系，交往中的人"既不涉及孤立的行为者，也不涉及一种社会集团的成员，而是涉及相互构成自己公众内部活动的参与者"①。在这个层面上说，"交往"几乎必然地只属于人类社会，而情感空间中的交往无论对于情感还是情感发展，都具有特殊的意义。

"交往"是发生在"人与人"之间的关系和活动过程，这种关系不是简单被动的"联系"，而是复杂主动的、包括人的情感和精神在内的全副生命参与的过程。因此，它的首要条件是人的"在场"——"虽然通过媒体方式的呈现，比如，视频技术也可以产生某些互动仪式的效应，但是人们共同在场的面对面的互动将产生更高水平的情感"②。因为，人的"在场"有可能保证了他的身体以及整个精神状态都被包裹在情感空间的情感氛围中，在注意力和全身心地投入方面比那些不在场的"局外人"更为集中、全面，从而无论是所见所闻还是所感所受都是及时的、真切的，因而也是鲜活的。而一种情感空间中"同节奏"的整体性情感氛围只会存在于"那一个"特定的时间和场合，离开了"彼时彼刻"，其中的情感氛围便不复存在或者发生改变。情感对于时空的这种依赖性以及与此相关的情感氛围的即时性、现场性等，更是只能个体自身"在场"才能体会到的，是其他任何人、任何方式方法都无法代替的。只有"在场"的人，才有可能将自己的情绪情感渗透到那个特定的"场"之中，影响甚至改变整个情感空间中的情感氛围；而个体自己在现场中产生的这种情

---

① ［德］哈贝马斯：《交往行动理论》（第 1 卷），洪佩郁等译，重庆：重庆出版社，1994：121.

② ［美］特纳、斯戴兹：《情感社会学》，孙俊才、文军译，上海：上海人民出版社，2007：63.

感也就更容易经过内心并深入人心,从而对人对己都有所触动,并且有可能
促进真正、深入的交往关系的生成与发展。

　　"交往"关系还是一种"交互""往来"关系。在相互之间、有往有来的互动
中,必然渗透情感,人与人也才能实现情感上的交流,并且在交流之中获得
情感感受、体验、碰撞甚至是冲突,从而促进情感上的互相认识、了解、变化
和发展。一句话,正是在交往关系中,不同人的不同情感之间实现交织、融
合,并不断形成和重构复杂的情感空间。"交往"的这种特殊性,也就意味着
它的构成和维护既包括对对方的"倾听"——一种基于尊重基础上的对对方
生命和情感信号的接收,也包括对这种信号的反馈——"应答"或者"回应"。
因为,"假如我仅仅接受你不同于我这一事实,而不问问你是怎样不同于我、
你的不同怎样反映出我与你的不同之处,即我要了解你就得自我反省——
不进行这类交谈,你我便仅仅作为两个互不相干的孤独者存在。……大家越
发禁锢在各自的主体的囚笼里,找不到历史、哲学或语言手段来建立人与人
之间深刻的、有意义的联系,丧失了与人亲密交往的能力"①。在"交往"关系
的"倾听"与"回应"中,人与人之间才可能获得认知与情感上的沟通,并促进
相互之间的理解和认同,情感空间也才显现出人的精神与人类社会的特征
来,并且获得伦理和审美上的意义。

　　2."联系"与"交往"的情感发展意蕴

　　因为有了"联系"与"交往"的存在和发生,情感空间才得以存在并且和
人以及人类社会紧密相连,体现出异彩纷呈的人性和浓浓的情感氛围来,从
而不断影响处于其中的每一个个体情感的变化、发展。但是无论"联系"还是
"交往"对于情感发展的影响都是双向的:既可以促进情感向着积极健康的、

---

　　①　[加]史密斯:《全球化与后现代教育学》,郭洋生译,北京:教育科学出版社,2000:199.

从而有利于人的整体发展的方向生长，也可以将人的情感引向消极堕落以及丑陋不堪的境地，成为情感发展的阻碍甚至其本身就是滋生人的情感问题，导致人类精神危机的温床。

尤其是在科学技术日益发达，各种庞杂的信息不断充斥人们生活、吸引人们眼球的当今社会中，人一方面在获得信息的方式和渠道方面越来越多样，学习也变得越来越方便、快捷；另一方面也对"器物"与"技术"更加依赖，而离"人"越来越远，与人的联系、交往都越来越少，更不要说情感上的交流与碰撞了。①短暂的、快餐式的情绪情感成为情感空间的主要特征，单调浅薄、表面敷衍、虚伪应付的情绪情感弥漫在广泛社会生活领域的方方面面。大量的情感空间不是（或者主要不是）以真诚的、和善的、尚美的联系和交往为基础而存在，情感空间中的"交往"行为越来越成为一种"交换"和"表演"，情感成为一种"产品"，而处于其中的人则要么是情感服务的购买者，要么是情感劳动的提供者——情感被"商品化"了。情感空间的这种状态一方面意味着人们开始更加看重积极健康的情感对于人的价值，关注情感对人的影响，对情感空间和情感氛围的质量有了更高的要求，因此也在某种程度上标志着人类社会文明的进步；另一方面，作为人类心灵和精神的核心，情感也从复杂的人性深处被简单化、表面化为市场化的交换物，情感的动人的、崇高的、优美的、积极向上的一面逐渐式微，随意、浅薄、放纵、泛滥成为现代社

---

① "情感机器人"和"人工情感"（Artificial Emotion）是现代信息技术和认知科学研究在情感领域的最新进展。尤其是"人工情感"，承诺要通过人为的方式，使机器具有辨识、理解、表达甚至是做出情感反应的能力，并且最终要实现从"赋予机器以情感"到"赋予人以情感"的转变。即它认为通过把人工情感植入大脑，而不是使机器具有情感，人就可以不经过大脑和空间环境以及其中的交往活动而产生、改变并调节自己的情感。从积极的方面来说，这对于克服人的情感问题，解决人面临的各种精神问题，无疑具有不可估计的意义。但是人工情感是否真的能够代替人与人的交往，代替人对生活以及空间环境的体验而在虚拟的意义上帮助解决现代人的情感问题与精神危机，对此，我们是持怀疑态度的。

会生活中急迫的情感问题和危机。

因此，并非所有的情感空间都有助于支持人的情感发展，也并非所有的"联系"和"交往"都有助于形成积极良好的情感空间和情感氛围从而在正面支撑起人类情感积极发展的万里晴空。"什么样的情感空间和情感氛围才能够促进情感发展""其中怎样的联系和交往才有助于人类情感的进步"等是认识情感、促进情感发展不得不考虑的问题。

首先，无论"联系"还是"交往"，都应该是一种真诚的、发自内心的情感表达。这种"真诚"既意味着它确确实实引起了我们心理上的感受和悸动，是一种自然而然的真情流露；也意味着在联系和交往的态度和目的方面是真诚的，而不是以虚伪、丑陋、欺骗为目的。真诚以待的交往涉及交往的各个方面，既意味着以真诚的态度对待别人，也意味着对别人的遭遇报以真诚和尊重，它与个体的认识、修养和境界都有一定的关系，因而不仅是情感发展的基础，也是十分难能可贵的道德品质。只有真诚的交往才有可能因为经过深思熟虑、思想斗争甚至是内心挣扎而深刻、难忘，它也因此而几乎可以说是信任、关爱、温暖等一切美好情感的基础，不仅有助于情感的发展，也有助于建立并维护积极的交往关系，促进整个环境和社会文明的进步。

其次，"联系"与"交往"中的真诚固然重要，但是仅有真诚是不够的。盲目的、未经思考的甚至是不求甚解的真诚有时候非但不利于情感的发展，甚至还会因此而遭遇挫败、失落并产生尴尬、不信任、怀疑、羞辱等情绪情感。致力于情感发展的交往还需要在真诚的基础上，以"向善"作为它的目的。因为情感发展中的交往既是日常生活中社会交往的一部分，也具有自身的独特性——情感在某种意义上就是社会文化的结晶，引导人更好地适应社会生活应该是人的情感发展的一个重要目标。这就意味着促进情感符合社会文明进步和公认伦理规范要求的发展是情感空间中交往的基本原则，意味着放弃个人私己的、不正当的为所欲为,而表现为对一定社会文化环境中的伦理、道德和人们公认的一些基本价值规范的尊重,这既是社会发展所需,也是促使个体情绪情感社会化并适应社会生活的保证。

最后,除了实际空间和行为上的关系往来之外,情感空间中的"联系"和"交往"还在整体上形成一种情感的环境氛围,这种氛围的性质、状态以及带给身处其中的个体的情感体验对于他们情感的发展来说是至关重要的。个体能否在其中通过一定的"联系",尤其是"交往"关系将伦理上的"向善"与自我精神中的"尚美"结合起来,从而在一种追求积极的、美好的环境中获得情感上的熏陶,将关系到其情感发展的方向和质量。因此,一种能够在整体上让人宽心、感到自由、积极向上的"联系"和由此而生的对"美好感受"憧憬与追求的"交往"关系和行为,都无疑会有助于支持形成温暖、信任、和谐的情感空间,从而支撑身处其中的个体不断发现并确证人性和生活中美好的、积极的一面,获得情感上的和谐发展,也增强生活的勇气和信心。

(三)空间与情感教育:对原理的初步思考

从某种意义上说,人与空间之间的关系也就是情感与空间之间的关系。无论是情感的发展,还是人的生命成长,都是在这种关系中展开的,对于情感的教育也需要以这种关系为依据并在其中获得启示。

1.空间环境对情感发展和情感教育的影响

首先,空间环境构成个体情感发展的依据与背景。空间环境对情感发展和教育的影响是全方位的,既包括对教育者的情感影响,也包括对学习者的情感影响;既体现在空间环境的宏观方面,也体现在微观的空间环境中。一方面,宏观层面的社会、经济、文化、政治等空间环境构成个体情感以及整个人发展的大环境,是情感发展和情感教育不可回避的背景。"在儿童期后,生物性情绪比如愤怒和恐惧,就转换为某种文化意义,这种意义围绕个体与某社会客体(通常是其他人或群体)的关系而产生"①,文化正是通过长期社会联系和交往中形成的价值规范系统而影响个体的情感及其发展的。任何逃离社会现实、忽视生活背景和教育现实的情感发展与教育不仅是不可能的,而且也是极端理想主义和个人化的,它或许有助于建立一个个人意义上的情感与精神乌托邦,却无益于个体生命的完整和个人生活的健全。另一方面,社区、家庭、学校甚至是有人存在的任何微观空间环境同样构成对个体情感发展和教育的影响,在这些情感的"微环境"中,即便是那些"对于我们成人微不足道的家庭事件,争执或者爱与理解、虚伪的或者善意的微笑、一瞥,对于孩子却是一出至为壮观的戏"②。什么样的环境影响甚至决定了人有什么样的整体情感性向,爱的环境塑造具有爱心的人,恐惧环境中成长的人也更容易缺乏安全感。不仅如此,如果个体经常性地、长期地处于恐惧不安的情感环境和氛围中,那么他还容易产生不信任、怀疑乃至敌对的情绪情感,甚至认为外部都在嘲笑他、欺辱他,从而其自身也就变得不那么平易近人,并且容易形成自卑、冷漠的情感与性格。因此,无论是在家庭的养育还是学校教育中,家长和教师们都应该要保持对空间环境在对孩子情感发展影响方面的敏感关注。要知道,情感的发展不是一朝一夕完成的,也远远不是在课堂中通过一两门课程来实现的,每个人生活的空间以及在这个环境中所经历的一切都是他成长和情感发展的宝贵财富,是培育并进行一切情感教育活动的载体和源源不断的经验来源。

现代社会,科技发展在给人们生活带来显而易见和源源不断的实惠的同时,人对于科技的依赖和重视程度也有增无减。今天,已经很难想象没有

---

① [美]特纳、斯戴兹:《情感社会学》,孙俊才、文军译,上海:上海人民出版社,2007:25.
② [德]马克斯·舍勒:《舍勒选集》,刘小枫选编,上海:上海三联书店,1999:1133.

电脑、没有电,人类将如何生活,学校教育将如何进行。也是因为这样,人探索(自然)科学的脚步从未停止,而自己的思想和精神家园却不仅进步艰难,甚至遭到严峻的挑战:我们看到太多的孩子在思想上受到禁锢、精神上变得贫瘠,他们小小年纪就失去童真,变得世故圆滑。他们在学校和课堂中知道老师需要什么,从而"顺从"老师的意愿,表现出一个课堂和学校中的"好孩子";在作文中抒发着同样苍白无力的感情,因为除此之外,好像再也没有什么能够打动他们,哪怕是一次刻骨铭心的痛苦经历也难以体验。因此,严重一点地说,从他们人生的童年甚至幼年开始,情绪情感就已经枯萎,这些孩子要么不再相信生活,失去信念和理想;要么变得玩世不恭,看似极富个性,而实际上却是情感与精神上的"乞丐"。

因此,空间环境以及教育现实的变化对情感发展造成的冲击与挑战是情感教育不得不面对的问题。在人的发展和教育中,教育者们应该考虑在这种恶的、不利于学生情感成长的空间环境中,如何通过教育引导、丰富学生的情感与精神世界,并通过一定的制度与规范来保障学生情感与精神成长的基本环境和条件。①当然,除此之外的积极、健康环境的营造和创设对于情感发展和教育来说也是至关重要的。它除了我们在前面提到的一些基本原则之外,尤其还应该注意将促进"人的发展"这一目标作为基本的指导理念。教育环境以及一些教育过程中的方法、手段、途径等都是为了这个目标而服务的。无论是直接的还是间接的空间联系与交往,都以促进发展为归宿;而教育教学也不仅包括知识学习,还"包括抚育人的成长,人与人之间的沟通

---

① 一种暂时性的、适合在一些微观环境中使用的方法是将个体从他所处的恶的、不利的空间环境中剥离出来,即带他逃离出当下身处的不利于情感发展的负向情感空间环境中。这样,就有可能切断个体与其所处空间环境之间的"联系"以及"交往",从而也就免受或者少受其中情感氛围的影响,减弱或者改变个体的负面、消极情绪情感状况。这对于不良的、负面情绪的转化来说往往会收到一些短暂的临时性的效果。

188

以及相互之间的温暖和关爱"①。任何学习都是一种交往,并在交往中实现人在知识、道德、情感与精神等方面的协同性发展。社会环境、家庭环境、学校环境、课堂环境甚至是课程环境等,都可能并且也应该拿来作为教育和促进人的情感发展的资源。尤其是不能将学科教学仅仅当作是对课程知识的掌握,它最终更是要通过这门课程塑造并熏陶学生的情感,促进情感的积极发展;而不同学科的教师既是在教人学知识,也是在教知识中培育包括人的情感在内的一切方面的发展。根据学科特点,营造相应的氛围并进行情感培育,应该是学科教师在知识教学目标之外,需要努力探索的另外一个方面。②

其次,无论是社会大环境还是微观情感环境中出现的新问题、新矛盾都是正常的,而身处其中的每个人在情绪情感上的缺点、不足乃至过失和错误也应该得到理解,不能责备求全,更不可能尽善尽美。一方面,应该看到,成人世界中的家长和教师也是普通的、生活在一定空间环境中的人,他们的情感状态同样受到环境的影响而出现波动和负面的状况,教育中要求教师处处保持良好情绪情感状态是不现实的,教师偶尔的不良情绪状态和合理范围内的情感宣泄既是必要的,也同样应该得到移情性的理解与帮助。尤其是对于教师自身的情感支持,关注教师在从一个空间环境到另一个空间环境中的情绪情感上的适应、变化、发展等,同样应该成为促进教师专业乃至精神和生命成长的一个重要内容,是教师教育者们应当关心、研究与探讨的重要问题。另一方面,无论生活还是教育实践中,由于空间环境改变而带来的学生情绪情感上的变化也是正常并应该得到理解的。教育者不能要求学生

---

① Hargreaves, A. (1994). *Changing Teachers*, *Changing Times*. London: Cassell, p.175.
② 例如,虽然在情感色调上都是"愉悦""快乐",但是数学课上引起和培育的"快乐"与语文课上引起和培育的"快乐"的过程和机制是略有不同的。数学的快乐一定是建立在数学特有的好奇、探索、工整、严密、敢冒险等方式上的;语文课上的快乐则更多的可能是由于画面、语言、文字、韵味、意境等而引起。

在任何情况下都保持同样的情绪情感状态，也不能依赖学生在一时一处等特殊情感环境中的情绪情感状况和表现，简单甚至武断地对他们的情感品质作出判断。在特定场合中的情感反应和状况表现自然是情感教育的重要契机，但是在长期的空间环境中所表现出来的稳定的情感乃至精神与人格状况才是衡量一个人整体情感品质的较为牢靠的基础。因此，好的情感教育应该是在"师生之间、同事之间、家校之间形成密切的联系，并且可以进一步创造条件，让情感理解成为可能"①，空间环境中的理解和宽容性的情感氛围是促进情感发展并进行情感教育的内容之一。

2.在"联系"和"交往"中展开深入心灵和积极有效的情感教育

空间环境并不是抽象的存在，积极良好的情感空间和情感氛围的营造体现在生活实践的方方面面，尤其是在教育生活和教育实践中，由于"教育的真正对象是全面的人，是处在各种环境中的人，是担负着各种责任的人，简言之，是具体的人"②，因此，每个人都在具体教育实践的联系与交往中受到情感空间的影响并参与到情感空间的改变和创造中来，从而在其中获得情感的变化发展与共同成长。

首先，只有人才具有情感，人与人之间的情感传递和表达也更能彰显人性的价值和意义。严格来说，并不存在"人与物"的情感，而只有"人对物"的情感。因此，无论是课堂教学还是在日常的生活与教育活动中，人与人的交往所产生的情感比人对物而产生的情感要更加真实和宝贵得多。如果教育教学中，学生的情感不是围绕他们与家长、同伴和师长之间的交往而产生和发展，如果学生不是为自己成长与发展而感到兴奋、苦恼，却整天为考试而

---

① Hargreaves, A. Emotional Geographies of Teaching. *Teachers College Record*, 2001a,（6）：1060.
② ［法］保尔·朗格朗：《终身教育引论》，周南照、陈树清等译，北京：中国对外翻译出版公司，1985：87.

提心吊胆,为作业而愁眉苦脸,那么他们的情感发展也是不完整的。即便是高兴与快乐,也不是为自己生活中的进步和人生意义的成长,而只是因为一次考试的高分或者一次班级排名的提前。这样的情感不仅因为缺少了人与人之间的社会性联系和交往而冰冷、肤浅,也由于过分看重生命之外的"分数""名次"等"物"的层面而短暂和无意义。当看到太多的学生对自己做对题目、考试高分而欣喜若狂,却对自己其他方面的成长熟视无睹甚至对他人的进步而心生嫉妒的时候,我们真的不知道是该同情他们情感与精神的肤浅与苍白,还是该责备他们心胸的狭窄和目光的短浅!学校教育中,这种"人对物"的情感不仅代替和弱化了"人与人"之间的情感,甚至还出现了"哪位老师给我分数高,我就喜欢哪位老师"的情况。如此糟糕的教育关系,不仅不会在学校中形成良好的情感氛围,而且会反过来影响教师与学生之间的关系,使师生关系不是建立在人与人的情感基础上,而是建立在人对物(分数)的情感基础上,从而既误导了教育,也在教育中扭曲了人性。

因此,要建立教育实践中人与人之间的联系和交往关系,教师(家长)与教师(家长),教师(家长)与学生,学生与学生之间的"倾听"与"回应"[①]就显得尤为必需和重要。一方面,情绪情感既是教学和个体成长发展的动力与机制,也是教学和个体发展的本体。机制与本体往往并非分开的、完全不相干的,而是统一、不可分割的。在孩子们的成长和教育过程中,家长与教师对学生的关爱、倾听、尊重,会有助于学生积极情感的发展,提升学生的情感品

---

① 这种双向关系的交往中的"倾听"与"回应"是需要一定的技巧,有一些注意事项的。对于如何倾听、回应,这里不作详细阐述。有一条特别要予以说明的是,无论"倾听"还是"回应",都是在一定的空间环境中进行的,因此也是付诸行动实践的,而不能仅仅停留在意识和思维层面。因此,"对话"是所有关系中尤为重要的一个方面。没有或者缺少对话的交往关系很可能陷入思维意识层面中,其常见的表现形式是"我希望/要告诉你……",而不是"我们一起来协商……",其背后缺少真正的理解与情感碰撞,更不要说什么心灵相遇了。因此也就难以有多少实质性的情感的培育和教育意义。

质；而这种情感上的发展又会反过来促进学生更加积极地投入学习和其他方面的认识和实践中，在其中找到自我的满足和效能感，恢复学习的自信，找到自我成长的价值与意义。我们经常会被家庭和学校教育中诸如此类的情境所打动：由于家长和教师的鼓励和信任，孩子会与家长与老师之间建立信任与密切的友谊，他们往往把老师和父母当作最好的朋友，不仅能够聚精会神地听课并完成学习任务，还经常与他们讨论学习上的问题与生活中的快乐与烦恼，甚至愿意与他们分享许多自己成长中的小秘密。这样一种双向互动的倾听、回应的关系，正如日本著名学者佐藤学所描述的那样："无论是儿童或是教师，实现着温文尔雅、心心相印的应答性关系。以相互倾听他者声音的关系为基础的应答性关心的关系与合作学习的实践构成了学校生活的全部。……无论儿童还是教师，对于学习是令人惊异地真挚。课堂里每一个儿童的发言和低声细语都会被认真倾听；他人的思考与情感的微小的变化都会被敏锐地感知。人的学习就是这样，越学越谦卑，越学越深沉，越学越知性，越学越安宁。"[①]另一方面，基于倾听与回应的双向交往关系，还意味着教育者在尊重、体味、倾听学生学习过程中内心感受的基础上，在对学生情感状态的反馈和回应中，提升自身的情感品质与能力。无论家长还是教师，只有在倾听与回应中，才有可能突破并跨越单纯的知识教学目标，在教育活动的人与人的关系中感受到学生在生活与学习中真实的情感状态，并且根据学生的情感状态来发觉、反思、调整自己的情感状态，从而在双向互动的交往关系中，实现与学生的共同成长。

其次，从教育者的角度来说，还需要注意区分自身在教育教学中，依寓空间环境的"情感回应"与忽视空间环境的"情感投入"在学生情感发育方面

---

① ［日］佐藤学：《教师的挑战：宁静的课堂革命》，钟启泉等译，上海：华东师范大学出版社，2012:142.

的不同影响。教师对于学生的情感培育突出地表现为教师针对学生的情感及其表现状况给予的应答与处理，它是在特定空间环境中进行的"情感回应"。这种"情感回应"是有意识的情感教育的过程，体现为对学生个体情感状况的积极观照和教育性应答。通过"情感回应"进行情感教育活动，就是站在学生的角度，围绕学生的情感状况和情感问题，有针对性地引导培育学生的情感。然而如果说情感回应有一个"应答""回馈"的过程的话，那么"情感投入"则完全是教育者个人的事情，它既不观照具体空间环境中孩子们的情感状况和情感反应，甚至也不受教育者自身认知和主观意识的调节控制。在"情感投入"中，教育者将自己的全部生命都集中在一件事情上，根据自己的情绪情感需要和生命状态进行活动，它可以是有意识的过程，但更多的是一种无意识地、自然而然地、不自觉地过程。"情感投入"的状态类似于教育者个人的"自娱自乐"，他们自身作为一个"情感体"而身处其中，以一种整体性的（情感）"状态"呈现在孩子们面前，并对孩子们的情感和整个人的发展产生影响。因此，如果说"情感回应"是教育者运用一定的技巧、知识和方法，通过言行举止等来培育学生的情感的话，"情感投入"则是教育者用自己的（生命和情感）"状态"来感染学生。而后者对于孩子们情感及其发展的影响来说是弥散的、隐形的，也是真实的和刻骨铭心的。

第四章 情感能力及其教育

　　一般而言,一切研究活动的目的无外乎两个:促进认识和指引实践。在本研究中,无论是对于情感质料、形式还是时空的阐述,其最终都是指向一个研究的"目的"——实现情感能力的现实化并促进人类情感的进步。因为,人类通过长期进化发展到今天,无论是客观需要还是主观条件,都预示了发展情感能力的重要性和可能性——"自然选择偶然发现解决人类祖先松散的社会结构所造成的生存不利条件的方法:重新配置原始人的大脑,增强情感方面的能力, 使其有助于铸造强健的社会联系, 由此提高社会组织的水平"①。而且,一方面,认识、探索(作为一种潜能的)情感的特征、性质、规律,是我们研究追问 "如何认识情感及其发展""怎样通过教育培育并提升人的情感品质"等问题中不可或缺的一环,它构成研究自身的"逻辑自洽";另一方面,基于对"情感能力"的认识,在社会和教育实践中积极地创造条件引导并培育发展人的积极情感能力,促进整体情感品质的提升,也是认识和研究活动的最终归宿和实践指向。

---

　　① ［美］特纳、斯戴兹:《情感社会学》,孙俊才、文军译,上海:上海人民出版社,2007:219.

一、情感潜能及其现实化

情感不仅是人的心理、信仰乃至整个精神的一部分,而且表现为人的一种"潜能",作为一种"潜而未发""隐而未显"的人类能力,情感的特征、表现以及对于教育实践和人的发展的重要意义都意味着创造条件培养人的情感能力,尤其是引导情感潜能向着积极健康的、有助于人的发展的方向显现和转化,既是研究情感,进行情感实践中一个十分迷人的话题,也是现代社会中教育者责无旁贷的任务。

(一)能力与情感能力

"能力",是一个内涵和外延都十分广泛的词语,在我们的日常生活中,常常与"智能""才能""素质""本领"等混淆使用。在 1979 年版的《辞海》中对"能力"的解释是,"通常指完成一定活动的本领。包括完成一定活动的具体方式, 以及顺利完成一定活动所必需的心理特征……各种活动所必需的心理特征在各人身上的发展程度和结合方式是不同的, 因而能力特征也是人各不同的。能力是在人的生理素质的基础上,经过教育和培养,并在实践活动中吸取人民群众的智慧和经验而形成和发展起来的"①。在这个定义中,对于"能力"的理解至少有这样三点值得我们注意:第一,"能力"不仅指涉具体的实践方式,还指涉与此相关的心理特征;第二,"素质"是"能力"的基础,"素质"不同,因此"能力"也是有个体差异的,因人而异;第三,能力是不断形成和发展的,而形成和发展的基础是人的"生理素质",途径是"教育培养"和

---

① 辞海编辑委员会编:《辞海》(上),上海:上海辞书出版社,1979:1097.

"实践活动"①。在英文中,表示与"能力"意思相近的词主要有"ability""capa-bility""capacity"等。《英汉大词典》对"ability"的解释中有一条特别值得注意:"'-ability'[构成名词]表示'能力'、'可能性'、'适宜性'。"②同样有意思的是,对"capability"的解释是"能力;才能;技能;力量",其中专列一条:"[capa-bilities]潜力,未经发觉的用途,未展现的特色:She has capabilities as a singer; She is worth training.她有成为歌唱家的潜质,值得加以培养。"③

综上,我们已经可以大概看出"能力"所包含的一些元素或曰特征:①"能力"可以指具体的实践操作技能如"唱歌能力""阅读能力",也可以指心理上的素质和品质,如"认知能力""情感能力""审美能力"等;②由于遗传素质和后天环境的不同,不同年龄、性别、文化背景中个体的能力是千差万别的,而个体"能力"在存在、构成、特征、大小、性质等方面也都会有不同程度的差异;③"能力"不仅包括那些已经显露出来的,为我们认识到、发觉的外显能力,还包括很多没有外显出来或者没有被我们认识和发觉的潜在能力;④因此,"能力"是处于不断地形成和发展过程中的,"能力"的不断形成、显露、改变、发展都是可能的,其中外部的教育引导和主体的自我学习与实践都是影响能力形成、显露、改变、发展的重要途径和方式;⑤并且"能力"对内或者对外所产生的影响和作用以及作用的性质等也都是处于不断地形成

---

① 在 1999 年重版的《辞海》普及本中,对这一条稍微做了一些改动:"人的各种能力是在素质的基础上,在后天的学习、生活和社会实践中形成和发展起来的"(参见辞海编辑委员会编:《辞海》(普及本)(上),上海:上海辞书出版社,1999:1383)。这个界定与 1979 版本的定义相比,基本观点是一致的,只是在能力形成和发展的途径上,更突出强调了"主体学习"的作用。可见,作为一种重要的个人素质,能力的形成和发展,不仅赖于外部的教育和社会实践活动,个人自我的主动学习、实践意愿等主观能动性在其中的作用和意义尤其不能小觑。

② 陆谷孙主编,英汉大词典编纂处编纂:《英汉大词典》(第二版),上海:上海译文出版社,2007:4.

③ 陆谷孙主编,英汉大词典编纂处编纂:《英汉大词典》(第二版),上海:上海译文出版社,2007:275.

和发展过程中的。"能力"以及与之相关的一切特征本身都是中性的,不具有任何价值倾向和意义。"能力的作用"的存在及其实现都同样既可以是潜在的,也可以是显现的,而"作用"对人发展的性质既可以是积极的,也可以是消极的。[①]

能力与情感之间具有密切的关联,"潜能或智能的结构包括情感思维活动形式与情感方面的能力;智能不仅用作科学目的,更用于人生把握;从潜能到现实的智能必须有情感的参与和支持"[②]。情感既作为动力机制参与和支持能力的发展, 同时其本身就是能力结构中的一个重要维度, 和阅读能力、认识能力等一样,人的能力结构中也包括"情感能力"。因此,为了认识和研究的方便,我们将"情感能力"划分为"情感的能力"(capability of affection)和"对于情感的能力"(capability about affection)两个互相交融的方面。前者指"情感"作为人的诸多素质中的一种,在反应性、记忆程度、应变性、敏锐性和认知思维程度等方面的能力(又可称为"情感素质"),以及它作为一种"动力机制"所表现出来的对人的发展和教育的影响力。后者指个人作为主体对情感的感受、体验、认识、辨别、表达、调节等能力,它表现为人对于情感方面的主观能动性(又可称为"情感力")。情感素质在包括人的认知、德性、精神成长在内的人的发展的所有方面的影响已经不言而喻;而个人在情感方面的主观能动性不仅存在, 并且同样对于人的发展具有重要意义,"如果人们之间的相互关系不是贯穿着一种最纯洁最高尚的感情——人的感情, 如果我

---

① 对于"能力"的这些特征或者元素的概括,不仅来自对"能力"一词的词源学分析,而且也得到现代科学发展的证明。当代著名的发展心理学家、教育学家霍华德·加德纳在其《多元智能》一书中,基于大量的心理学数据和实验观察研究,对人的"智能"这一概念给予了新的界定,指出,不仅人的智能结构是多元复杂的,而且它们在不同个体身上的表现和特点也是不同的,并且对它们的教育原理进行了探讨和研究。(参见[美]霍华德·加德纳:《多元智能》,沈致隆译,北京:新华出版社,1999)

② 朱小蔓:《情感教育论纲》(第二版),北京:人民出版社,2007:41.

感受到和我在一起的那些人们的需要和愿望可能和我的需要和愿望不相一致,那么这种好处也可能变成祸害。只有以高度的内心情感自我约束作为出发点的感情自由才会带来共同的幸福"[1]。

当然,对于"情感能力"的探讨还必须考虑到"能力"本身的特征。也就是,看到"情感能力"在构成、特征、大小、性质等方面所表现出来的个体差异性。无论"情感的能力"还是"对于情感的能力",都会涉及"主体"——也就是"谁的情感能力"的问题(包括"谁的情感的能力"和"对谁的情感能力"两个方面)。个体(因为遗传、后天成长、性别等)的差异必然会表现在他/她的成长和发展的各个方面,其中就包括他/她的情感能力。因此,在对"情感能力"的探讨分析中,"人"作为一个主体因素,就成为贯穿研究始终的一个重要方面。

站在"人"的立场,在以"人"为核心的前提下看待与认识情感能力,实际上也就意味着"情感的能力"和"对于情感的能力"二者是不可分的。作为一种影响并且与人的发展一同发展的素质,"情感"对人的认知、德性、精神发育等各个方面的作用和影响(即"情感的能力")都已经得到很多证明;而作为一种能够影响自己与他人发展,甚至是周围时空环境的主体存在的"人",同样可以影响到"情感"的产生、性质和发育,无论是对于自己还是他人情感的各种能力都体现了一个人在认知、德性和精神发展方面的总体状况,它甚至与一个人的整体素质和人生境界有关。"情感的能力"影响到人的存在和发展状况,人的存在和发展状况(包括情感状况)会影响到我们"对于情感的能力",而我们"对于情感的能力"又同样体现并且影响人的存在和发展(包括情感的存在和发展等素质)状况……。二者在人的存在和发展中是合二为

---

① [苏]苏霍姆林斯基:《公民的诞生》,黄之瑞等译,北京:教育科学出版社,2002:291.

一、不可分割的,并共同体现在作为一个整体的"情感"的内涵之中。它们相互促进,互为影响,与人的其他各方面的发展一起融合在整个的人的生命成长和发展中,并以一种螺旋上升的方式伴随着人的发展,是情感在工具和本体层面的统一。

所以,情感能力既包括情感对人的发展的作用和意义,也包括在人的发展过程中,对情感的体验、感受、认识、辨别、表达、调节等能力。无论是前一个层面的"情感的能力"还是后一个层面的"对于情感的能力",实际上都体现了情感对人的发展的重要性,也意味着情感能力本身的重要意义。认识情感、研究情感的最终目的就是要在广泛的生活和社会实践中,通过情感实践来认识、利用、培育、发展好正面积极的情感能力,从而既促进个体情感品质的提升,也通过情感促进整个人的发展。

(二)情感潜能及其特征

与"能力"相关,情感作为一种"能力"也具有和人类其他"能力"共同的特征,其中,作为一种"潜能"的情感就是尤其需要引起我们关注的情感特征。潜能①,顾名思义,就是那些潜在的,还没有表现、显现出来或者还没有被我们认识和发觉的能力。它至少表明这样两个方面的含义:第一,能力本身的存在状态、显露、性质和作用实现是潜在的;第二,能力显露、作用实现的方式是潜在的。前者表明,是否存在某(些)种潜能、它们能否外显出来、能否

---

① 　当代著名的哲学家、教育哲学家谢弗勒(Israel Scheffler,1923-)从哲学的角度,对人的"潜能"这一概念作过系统的分析和研究,其中,他着力想要打破以往关于"潜能"认识的三个神话——潜能的稳定性、和谐性和价值性。并且在概念上对"潜能"提出了新的规定和特征,区分并着重阐述了"作为可能性的潜能(potential-as-capacity)""作为倾向性的潜能(potential-as-propensity)"和"作为能动性的潜能(potential-as-capability)"。谢弗勒的研究对于我们更好地认识和阐述"潜能"具有重要的思想启发和借鉴意义,其精彩和具体的分析,可以参见[美]谢弗勒:《人类的潜能——一项教育哲学的研究》(第二章),石中英、涂元玲译,上海:华东师范大学出版社,2005:44-69.

实现发挥它们的作用以及这种作用的性质（积极／消极；协调／冲突）都是潜在和未知的，其中充满了各种可能、变化和不确定性。后者表明，如果能够显露、实现它（们）的作用，那么其显露的方式、实现并发挥作用的途径等也都是潜在的，其中同样充满了各种可能、变化和不确定性。

从作为潜能的角度认识人的情感，也就意味着有些情感（包括与这些情感相关的那些基质）是已经显现或者被我们认识、发觉的，有一些则是还没有显露出来或者还没有被我们认识、发觉的。对于那些还未显露出来或者尚未被我们认识的人的情感（潜能），我们既应该保持对它们的尊重，又应该善用并引导它们向着积极的、有助于促进整个情感发展和人的进步的方向显现化，从而发挥它们的正面和积极价值。

首先，从作为一种"潜能"的角度来看，情感（能力）是充满各种"可能"的。也就是说，一方面，我们目前所认识的情感及其对人的发展的影响还是十分有限的。我们所认识和发觉的，也就是情感在影响人的发展方面向我们呈现、显露出来的，并且又恰好被我们发觉和认识的那些部分。而实际上，作为一种潜能，情感无论是自身呈现的方式还是对人的发展的影响都是具有无限可能的。它尤其提请我们注意：①是否存在一些我们自己或者他人还不能用语言或者其他方式来准确表达的情感，而它们对我们的发展也起到潜移默化的影响和作用？②情感对人的发展的影响除了目前我们所认识到、发觉的方面以外，还体现在哪些更深层的方面？③还有没有更多的其他方面没有被我们发觉和认识的情感对人的发展的影响途径？另一方面，人是有主观意识、情感和能动力的动物，无论是对于自己还是他人的情感，都可以通过各种各样的途径和方式（如认知、判断、选择、移情、身体、语言、艺术等）来进行辨识、表达与调节。可是，目前我们所知道的、掌握的、表现出来的、运用到的无论自己还是他人的对于情感的能力，都是当前阶段甚至是当下情境的。

个体目前对于情感的各种能力都是他／她在生活和实践中体会、掌握和运用
到的。从潜能的角度看,它同样存在这样一些可能性:①个体对于情感的能
力只是他／她在目前和当下具体时空中表现出来的,而将来或者下一个时空
环境中,他／她的对于情感的能力是否会发生改变?②如果发生改变,那么个
体对于情感的能力是(继续)存在／(逐渐)消失、增强／减弱?③个体"拥有"对
于情感的能力并不代表这种(些)能力就必然会实现它(们)的作用,是否能
够将拥有的对于情感的能力"实现"它(们)的作用是存在改变的可能的;④
因此影响个体对于情感的能力(包括其作用的实现)发生改变的原因和途径
是否会发生改变(如随时间、空间以及个体自身情况的变化而变化)?

　　其次,作为一种潜能的情感(能力)的"可能性"还意味着它的"不同"与
"差异",因而是不断变化的。一方面,我们对于情感的各种能力都是具有向
各个方向变化的可能性的,这种变化不仅受到自然的时间、空间等因素的影
响,也受到个人能动性(包括主观的认知、意识、情绪情感、选择、价值标准、
目标意图、期待等)的影响,因此无论在自然(客观)时空还是人为社会中,都
会表现出差异与不同, 以至于有人干脆说,"关于潜能概念的一个人所熟知
的定义就是:受自己或他人意图与信念调节的变化"[1]。与不断变化的、具有
无限可能的人的主观能动性相关,由于其主体——人的因素的存在和介入,
"对于……的能力",也就意味着人的主观能动性的发挥。另一方面,情绪情
感对人发展的影响也是与它们本身的性质和特征相关的, 尤其是情感的性
质、强度等方面都会影响到情感对人的作用以及这种作用的发挥。因此:①
情感对人发展的作用是不是恒常存在,换句话说,这种作用是否会不断发生
改变? 而我们又当如何理解这种作用? ②就我们已知的情感作为工具、机制

---

① [美]谢弗勒:《人类的潜能—— 一项教育哲学的研究》,石中英、涂元玲译,上海:华东师范
大学出版社,2005:17.

而对人各个方面的成长、发展发挥的作用中,这种(些)作用是不是固定不变的,或者说得再明白一些,情感对人发展的作用总是积极或消极的吗? 就前一个问题而言,情感对人的发展的作用,不仅与情感本身的性质和特征(情感素质)等相关,而且与情感的主体——"我"/"我们"对情感的体验感受等相关,也就是与"对于情感的能力"相关。情感对人各方面成长发展的"影响"只是我们所看到、认识到、体会到的"影响"。它(们)证明了情感与人发展的影响的"是""存在"的一面,但是情感对人发展的影响还存在"非""不存在"的一面,它们事实上也是一种影响状态。它们既体现了情感与人发展密不可分的关系,也反映了情感素质与情感力在人身上的统一。就后一个问题而言,情感对于人发展的作用当然既不可能永远是积极、正面的,也不可能都是消极、负面的。能给我们带来正面价值的、对人的发展具有积极意义的、合理适度的情感自然会促进人的发展,为人的发展增添乐趣、提供种子、养料和阳光;而具有负面价值的、对人的发展具有消极意义的、不够合理恰当的情感(如情感的强弱等)等都会阻碍人的发展,那些(无论在性质还是强度等方面)过于极端的情绪甚至会破坏人的发展,在某些情况下给人带来不幸和灾难。

最后,作为潜能的情感(能力)的可能性和不断变化的特征也就自然而然地意味着它的不确定性,其中包括它的"偶然性""模糊性""不完美性"和"个体差异性"等。

其一,在一般情况下,个体情绪情感状况与其认知发展之间都会或多或少地具有某些关联,情感影响认知状况及其发展几乎是一个很简单的常识。但是同样的一个人,在不同时空环境下,其认知状况是否会受到情感影响、受到多大的影响,就是十分不同的。在心理学家皮亚杰的研究中,个人的认知与外部环境之间的关系主要由"同化"和"顺应"两部分构成。对此,我们的理解是：发生"同化"还是"顺应"、何时发生"同化"、何时发生"顺应"，实际上是由个体已有认知结构对环境变化的调节关系决定的。在这种调节关系中，就包含了个体的情绪情感成分的参与。在宁静和熟悉的环境中，由于环境信息与个体已有认知结构的匹配度相对较高，因此往往就会发生"同化"，或者说"同化"大于"顺应"，这时候认知的过程就会更偏向理性化和自然而然的条件性的反应，而较少伴随情绪情感或者不需要过多的情绪情感参与；相反，在喧闹、陌生的环境中，认知状况由于与人的意志、好恶等主观意识之间的联系更多，因而也就与情绪情感之间的联系更加紧密一些。同样，一个人对于情感的能力也不是永远地、一成不变地存在的，它同样会随时间、空间的不同而有所变化并充满不确定性。在一个场合能够很好呈现出某种合适的情感状态，很好地辨识、调节情感的人，在另外一个场合可能难以恰到好处地呈现某种情感状态，甚至会"失控""过激"等，或者无论对于自己还是他人的情感，都显得麻木、冷漠。具体到主观的每一个个体身上，由于发展阶段、发展程度、性别、遗传以及其他各种因素的影响，无论是在"情感的能力"还是"对于情感的能力"方面，都会有很大程度上的不确定性。在这个发展阶段不存在的、没有显现出来或者暂且还不具有的情感能力，并不代表以后就永远不会存在、显现或者被我们掌握；相反，在这个阶段拥有的情感能力也并不一定就会永远地拥有，孩子天生具有的好奇、敏感、天真和同情，如果得不到后天合适的应答、引导和教育，也有可能就会在他/她以后的发展中逐渐地消逝、退化掉。在男性身上还不存在、没有显现出来或者还不具有的情感，并不意味着同一年龄段的女性身上就不会存在、显现或者具备这样的情感。男女由于性别差异在情感能力方面所表现出来的变化、不同和不确定性也是存在的。

其二，哪些种或者哪些类型的情感会影响到人的发展，具体又产生哪些种或者哪些性质的影响,也是我们所不能确定的。这不仅和情感本身的性质与特征有关,也与影响情感作用发挥的复杂的主客观因素有关。无论在理论还是现实中,我们都无法判断、认识和绝对、全面地把握情感对人发展的影响力;不仅对别人的情感是这样,甚至对自己的情感有时候都很难把握。不同情感之间的冲突碰撞所产生的纠结难舍抑或顺理成章、由兴奋所产生的激情澎湃,抑或由愤怒所产生的深恶痛绝等,都是我们生活的常态,它们构成了人生的百态,也印证了情感在人发展中作用的不确定性。不由自主地受到自己情绪、情感的影响,并由此出发去看待、认识自己和周围的世界,甚至在情绪情感的作用和影响下做出很多实际(冲动、过激或不恰当、不合理)的行为也是生活中常常发生的事。"我也不知道为什么,当时就是那样做了,完全没有考虑后果""我就是这样认为的,尽管我自己也觉得这样的看法有一些欠妥"……情感间的冲突/协调,消极/积极的不确定性以及由此带来的生活中的矛盾、激动、纠结、欢喜等可见一斑。因此,我们对于情感的能力也是不确定的。同样是由于受到各种复杂的主客观因素的影响,有时候我们可以很好地拥有对于情感的能力,无论是辨识还是表达情感,都能做得恰到好处;有时候则尽管我们也想去认识、理解情感,合适地表达情感、调节情感,但是受到各种因素的影响,实际上还是不能很好地达到对情感的认识、表达等。面对千变万化的情绪情感,感到力不从心、无能为力等都是常有的事情,有时候甚至觉得根本就不可能在任何时候、任何情况下都能恰到好处地去认识和调节情感。

(三)情感潜能现实化的教育学意蕴

作为一种潜能的情感的以上特征是互为一体的。"可能性"既意味着它是动态的、变化的,也意味着它是"模糊的";而情感的"变化"则无论在方向还是性质上都是不能完全知道的,因而也是"模糊的";这种模糊的、变化的特征也就反过来更增添和强化了情感潜能的无限"可能性"。对于人的发展来说,"情感"本身是中性的,作为一种潜能的情感的这些特征既是情感本身的一部分,也是由影响情感的各种主客观条件影响和决定的,因此表现为一个复杂的整体。这既是长期以来对作为潜能的"情感"的认识、研究和关注不够的一个重要原因,也说明了从教育和人的更好发展的角度来认识、善用并培育、转化,从而最终实现情感潜能向有利于人的发展的积极方面"现实化"的必要与紧迫性。

1.尊重潜能,从"教给情感"走向"引导情感"

与大自然本身一样,"人"以及人的生命是一个永恒的值得不断探索的秘密。自从诞生之日起,人就不是一片空白,"他带着一堆潜能来到这个世界。这些潜能可能半途流产,也可能在一些有利的或不利的生存条件下成熟起来,而个人不得不在这些环境中发展。所以从本质上讲,他是能够受教育的。事实上,他总是不停地'进入生活',不停地变成一个人"①。在人的发展和教育中,对作为一种潜能的情感的尊重,不仅是对情感本身特征与规律的尊重,而且也符合教育和生命成长的原理。

首先,承认并且尊重情感对人的发展的影响,也就是既要意识到情感存在及其对人影响的无限可能性,又要看到情感对人影响途径和方式的多种可能性。教育者不仅要看到儿童个体已经显现出来的,甚至已经通过各种方式呈现、表达出来的情绪情感,而且要知道,尤其应该承认儿童身上不为成人所知,乃至他们自己也未必清楚的、未显现出来的情绪情感存在。对于这种"可能性"的承认与尊重,也就意味着相信孩子们的情感不是(或者主要不

---

① 联合国教科文组织国际教育发展委员会编著:《学会生存:教育世界的今天和明天》,华东师范大学比较教育研究所译,北京:教育科学出版社,1996:197.

是)成人从外部教给他们的,而是来自他们自己生命内部的那些情感经验和对情感想象中蕴含的情感"基因"。教育的作用就是运用一定的方法引导、激发其中的积极部分,使得它们显现出来,从而更好地帮助个体获得发展。尤其是对那些还处于身心成长与发展中的未成年人来说,他们身上还有许多未显现的、充满奥秘和各种可能性的积极情感"种子"等待教育者们去发现、引导和培育。要想发现它们,教育者们就要格外留心儿童个体情感的发展状况,保持对他们情绪情感的敏感意识,充分地利用时空条件和个体的主观因素在情感显现中的作用,等待、保护并适时地引导积极情感的生长,使它们能够充分地获得发展,显现为人的稳定情感品质的一部分,为人的发展提供积极的情感支撑。尤其注意给予那些潜在的、对人的发展和成长具有正面和积极意义的情感更多的生长机会和外显可能,从而在孩子的幼年和童年时期,充分地依照他们的身心发展规律,发展并且促进其情感的积极性和丰富性。

其次,尊重个体"对于情感的能力"的各种可能,也就意味着承认:无论在人的发展还是教育中,任何外部的力量和环境都是支撑性、引导性的,因此也是暂时性和浅层的;而学生个体自己的主观能动力的作用则是根性的、内发性的,因而也是持久和深刻的。比起那些识记性的、需要理智参与的甚至是强加灌输的教育内容、教育方式来说,对于主观能动力及其无限作用的重视和培育才是教育者的根本责任。对于学生情感的教育来说,教育者们不能因为他们一次或者偶尔的情绪失控或者情感表现没有做到让"成人"满意的结果,就轻易、武断地对学生的情感品质甚至是整个人加以否定。情感素养再好的成年人尚且还有大喜大悲、情绪失控的时候,何况处于发展中的未成年学生呢! 而且,正常的情绪情感释放、表达也是自然的、符合情感发展规律的。在整体的情感教育目标上,教育者要给个体更多的机会和尝试,让孩子能够自己通过体验、感受等方式，提高自己对于情感的能力，而不是教育者基于外部"教的目标"基础上的"喊口号""提要求""求达标"①。

因此，尊重个体的情感潜能，从"教"走向"引"的过程也就是充分地注重情感教育的内在性、个体性。在学校课堂教学中，教师不能一味地为了追求外在的情感显现和表达，注重华而不实的情感状态，而忽视了学生内在真实的情感体验及其能力的培养。因为个体对于情感的能力并不是依靠外部要求与刻意表演达到的，它归根结底要触动内心，在人的内心形成体验、留下烙印，因而根本上是一种自己的自觉能力。对于这种能力的培养除了回到内心体验之外，其他任何外部方法都不可能代替。除此之外，在师生交往和日常生活中，有的学生情感表达能力好一点，表达的方式和形式也更加丰富多样，而有的学生则情感表达能力弱一点，情感呈现和表达的方式也不是那么丰富。教育者不能用"某一个方面的对于情感的能力"代替"对于情感的能力"；更不能因为"情感表达能力不好"而断定学生"对于情感的能力"都不好。单纯的外部情感呈现和表达能力不能代替所有的对于情感的能力。在所有的、各种各样的"对于情感的能力"中，对情感的感受和体验能力是最重要

---

①　在这个意义上说，21世纪初开始的第八次基础教育新课程改革中将"情感态度价值观"作为新课程改革三维目标中的一维提出来，体现了对"情感能力"的重视。但是它能不能真正体现到学生的教育过程和他们的发展过程中，在"为了学生的发展"的目的指引下来看待并实现这个目标，就是一个需要质疑的问题。在新课改中关于"三维目标关系""学生主体""教学方式多样化"等诸多问题的争论可以说多多少少都是与这个问题有关。（相关的研究可以参见王策三：《关于课程改革"方向"的争议》，《教育学报》，2006，2:3-10；郝文武：《实现三维教学目标统一的有效教学方式》，《教育研究》，2009，1:69-73；郭华：《新课改与"穿新鞋走老路"》，《课程·教材·教法》，2010，1:3-11；盛群力等：《界定三维教学目标之探讨》，《课程·教材·教法》，2010，2:31-35.等）因此，在教育教学中，重新认识"人的发展"的内涵，围绕"一切促进学生的发展"这一目标来认识这些问题，相信个体的主观能动性，尊重个体在自我发展中作用和自由，给个体更多的机会而不是任务，更多的尝试而不是武断，更多的等待而不是驱赶，对于把握问题的实质，解决争论也许更有裨益。喊口号、讲时髦，或者干脆用应试、量化的那一套标准来判断和衡量"情感态度价值观"目标的达成，必然会导致新课改出现"穿新鞋，走老路"的现象。

的、基本的,没有他,其他一切的对于情感的能力都有可能是表面的、片面的、暂时的,甚至有时候是伪装和虚假的。

2.创设环境,从"直接教育"走向"条件支持"

每个人的情感发展都有一个从"潜在"到"显现"的发展过程,影响这个过程的因素既有主观方面的,也有客观方面的。因此,包括个体主观性和外部时空条件在内的主客观环境创设在情感潜能的现实化方面也具有重要的教育意义。教育者尤其需要对影响情感发展的那些时间、空间以及主体自身特征等条件和因素给予重视与合理利用,将情感教育从直接地针对情感向支持积极情感发展的条件方面转化,促进情感发展与人的进步。

首先,情感对个体发展和教育的作用是处于不断变化之中的,影响这种变化的因素主要来自主客观的环境条件。具体而言,情感对个体的影响既是因时间、空间的不同而不同(如在婴幼儿时期、陌生的和不舒适环境中,情绪情感在孩子的成长和教育中的影响成分可能更大),也与个体特征密切相关(如个体认知、道德水平、心理素质、性格气质等都会决定以及不断调节情绪情感在其发展和接受教育中所处的地位和所占的比重),既可以是正面的、积极的,也可以是负面的、消极的。尤其应该看到,作为一种潜能,不仅情感本身是先天和后天相互作用的产物,情感作用的发挥也是既有先天遗传的机制,也与后天环境相关。因此,在孩子的成长和教育过程中,教育者既要在客观上注意时空等环境因素在情感作用发挥中的影响,又要积极地发挥、调动学生的主观能动性,使它们成为情感积极影响力及其发挥的促进和支撑因素。

其次,个体无论对于情感的辨识、表达还是调节等能力也是处于不断变化之中,并受到环境条件影响的。因此,孩子在成长过程中偶尔的情感失控、迷失方向甚至是误入歧途也是难以避免的,对于教育者来说,重要的不是因为孩子偶尔的犯错和过失而失望、发怒、对立冲突甚至是拳脚相加,而是要理解他们成长中的一些小错误、小毛病,善于从主客观的环境条件中寻找情感问题的根源。同时在正面上一方面积极创造合适的外部环境(尤其是来自成人的评价、引导等主观环境)来适时地给予他们必要的支持和帮助,引导孩子不断认识并反省自己情绪情感的状况,汲取生活的经验和教训,从而随着他们认知以及其他各个方面的同步发展而在主观上作出自我调整,发展自己对于情感的能力,提升情感的品质;另一方面又在主观上营造积极的、支持孩子们情感发展的内部环境。教育者能否用变化的、发展的眼光看待孩子对于情感的能力的发展,学生自己是否有足够的勇气去相信对于情感的能力是可以培养教育并通过学习而不断完善发展的等,都是影响孩子对于情感的能力的重要因素。因为,"不管一个少年的一般智力水平如何平庸,他在某一方面应能达到并体验到可观的成就,在某一方面感到自己是一个真正的创造者,知识的主宰"①。所以,认识、尊重"情感"的规律和特征,尤其是发挥学生个人在情感发展和情感潜能现实化方面的积极作用,比单纯的外部灌输和牵引要更为有效。在学生的不同发展阶段,根据他们的性别、遗传和个人主观特征给予引导和支撑,就有可能在他们心灵内部树立起迎战情感(能力)"模糊性""不完美性"的勇气、信心和动力,从而培育并提升积极的情感品质,并且尽可能地降低情感潜能向负面方向发展以及它们对个体成长的消极作用的概率。

因此,大胆地尝试、学习,积极的信念和开放发展的思维观点,都有助于少年儿童对于情感的能力的发展,并且最终帮助他们把自我情感品质的提高与人生境界和修养的提升联系起来,通过培养自己的情感品质自觉塑造

---

① [苏]苏霍姆林斯基:《苏霍姆林斯基选集》(第3卷),蔡汀等主编,北京:教育科学出版社,2001:741.

高尚的人生境界。所以,"对于情感的能力"的培育还与学生个人的认识水平以及他们的道德境界和道德水平相关。"对于情感的能力"的培育是一个具有价值导向的过程,良好的伦理环境和主观上积极向上的道德境界无疑是具有"教育性"和"教育意义"的。无论是教育者还是学习者,是否能够很好地培育、发挥对于情感的正向能力,而避免、阻止或者减少对于情感的负向能力,是受到个人的知识水平、道德境界(尤其是道德敏感)等因素影响的。具有较高知识水平、对他人和自己的认识更全面,对世界认识更完整的人,也就能够更好地调节自己的情绪情感,并根据他人和环境的不同,选择运用合适的方式来表达情感;而一个有着高尚道德品质的人,一个生怕自己的言行举止会对他人造成不当影响的人,一个保持有恰当的道德敏感的人,也一定时时处处注意体会自己和他人的情感状态,倾听自己和他人言行背后的含义,从而自觉地寻求恰当的方式在情感上作出更好、更适恰合理的回应。

在现代社会中,不管是外部环境还是内部环境都出现了一些共同的、相互牵连的不利于情感潜能现实化和情感发展的新问题。教育者既应该注意孩子自身或者成人世界中的负面和消极情绪情感、心理环境等对于孩子成长的影响,又应该密切关注家庭、学校、社区、社会以及网络媒体、同伴交往等各种外部环境中的情绪情感源在孩子情感乃至整个人生发展中的作用,对它们加以积极有效地善用,发挥其在孩子积极情感发展方面的正面作用,而避免其对情感发展的负面和消极影响。而且,如果教育者能够协调内外部环境之间的关系,那么就可以在教育中综合运用各种因素,既形成对情感积极作用的及时、适当的应答与保护,又可以减少甚至避免情绪情感负面和消极作用对孩子们成长造成的不必要的阻碍与伤害;既支持孩子积极情感能力的发挥,又在环境和根源上切断不利于情感成长的恶性因素。

3.理性反思,从"经验常识"走向"理论自觉"

认识情感潜能的特征,既意味着对这些特征的尊重,同时也要主动创造条件支持、引导其中积极的、有利于情感品质提升和人的发展的部分现实化。在这个基础上,还应该进一步明确教育活动在其中的地位、价值以及在情感发展方面的"可为"及其"边界"。从而一方面用"包容的"态度认识和处理包括情感在内的学生一切方面的发展;另一方面,用审慎的角度看待教育在情感及其一切方面发展中的作用和力量。

首先,无论作为学生的未成年人还是作为教育者的家长和教师自身,其情感(能力)都不是确定不变的。情感(能力)的不确定表现在多方面、多维度上,既有积极的也有消极的;既有显现的也有潜在的,它意味着"偶然性"。这就要求教育者一方面用辩证的眼光看待、甄别情感在人的发展中的多面作用,从而在教育实践中既创造条件显现、发挥并引导情感对人发展的协调的、积极的影响;又尽量避免和降低那些负面情绪情感体验给孩子成长带来的消极影响,特别是减少、化解不同类型情感之间的矛盾和冲突,发挥情感在促进孩子成长与发展中的合力。另一方面,在情感潜能的现实化中,教育者还应当用辩证的、包容性的态度来认识和处理个体身上表现出来的各种看似"对于情感的能力"的差异、不协调甚至是冲突。例如有的人更善于用外显的方式表达自己的情感,有的人则更善于用含蓄的方式表达自己的情绪情感;女性被认为在情感上更敏感、细腻,男性则被认为更迟钝、粗心,等等。事实上,很多时候,这些"差异"和"不同"并无对错之分,它们只是由于受到复杂的时间、空间以及个体主观条件和因素影响的结果。它们的存在不仅不是,也不能代表学生"对于情感能力"的高低优劣,而且还体现了情感的多样差异性,丰富了人的精神世界和人类生活——与其说女性比男性情感丰富,倒不如说女性在情感的表达方式上比男性更多样、丰富;而男性也不是缺少情感,只是在情感表达的方式上不同于女性罢了。

其次,"教育"本身在情感潜能的现实化以及情感培育方面的作用是相对的。以"对于情感的能力"来说,教育者只有结合具体的主客观条件进行综合判断,才能够在日常生活以及(情感)教育中避免由于统一的认识标准所引起的对孩子的不当态度和行为。还以男性和女性情感为例,自然遗传的性别差异所造成的男女在"情感"以及"对于情感的能力"方面的不同是正常的。用女性情感代替整个人类的情感,不仅是对"情感"作为一种"潜能"特点的认识不够,而且也是不符合自然事实的;同样的,用外在的"情感表达能力"代替整个的"对于情感的能力"也是不妥当的,因为不仅每个人对情感的表达方式不同,而且每个人对于情感的能力也不仅仅体现在情感表达一个方面。在情感教育的研究和教学中,看到男性和女性在情感研究和教学中的各自特点和差异,就可以丰富情感教育的方式和风格。相反,如果笼统地以"女性比男性情感更丰富细腻"这一粗浅的判断为理由,而把情感教育的任务推卸给母亲或者女教师,不仅在理论上是对作为潜能的"情感"特征的一种误判,也会造成实际中不利于学生"情感"以及"情感潜能"发展和外显的状况。教师只能从差异的情感表达方式入手进行男女生差异的情感教育,而不能用差异的表达方式武断地判断女性在表达情感的能力方面比男性更好,并由此而忽视对女学生情感表达能力的关注。这就是说,无论家庭的教养还是学校中的教育活动,在情感的培育、引导和发展方面的作用是有限的。教育者一方面应该看到,作为潜能的"情感"不是固定不变的,学生个体在情感方面的不足、缺失等都是有可能通过教育加以培育和提升的;另一方面,又必须要自觉地明确,教育在个体情感发展以及情感潜能现实化方面的作用是有限的。教育,尤其是学校教育只是广泛社会生活中的一部分,而以劳动为基础的社会实践才是情感潜能现实化并促进人类情感发展的最终力量。教育者既不能狂妄自大,认为教育可以包办一切,从而将培养情感极端化为对学生情感的束缚和控制;也无须妄自菲薄,认为教育在情感发展方面束手无策。

二、两种情感动能的教育意义

"人类根据对自己行为的调控,为他们自己制定了法则或规则,并确定了他们遵守的理念。"①人的理念是其主观性的集中体现,而主观性本身是包含多种成分在内的,"它由生理、心理、认知和有意行动四种机制构成一个大系统"②,其中有认知、注意、判断、情感、意志、审美,等等。因此,主观性本身就与情感有密切联系,情感是构成人的主观能动性的重要维度,与情感有关的认知、意愿、信念等也就成为促进情感潜能现实化并提升个体情感品质的内在动力,为情感潜能的现实化提供主观条件上的支持与保障,是情感实践在个体主观层面上的主要形式与体现。

(一)情感辨识及其教育学意义

对于情感的辨识既是个体主观性在情感认知方面的重要体现,也反映了情感认知与理智认知相区别的特征,是个体情感潜能现实化以及促进个体情感品质提升的特殊的内部因素之一。

1.从理智认知到自我认知:"情感辨识"的特殊性

在广泛的社会实践中,人不断地成为他自己。与情感相关的人的主观能动性也首先体现在人对于他们自身的意识上。"人们对情境作出反应的方式

---

① [美]谢弗勒:《人类的潜能》,石中英、涂元玲译,上海:华东师范大学出版社,2005:25.
② 齐先海:《主观能动性的机制与特征试探》,《湖南师范大学社会科学学报》,1990(5):15.

受到提高情感能量动机的指导，这种动机常常处于有意识的反思和自我对话之外。这是大脑的语言，是情绪生物方面的神经联结直接指导自我组织反应的表现。"①也就是说，在个体"自我"意识的形成上，人的情绪情感发挥着重要的作用。反过来说，个体的认知与思考，尤其是对自我的认知与反思是与他们的情绪情感密切相连的——因为对于自我的认知常常是既在理智之内，又超出理智之外的。一个人无法仅仅依靠学习来认识自己，而必须通过向内的体验和"自我反思"，从而在心灵和精神冲突中形成"自我"概念。"如何认识你自己"必然是与心灵和精神相伴随的"内部支持"相关。所以个体指向内部的体认、觉察、辨识无不带有强烈而鲜明的主观色彩，这种"内部指向"的认知形式既是情绪情感深度参与的过程，也反过来影响个体情绪情感发展（例如，自我得到证实，有利于出现积极情感；自我没有得到证实，则出现负面情感）。它使得个体可能在"自我"层面，用区别于理智认知的方式反思自己的情感，并推己及人，从而在广泛的社会实践中体认别人的情感，因此是一种十分复杂的个人心理和主观意识的过程，也是人的情感潜能现实化和情感品质提升的内动力之一。

其中，对于情感的辨识便是与这种对自我的认知、反思密切相关的个体主观能动性的一部分，它对情感潜能的现实化有着基础性的影响。不同于简单的理智认知过程，对于情感的认识以及对不同情感类型之间的区分和辨别并不是（或者主要不是）用机械的、概念化的，甚至是模式化的、确定性的认知和思维方式（部分地）来进行的，而是依赖情感本身，在情感中认识情感，在情感中进行对情感的"内向反思"——它是一种有认知参与的，但是又不同于一般性的理智认知的反思。在理智认知中，我们主要借助一定的符

---

① ［美］特纳、斯戴兹：《情感社会学》，孙俊才、文军译，上海：上海人民出版社，2007：79.

号、概念和程序系统来理性化的思考,它尽管可以从文化与认知的层面帮助我们获得对情感意义的确证,但是就对情感的认知而言,这种确证依然只是粗浅的、不完整的,也是难以在深层次上触碰到情感本身,更难以与情感相等同,甚至有时候还会出现对情感错误的"揣测"。"世界上最难猜透的是人心""人心叵测"等,无不说明理智认知在认识情感方面的局限。

因此,我们把这种对于情感的认知的特殊方式概括为情感辨识。就作为一种情感能力而言,它意指对情绪情感的辨别、认识能力。与对"客观知识"的辨识和理智认知的过程不同,对于情绪情感的认识、辨别过程更复杂,也是受到多种因素影响的,它不仅与理性认知相关,而且需要以体验为基础,在"直面情感"中"以情认情"。

首先,对于情感的认识是一个特殊的复杂过程。以情感"状态"为例,个体如何更好地认识、知觉自己或他人所处的情感状态?这个看似简单的一瞬间发生的事情实际上是有着复杂的基础和过程的,粗略地看,至少需要有这样几个过程:一是对自己或他人的历史和生活经历、所处状况的了解;二是在了解基础上的体验(其中包括感受、移情);三是调动自己记忆和认知中以往的情绪情感成分,找到它们与当前状态的"契合点"以及相同的神经感受;最后,在思维层面进行"归类",将这种"感受"与已有"记忆"中的情感经验连接起来,把它们归入可以命名的情绪情感类别中,从而判断自己或他人所处的情绪情感状态。可见,尽管认识到某一种情感状态只是一瞬间的,甚至也来不及作过多地认真思考,但是在其背后隐含着复杂的心理、认知、思维等前提和条件,几乎可以说是调动了个体的一切内外活动参与其中。对情感状态的认识如此,对情感性质、需求、强度等其他方面的认识也是一样。表面上看,认识情感只是个体生活中司空见惯的、普通的认识和实践活动的一部分,但实际上牵涉诸多的与个体所有方面相关的因素参与。高级的对于情感的认识还指涉对与情感状态、性质、需求、强度等相关的原因、对象的认识,它们将直接地影响个体的整体发展和在实践中的行为选择。

其次,个体无论对于自己还是他人情绪情感的辨别,都是以对情绪情感的认识和体验为前提的。当个体认识到自己或他人处于某种情绪情感状态的时候,他自然也就在认识情感状态的同时,辨别了情感。换句话说,认识到处于"这种"情绪情感状态中,自然也就排除了除此之外的"那种"情绪情感状态。对于情绪情感性质、强弱的辨别也同此道理。对情感的认识和辨别能力之间的这种联系是以情感的"两极性"为依据的。例如,当一个人说,"我现在很高兴",那么这句话不仅意味着他知道"高兴"这一情绪情感状态是什么样子,而且同时意味着他知道"不高兴"的情绪情感状态是什么样子,从而也就同时辨别了"高兴"与"不高兴"两种情感。因此,对于情感的辨别能力是与对情感的认识能力相联系的,也就是说,它既是以"感受""移情"等情感体验能力为基础的(例如通过"知他心",从而辨识他人的情绪情感),同时又是与"认知"(例如自我认知、反省与意识等,从而辨识自己的情绪情感)等人的发展阶段中的其他因素共同发展、密不可分的。

最后,由于对情感的辨识与理性认知、情感体验能力等之间的密切关系,对于情感的辨识能力的强弱同样会受到理性认知的准确性、符合性,情感体验的丰富性、深刻性等因素的影响。与"对于情感的辨识能力"相对的是"情感倒错"与"情感矛盾",前者主要是由于理性认知所引起的情感辨识问题,是指"情感反应与外界刺激性质和相应的内心体验不符。原因是,认识活动和情感反应之间失去协调"①。后者则是与对于情感的体验相关,就像我们在前面所说,丰富、深刻的情感体验可以使情感的类型更加复杂丰富,而复

---

① 中国大百科全书总编辑委员会编:《中国大百科全书·心理学》,北京:中国大百科全书出版社,1991:253.

杂丰富的多种类型的情感交织在一起，形成矛盾情感自然也就是难以避免的，在心理学中，矛盾情感主要是指，"对某人或某事同时引起两种截然相反的情感反应"①。可见，对于情感的辨识能力既与对于情感的体验能力紧密相关，同时又是受到多因素影响的。

2."情感辨识"的教育学意义

正是因为在个体主观层面上对于情感的辨识是一件不容易的事情，因此在情感教育乃至整个人的发展过程中就需要格外注意对学生以及一些相关人员的情感辨识，并引导发展他们的情感辨识能力，从而为情感上的自我教育和自我发展提供内部支持。

首先，在教育中引导、帮助学生自觉、合理地认识到自己在某一种情境下所处的情绪情感状态具有重要意义。与个体情绪发生的即时性、不稳定性等特征相关，很多时候个体是很难甚至并不能自觉地认识到自己所处的情绪情感状态的，或者对自己所处的情绪情感状态出现认识上的偏差和不适当的认识等也是常有的事情。前者表现为个体对于自己所处的情绪情感状态缺少或者没有意识，并不知道自己正处于某种情绪情感状态中；后者则表现为个体意识到自己正处于情绪情感状态中，但是对自己所处的情绪情感状态的判断和认识并不恰当甚至是错误的。不管哪一个方面，都是与个体的认知、自我意识的发展程度密切相关的。所以，在教育生活中，学生对自己情绪化的态度与行为"不自知"，或者不承认自己所处的情绪情感状态而"任性"、无法听取别人的意见等，都是值得引起教育者重视的。因为这些不仅不利于学生更好地认识、反思他们自己，从而影响到自身的发展成长，而且还会影响到同伴关系、师生关系，影响到教学活动的开展和教育教学效率的达

---

① 中国大百科全书总编辑委员会编：《中国大百科全书·心理学》，北京：中国大百科全书出版社，1991：253.

成。能否根据学生的认知发展特点，在具体的情境中有针对性地、有意识地带领学生讨论情绪情感，帮助他们自觉地、经常性地反思和认识他们自己的情绪情感，既关系到对学生"情感辨识"能力的培养，也是整个教育，特别是情感教育的重要内容之一。

其次，学生对于情感的"辨识"还表现为对于一般意义上的情感特征、规律和性质的辨识。引导教育学生真实地认识人的情绪情感特征和规律，同样对于他们情感的发展具有重要的"内部支撑"意义。它既意味着不将情感看作是非理性化的、浪漫化的乃至与理性和认知相对立的存在，也避免用完全客观化的科学唯理智主义的观点认识和处理人的情绪情感问题。实事求是地从人的存在出发，为着人的发展的情感教育，应该意味着对真实的、符合人的存在和发展规律的情绪情感观的回归。因此，教育者在实践中尤其应该帮助、引导个体认识到，情绪情感对于人的发展和成长的意义与我们对情绪情感的体验所带来的主观感受的性质不是完全对等的。正面的情绪情感体验并不一定具有积极的教育和发展意义；而负面的情绪情感体验也并不必然地不利于人的发展和教育。"快乐"的情感体验可以让人愉悦、增加人的信心，也可以让人自负和骄傲；"耻辱"的情感体验可以让人感到羞愧、难堪和不舒服，但是也可以帮助牢固人的自尊、塑造个体坚强和自律的道德品质。成长中的孩子既要追求那些正面的情绪情感体验，享受美好情感体验所带来的积极的生活和生命过程；又不能害怕、回避那些负面的情绪情感体验，尤其应该看到那些负面的却对人的发展具有积极意义的情绪情感的重要价值，适当、适时和适度的负面情绪情感体验有时候还会帮助我们更好地认识生活，收获成长。特别地，还要预防、警惕那些不利于人的发展的短暂和表面的正面情绪情感体验带给我们的"糖衣炮弹"。没有或者缺少这些对于情感的性质、特征和规律的辨识能力，个体的情感成长就会受到误导，整个人的发展自然也就是片面的。

再次，家长和教师作为普通社会成员中的一员，自然不可能逃脱他们自身以及整个社会环境的影响，从而也就并不可能人人都具有良好的情感能力和素质，更不可能在与孩子的相处中时时处处都表现出恰到好处的、具有教育意义的情绪情感状态。教育者以及我们共同生活的社会中的负面的、消极的情绪情感很容易直接或间接地被带到儿童与学生的生活中，从而影响到孩子们情绪情感的积极成长与发展。尤其是对于来自他人的那些负面的、不利于自身成长的情绪情感，学生儿童基本的辨别、判断和抵御能力对于他们自己的发展就具有重要的教育意义。例如对于教师和家长的负面的、伪装的甚至是不经意间的负面情绪情感，学生儿童应该能够辨识判断，从而在主观上避免因为对他人情绪情感的"不知""不识"而受其负面、消极甚至是错误的影响。在教育生活中，当我们为教师的一时疏忽和情绪化发泄所造成的教育悲剧而感到痛心的时候，又何尝不为学生由于不能辨别教师情绪情感的虚假真实状况，情感能力的欠缺而感到悲哀呢？

最后，鉴于人与人之间的密切关系，在教育中，教育者自身的"情感辨识"能力也十分重要。一方面，教师需要注重并且加强自己辨识学生情绪情感的能力。认识到情感影响因素的复杂性，通过对学生家庭、生活史和个性的全面把握与了解而认识学生的情绪情感是了解学生、因材施教和以生为本的前提，也是进行情感教育、提升学生情感能力的前提。具体来说，在教育教学中，教育者如果能够多考虑情绪情感的不同质料，通过借用多种不同的情感形式来认识、辨别学生的情绪情感状态，就有可能既提高自己的情感教育能力，又引导帮助学生自身情感能力的提高，从而获得情绪情感的积极健康发展。尤其要避免由于教师认识上的错误和不当所造成的情感矛盾、情感倒错以及对学生个体情绪情感发展特点的不了解，而使用错误的教育教学方式误导甚至是伤害到学生的情感与精神发展,造成不可挽回的教育悲剧。另一方面,教师对于他们自身情绪情感状态的认识辨别也特别重要,不仅关系到教师能否选择采用恰当的方式表达、调节自己的情绪情感,也是教师认识自我、反思自我的重要方面,从而与教师自己的职业认同和精神生命相联系,关系到教师职业的持续性和内在性发展。只有那些经常性地、自觉地认识并反思自己情绪情感状态的教师才有可能逐渐成长为一个经常体验职业幸福和职业成就的、具有深刻心理支撑和牢固精神内核与灵魂的教师。

(二)情感意愿及其教育学意义

作为自然界中的一员,人可以运用自己的主观能动性去认识自我,从而在"体认"而非"智思"的意义上寻找自身的意义,实现自我发展的价值。而作为自己命运的主宰,人还可以在主观上对自我存在和发展提出要求,并且在主观意识层面为自己寻找一个心灵和精神的家园。从而当外部客观环境不理想或者不如意的时候,他/她还可以在精神上得到安慰和寄托,在情感和信念上获得发展的自我动力和支持。前者体现了人在主观性上的认识与辨识能力,在情感中就表现为我们上面提到的对情感的辨识;后者则体现了人在主观性上的意愿与信念,在情感中表现为情感意愿以及与之相关的情感信念。

1.从客观发展到主观期待:"情感意愿"及其现代特征

情感与时空之间的密切关系已经不容置疑。一方面,情感要依托时空而产生、变化和发展;另一方面,作为个体主观性的一部分,情感本身又影响到我们对于时间和空间的界定与理解:高兴时,我们会觉得周围的一切都是明媚、和谐的;而即便是周围再美好的事物在一个悲伤的人看来,也不再那么美好与和谐。外部时空的条件中的情感发展固然重要,而内部精神上的主观期待也在情感发展中占有重要地位。人不仅通过"认知",而且借助"期待"来看待外部世界、审视自我。世界因为人而更美好,人也因为他自己在世界中的创造而收获情感上的成长和发展。①

人的主观性在情绪情感上的影响是如此重要,"客观世界对人的情绪情感会产生影响,而人的主观世界对人本身的情绪情感更有直接的影响。客观世界的刺激不能机械地决定人的情绪情感,而必须通过主观世界的因素才能起作用。主观的因素乃是个体全部心理过程和心理内容的综合体,是自然实体与社会实体的统一体,是物质与精神的统一体,具有巨大的能动性。所以强调人们主动地保持自身与自然环境、社会环境的平衡,保持自身心理环境的平衡,这对于保持积极的情绪情感状态具有重要的意义"②。因此,如果说情感的"客观发展"成为事实的话,那么这种发展所依据的内部动力——主观期待以及相关的情感意愿和信念则同样不容忽视。

所谓"情感意愿",就是指个体在主观层面上对于自我以及他人情感状态、性质和图景的一种期许、愿望和憧憬,它与个人的信念与精神紧密相连。情感意愿既受到情感的状态、性质等的影响和支配,又反过来影响到个体对于自我情感的各种能力。作为一种主观心理层面的个人思维和精神,情感意愿受到人的认知状况、个体从过去一直持续到现在所形成的情绪色调以及个体对于自己将来情感状态的期许等的影响;同时,它又通过认知、过去的

---

① 情绪情感的这种看似既有的"客观事实"状态不仅是实际存在的,而且造成对情绪情感的认识上的诸多"偏见",它直接来源于人们对情绪情感研究上的倾向:在很长一段历史时期以内,人们对情绪情感的研究与认识主要集中在它的语词意义的分析上,因为表示情绪情感的语词大多是被动式的结构,如"amazed"(吃惊的)、"depressed"(沮丧的)等,因此人们在情绪情感面前也是被动的、无能为力的。对情绪情感的认识与研究就是要找到回避、控制它们的方法,研究的结论就是要贬低情绪情感在人类生活与个人生命中的地位。

② 黄仁发等:《情感与人生》,上海:上海教育出版社,1988:序言2-3.

情绪色调以及期许等对人的情感产生影响。

首先，个体的认知水平和性质会直接影响到他们对于情感的期许和憧憬，从而影响情感状态与情感性质。心理学和认知科学的研究早就已经表明，经常性地在认知层面直接地谈论、研究和思考情绪情感状况、性质、问题等，有助于我们更好地认识（他人或者自己的）情感，并且更合适地处理和应对各种各样具体的情感问题。因此，不仅个人的知识水平和理智上的认知水平，而且个体对于情绪情感的认识水平等都会影响到他对于情感的认识和理解。而无论是对于自己还是他人的过去抑或现在的情感状况、性质的认识与评判等，都是个人情感意愿的重要影响源。因为，只有个人在整体认知上达到一定的程度，并且能够对自己或别人从过去一直持续到现在的情绪情感状态有一个合理的评价和认识，他/她才能够对这种情感状态有所思考，从而才能够在注意和意识等主观心理和精神层面有意识地期待这种情绪情感状态得到维持、调整或者憧憬另一种情感图景等。

其次，有的人能够很快并且较为准确地对自己或者他人所处的情绪情感状态进行判断，而有的人却无论对自己还是他人所处的情绪情感状态的判断都较为缓慢甚至也不是很准确。其中除了与个人的认知有关之外，也与个体从过去到现在所长期形成的情绪情感色调有关。这就是为什么有的人虽然也会处于悲伤情绪之中，但能够很快认识到自己的这种状态是不应该有的，并且可以以较快的速度从这种悲伤情绪中走出来，用更加理智和积极的态度去面对生活；而有的人则一旦处于悲伤情绪中，甚至他也知道不应该长期或者经常性地有这样的情绪情感，可是依然很难从这种情绪中走出来，甚至往往要在其中挣扎很久。前者很可能在其长期的生活经历和情感经验中形成一种相对较为稳定的积极乐观的情绪情感色调，即便是偶尔的悲伤与不愉快，也不会影响他对积极情感的向往和向积极情感的转变；而在后者的情绪情感色调中,很可能就是消极迟钝的情绪情感色调和倾向更多,一旦遇到悲伤的事情,就会更加悲伤,并且也很难迅速地在主观心理上进行自我"救助"与"暗示",从而摆脱或者逃离这种负面的情绪情感状态。所以,个体的生活经历和在这个过程中形成的情感色调会在个人精神中形成一种不自觉的"情感定势",这种定势会在主观意愿上以一种间接的、隐性的方式影响到个体对于情感的认识、理解和判断,从而影响到个体在主观意愿上做出改变情感、调节情感或者发展情感的决心、态度和计划。

最后,就情感的状况而言,如果个体认识到自己所处的情感状态,并且在这个基础上,对于一种理想中的情感状态有一个主观上的期待,例如可能认为目前的状态并不是自己希望的状态,或者在主观上有一个更好的情感状态的预设目标,那么他就会相应地积极主动去寻找改变当前情绪情感状态的方法,在主观层面上向往、期待能够改变目前的情绪情感状态,向着理想中的状态、以理想中的情感状态为目标来调整和改变自己的情绪情感;相反,如果没有对目前情感状态的认识和基于这个认识基础上的"不满足"以及对理想情感状态的期许和预设,那么个体则不会表现出明显的情感意愿,当然,也就更不会在行动上去寻求改变、发展和培育情感的方法与途径。

当然,正如恩格斯所说,"最终的结果总是从许多单个的意志的相互冲突中产生出来的,而其中每一个意志,又是由于许多特殊的生活条件,才成为它所成为的那样"①。一切主观能动性都依赖于特定的历史阶段,是特定时代中的主观意愿和精神,因此也是时代精神在个人心理和精神上的或多或少的浓缩、反应和体现。情感意愿也不能例外。个体对于(自己或他人)情感的期许,都是在一定历史背景中展开的。个体所能做的,也就是在他自己所

---

① 《马克思恩格斯文集》(第十卷),北京:人民出版社,2009:592.

处的历史阶段中参与、认识、思考、创造甚至是改变这个历史和时代。个体的情感意愿受制于一定的历史时代中的伦理、价值和情感风气，无论是作为认识和改变情感的动力，还是作为对自己或他人的（理想）情感状态的期许和期盼，都是要与时代的背景和状况结合起来才有意义，才会更加深厚并且能够持久。而且，越是那些深沉的情感、那些对于积极情感的定义、那些寻求个人生活意义与美好生活态度的情感，越是个人的小情感与对社会的大情感之间的紧密结合。个体只有把一种"美好的积极情感"的定义与他所处的时代精神放在一起进行考察，把个人的"小情感"与他基于社会和时代认识基础上的"大情怀"联系在一起来认识，才有可能找到对积极情感的期许，才会更有办法去面对和解决自己日常生活中的"小情感"问题，才可能在时代精神中寻找并定位自己的情感问题，建立自己的情感信念，用合适的情感意愿去主动地改变、建设自己的生活，也改变建设社会。在此意义上，情感意愿是个体主观的情感期待、憧憬和信念，更是对个体所处的时代精神和问题的回应，是立足时代基础上的，对自我情感的一种诊断、回应和期待，情感意愿具有时代的烙印。如何在意愿上寻求积极的情感，寻求改变情感、培育情感，是与时代有关的，因而是对时代问题和个人生活之间关系的思考与回答，也是在自身所处的时代中寻求自己安身立命的情感归宿。

2."情感意愿"的教育学意义

如果说对于情感的辨识还多多少少有一些对象化的认知色彩的话，那么情感意愿与信念则在更大的程度上体现了人的主观性和这种主观性在情感潜能发展和情感品质提升方面的能动与自由。它使得个体可以在主观上通过自己的方式，运用自己的意志、情感、精神等来对情感及其发展做出某种期许、向往、调节，从而在一个自由的主观世界中树立自己积极向上的、坚定的情感信念与精神信仰，并以此应对来自一些主客观方面的挑战与冲击，保持可贵的美好人性,引领社会文明的进步。

首先,个体在情感上的意愿与信念充分说明了情感是自由的,而不是在时空中"被强加"和"被给定"的。情感意愿的这种特征凸显了个体主观性在情感潜能现实化以及情感教育方面的重要价值和地位,意味着在人的发展和教育中,情感的免于"被强加""被给定":"培养情感,这并不意味着要大家去谈论情感或者学习体验情感。……'情感是不能命令的'。如果说在一般培养工作中不容许有故意的和人为的做法,那么在培养情感素养时候,这两种做法特别有害。有这样一种刻板的公式:我给你讲什么,你就去理解什么,我要在你的心灵里树立什么,你就去感受什么,这样你就会成为一个好人——如果教师相信这样一种公式的效能和教育力量的话,崇高言语就会在少年的意识中变成不值钱的小分币。"①

一方面,情感需要在真实的时空中产生和培育;另一方面,这种在时空环境中进行的情感培育和发展根本上还是基于情感主体——学生个人的阅读、身心发展、交往活动等而自然生发的。情感不是教师或者家长教给学生的,而是教师和家长在引导学生成长过程中,以促进人的发展为目标,基于学生的发展状况,尤其是他们的情感发育特点进行引导和培育的。教育中对情感意愿的培育尤其应该注意与学生的情感辨识以及整个认知教育结合起来考虑:对于那些认知发展到一定程度,具有一定主观能动性和自我判断、认知能力的儿童学生,需要培育他们积极的发展情感和对美好情感的向往的愿望,帮助引导他们在体验的基础上,认识到(而不是被教育、被告知)积极情感与精神境界的重要性。从而一方面在儿童少年心中留下美好的情感经验与情感印象,另一方面,为他们发育积极的情感能力,参与复杂的社会

---

① [苏]苏霍姆林斯基:《公民的诞生》,黄之瑞等译,北京:教育科学出版社,2002:315-316.

生活提供较为积极稳定的内心动力支撑。归根结底，只有激起学生个人的主观认识、唤醒学生的主体意识并改变、发展他们积极的情感意愿，情感教育才会从"外部引导"过渡并最终转变为"内部需要"，情感以及与情感相关的人的心理、精神、意识等一切方面的改变和发展才会真正地在每一个学生个体内部发生，学生的(情感)发展也有可能在他自己的主观(情感)意愿的促成下，向着积极的方向迈进。

其次，对情感主动性的认可也就自然地意味着每个人在自己的主观层面能够对情感变化和成长有所作为。人们，尤其是教育者应该要有积极的情感意愿，要相信学生内部的自我驱动力，尤其是情感意愿在改变、引导情感生长和人的发展中的巨大作用，从而相信情感潜能以及情感教育都是可以、可能通过一些方式、方法进行培育和引导的。无论作为教育者的家长、教师还是儿童少年自身，都应该并且可能在主观上意愿并行动起来，积极地寻求、传递情感正能量，而不是被动地接受外部时空的既有影响。社会中的每一个成员既是自己情感的主人，同时也是他人情感的影响者。我们每个人都可以通过自己的热情和行动来影响环境，从而在个体主观精神层面和与他人的交往中培养自己积极情感的同时，也积极地影响别人的情感状态，使得这一主观的情感氛围从个人扩展到他人、社会，并形成一个良性的循环活动，促进人的发展。

同时，学生自己的情感意愿在他们情感的发展中也是十分重要的，他们在自我情感的发育和成长中发挥着主要的作用，一切的情感产生和发生变化最终都还是要依赖于学生自己主动的认识和积极的自我期望。"未来的学校必须把教育的对象变成自己教育自己的主体。受教育的人必须成为教育他自己的人；别人的教育必须成为这个人自己的教育。这种个人同他自己的关系的根本转变，是今后几十年内科学与技术革命中教育所面临的最困难的一个问题。"①所以,教育者和成人要多和他们谈论情感,培养他们对自我情感的认知水平。要在孩子的心灵中建立起积极的情感色调和积极的情感联接,尤其是对伦理的、美的感受、认识和追求,以便他们能够在情感和内心深处形成积极的情感信念和人生观、价值观,从而在将来的成长和发展中更好地面对复杂多变的社会生活。因为只有"当一个人看到晚霞和蓝天上飘浮的云彩时能发现它们的美,当一个人能聆听夜莺的歌唱并赞赏空间的美时,他才成为一个人"②。除此之外,教育者还应当引导帮助少年儿童建立积极的情感信念(道德情感)和情感意愿,在他们幼小的心灵中埋下善良的种子。苏霍姆林斯基曾经深情地说:"多年的经验使我坚信:在青少年中间产生不道德行为的根源就在于知识浅薄、愚昧无知和感情贫乏"③,"如果一个少年不去恨人压迫人的现象,不去恨那个一切都可以进行买卖的可怕的世界,而是去恨年龄与自己相仿而手表和大衣比自己高级的人,这就种下了恶果"④。

最后,人的发展和个体情感的发育都不是在真空中完成的,而是依赖于一定的时代背景。时代的状况既在客观上构成并影响个体情感的发展,也通过个体的主观性影响到他们对于情感的意愿。现实客观的社会和时代环境的状况也就更加决定并且凸显了个人主观环境(情感意愿)在情感发展和教育中的重要价值。因为,在一个多样化的、瞬息万变的社会和时代中,要想在个体的主观层面保持永远稳定不变的、积极的情感环境就更是一件不容易的事情。相反,一方面,由于受到客观大环境的影响,个人的情感出现了很多前所未有的问题和挑战,现时代的个人情感问题表现出强烈的时代特征;另

---

① 联合国教科文组织国际教育发展委员会编著:《学会生存:教育世界的今天和明天》,华东师范大学比较教育研究所译,北京:教育科学出版社,1996:200.
② [苏]苏霍姆林斯基:《公民的诞生》,黄之瑞等译,北京:教育科学出版社,2002:291.
③ [苏]苏霍姆林斯基:《公民的诞生》,黄之瑞等译,北京:教育科学出版社,2002:201.
④ [苏]苏霍姆林斯基:《公民的诞生》,黄之瑞等译,北京:教育科学出版社,2002:201.

一方面,身处这样的大环境中,个体主观上的情感意愿以及与此相关的情感信念等也同样面临深刻的危机与挑战。尤其是面对各种物质诱惑、价值观冲突和极端的个人主义思想的影响,很多人往往以社会大环境的问题作为自己放弃追求积极向上的情感理想和精神信念的理由。在这样一种情况下,即便是那些积极努力地寻求精神出路,希望获得情感与信念成长的人,也时常会因为受到身临其境的现实挑战、诱惑与刺激,而变得将信将疑,他们一方面希望向往、追求美好的情感、信念和精神,另一方面又常常被残酷无情的现实所冲击,在理想与现实、精神与物质、信仰与媚俗之间痛苦地挣扎徘徊。

三、情感实践的形式、表征与目的

作为人的核心素质之一,情感的重要性已经不言而喻,但是情感能力又并非是与生俱来或者自然形成的。作为一种潜能的情感既有它本身的复杂性,也意味着对情感进行引导教育的可能性与必要性——情感能力是有可能通过一定的方式方法进行引导培育的。而且,无论是促进个体意义上的人的发展还是对整体意义上人类文明的进步而言,对情感进行教育都是必要的。甚至可以说,情感教育的过程就是在尊重情感发展规律的前提下,立足广泛的生活和社会实践,对个体的情感潜能进行引导、培育,促使它们不断向着积极的、有利于促进人的发展的方向现实化并获得新的生长的过程。

然而人既是独立的人,也是群体的人;在人类社会中,"人并不仅仅是自然生成的人,还是力图自我塑造的人"①。无论狭义还是广义上的情感能

---

① [加]马克斯·范梅南:《生活体验研究:人文科学视野中的教育学》,宋广文等译,北京:教育科学出版社,2003:6.

力①,都必须要体现并反映在一定的人的生活过程中。作为一种潜能的人的情感如果要现实化,也必须依赖这种生活过程。一切的情感发展、情感教育都必须要依赖这种社会实践,在社会实践活动中展开并在其中获得支持与保障。

(一)移情作为主体间情感实践的主要形式

人的主观能动性不仅指向自我内部的精神世界,也指向外部他人和环境。人不仅可以在主观上辨识情感、期待情感并发展出一个充盈精神与信念的内部世界,而且要在参与社会生产和生活劳动中不断地进行对象化的实践活动,在实践中既改变外部世界,也发展自己的主观世界,其中就包括自己的情感。

正是在一切"对象化"的、"对于……"的实践活动中,人开始走出他自身狭小的内部世界,走向一个群体的、有他人存在的外部世界。在面对一个个

---

① 从教育的角度来看,一方面,已经知道的情感在人的发展中的作用和能力主要表现为情感作为"人类生存的适应机制""认识发展的动力机制""行为选择的评价机制"以及"生命的享用机制"等方面所体现出来的情感能力。(对于情感在人的发展中的这几个方面的能力和作用,可以参见朱小蔓:《情感教育论纲》(第二版),北京:人民出版社,2007:8-17.)我们认为,就其教育启发和对人的发展的具体意义而言,教育者同样应该充分利用好情感在人的发展和教育中的能力,发挥其积极的、有利于促进人的教育和发展向着更好的方向进步的能力,而尽量地避免和消解其对人的发展和教育的不利方面的能力。例如,微观层面,利用作为一种能动力的情感,促进学生认知学习的兴趣(如对于注意力、好奇心的使用和关注)、培养学生的自主人格(如对于向往心、自信心的使用和关注)、培养良好的道德品质(如对于自尊心、羞耻心的使用和关注);中观层面,通过并利用情感在个体中的作用促进师生交往互动、班集体建设及学校文化建设,等等。

另一方面,人要对自己的生活以及与生活相关的一切(包括情感)进行对象化的探索与反思,从而不断地增进自己理解并更好地融入这个世界的能力。因此,就情感的发展来说,我们往往又将(特别是外显的)"对于情感的能力",指称狭义上的情感能力,"我们把这种外化的、有外在功能体现的方式称为情感能力"(参见朱小蔓:《情感教育论纲》(第二版),北京:人民出版社,2007:113),从而把"对于情感的能力"的培养、教育认为是情感能力发展和教育的核心与重点。

与他自身一样的"主体"中,在"主体间"共同的社会实践中,人与人的"共在"成为可能,而生命与生命之间、情感与情感之间的碰撞交融、互通互长无疑是这其中最值得关注,也是最丰富多彩的人类实践现象。

1.移情的特征

由于人都有"将知觉主体的活动与知觉对象的特性融合起来的倾向"①,因此,在社会实践领域,人首先在"联系"中建立他们与一切物体的关系,并且也在最基本的层面上与物体之间发生表层的、最简单的移情。它主要是个体以外部的"物"作为意向对象,将自己的情绪情感转移到其他物体和事物上,是一种借用他物来呈现、寄托、承载、表达自己的情绪情感的方式,有些类似于我们在前面所说的借用并通过一些具体的情感形式来表达自己的情感。这种"人对物"的移情表现为"人"将自己的情绪情感转移、放置在"物"上,实现物的"人化"。在这种情况下,移情的人"按照自己的观念,使自己感到惊奇的事物各有一种实体存在,正像儿童们把无生命的东西拿在手里跟它们游戏交谈,仿佛它们就是些活人"②。因此,这种意义上的移情,并不会带来事物的改变和变化,它只是人的一种情感寄托和转移,"移情,并不是指事物在人的情感作用下发生了形式的或质的变化,而是指人与事物在情感上的互渗和融和,外在事物成为主体显现情感和意愿的载体。移情……所遵循的是主体的情感趋向和愿望趋向(也叫作情感逻辑),而不是思维的推理的逻辑程序"③。而这也恰恰是人类思维活动的本有特征之一。

然而深层的、复杂的移情是"人与人"的移情,它深刻地体现为人与人的

① 张德兴主编:《二十世纪西方美学经典文本》(第1卷),上海:复旦大学出版社,2000:390.
② [意]维柯:《新科学》,朱光潜译,北京:商务印书馆,1989:182.
③ 刘渊,邱紫华:《维柯"诗性思维"的美学启示》,《华中师范大学学报》(人文社会科学版),2002(1):87.

互相理解、体会以及与人的行为背后的意义之间的关系所引起的情绪情感的变化。深层次的移情是与"自我"密切相关的情感能力,因为只有在社会实践基础上展开的交往活动中所发生情感、精神和心灵上的交流、变化,才有可能形成并发展"自我"。恰如米德所言,"自我必须用社会过程和交流来说明;必须在交流(即不同个体心灵之间的接触)成为可能之前,便把个体引入该过程的一种本质联系之中。单单身体还不是自我,只有当它在社会经验背景中发展了心灵,它才成为一个自我"①。因此,不同于"人对物"的移情,由于移情的双方都是各自具有情绪情感和鲜活生命的"人",都是在面对"他者"的状况下来不断地反观自我、认识自我并形成新的自我的过程。所以,人与人之间的移情不是简单地将自己的情绪情感转嫁到对方身上,更不是将对方作为自己情绪情感的载体和表达自己情感的形式与工具。它首先意味着对他人的认知和辨识,其中尤其包括对他人情绪情感状态的认知和辨识。表现为移情的一方能够站在对方的立场,甚至将外部的"他者"暂时性地当作内部"自我"的一部分,基于自己的感受去理解别人的感受、情绪和情感状态的能力。因此,深层的移情与体验密切相关,是一个十分复杂的身心共同参与的、全身心投入的人的身体、心理以及精神和万事万物的交融、互动过程,它需要全副生命的参与。正如狄尔泰所言,"体验不是作为一个对象站立于认识者的对面,对我来说,体验的此在(Dasein)与体验中所包含的内容之间是没有差别的"②。体验的主体存在于特定的物理时间和空间环境中,但"体验"本身则是可以超越时间和空间的,在这个意义上,体验也就与情绪情感密不可分,甚至可以认为,体验是移情的基础与前提。

---

① [美]米德:《心灵、自我与社会》,赵月瑟译,上海:上海译文出版社,1992:44.

② 朱松峰:《狄尔泰为海德格尔"指示"了什么——关于生活体验问题》,《江苏社会科学》,2006(3):32.

作为一种"对于情感的能力","人与人"之间的移情是一种体验基础上的"他心知"和"将心比心"的过程,真实的移情具有这样几个特征:①对别人的关注与注视,也就是在认知与意识层面注意到对方并且愿意、希望更好地认识和了解对方;②相信我们所看到的他人的情感状态是真实的;并且,③具有充分的认知、想象能力,不仅想象别人相信他自己目前所处的情绪情感状态是真实的,而且能够想象自己处于他人立场和角度的状况,从而在达到对他人较为全面的认识的基础上有情绪情感的激起和投入。由此可见,移情与认知、感受之间是不可分的,移情能力是受到个体情绪感受能力、情感认知和辨识能力的影响的。①"移情产生的情感并不是对他人命运的更深刻的理解,而是反映了我们对那个命运采取的立场:我们可以把它看作可能或虚构的、与自己有距离的,或允许它接近自己,像真实事件一样打动自己。"②真正的、深刻的移情一定是超越简单的感官层面的情绪情感传递,从而具有道德和价值意义。当然,作为一种与人的体验密切相关的情感能力,移情毕竟是需要诉诸感受感觉的情感上的同感共受,"移情既是对他人情绪的意识,又是与别人的情绪产生的共鸣","移情是复杂的认知和感受的融合过程。洞察不同情绪的能力,从他人的视角看问题,从而理解别人的情绪状态,并和其共同感受(feel with)或以同样的方式予以情绪性的回应"。③因此,移情的更高境界是基于认知和理解基础上的"共情"(empathy)。共情不仅在情绪情感层面将人联系起来,而且在认知和理解意义上具有高度的一致性。处于共情

---

① 对他人情感状态的错误的、不当的或者不符合情感实际状况的、不恰当(如错误地辨识、过度地揣摩他人情感等)的情感辨识都会影响移情,造成移情的不发生、受阻碍、错误或者错位、过度等。例如我们常常所说的"会错意""一厢情愿"等都是反映由于情感认识和辨识问题而导致的移情的偏差、错位和不当。

② [美]哈里斯:《儿童与情绪:认知心理的发展》,郭茜等译,北京:教育科学出版社,2012:58.

③ [美]贝克:《儿童发展》,吴颖等译,南京:江苏教育出版社,2002:567.

的两个人之间，往往在世界观、人生观等方面能够具有相似甚至共同的看法，从而表现为人格气质和人生境界方面的相似性。因此，良好、稳定的共情状态是人生"知己""同道"的基础和前提。

2.移情的教育学意义

作为人类社会中主体间情感实践的一种主要形式，移情在人的情感发展，尤其是个体情感的社会化方面的作用是至关重要的。移情不仅伴随着个体生命和情感的丰富与成长，而且是教育活动和学习过程中个体体验、德性发展以及交往等的情感基础。

首先，无论是将情感作为人的教育和发展中的影响因素和动力来看，还是将情感当作人存在和发展的一部分，移情都是伴随个体的情感发展，并与我们的成长与发展同在的。就前者来说，敏感、深刻、丰富的移情能力可以引起个体内心更细腻、难忘和丰富多样的神经反应与情感经验，从而在人的心理以及整个精神层面留下更坚固持久的烙印，进而影响到个体其他一切方面的发展；就后者来说，移情以及与它伴随而生的各种经验经历都是个体生活中的一部分，我们的记忆、想象，我们对于生活的感受、评价以及形成的价值观念和生活态度，等等，可以说，个体对于生活中的一切人、事、物的感受认识往往都是通过情绪情感体验来实现的。"通过在身体空间和外部空间之间形成一个相互蕴含的实践系统，世界中有许多意义的部分被身体整合到自己的经验中"①，在体验基础上所发生的移情赋予了个体生活与生命以社会意义。在一定程度上可以说，移情是我们参与社会生活，获得个体情感成长与人生意义的重要方式。

然而并非所有的移情都是有助于人的情感发展的，也并非越是细腻、深刻、敏感的移情越是有助于人的发展。为了人的更好发展，教育活动以及教

---

① 何静：《身体意象与身体图式——具身认知研究》，上海：华东师范大学出版社，2013:36.

育活动当中的一切教育者应该要引导和培育那些有利于个体发展的移情能力,引导孩子在生活中的积极移情,而避免或者消解那些不利于人的发展的移情。因此,一方面培养孩子适度的情绪情感敏感性是基础。因为缺少对于情感的敏感体验甚至情感淡漠是不利于孩子全身心地融入和感受他们周围的一切的,这就使得他们不仅难以与周围的他人和事物发生移情,从而获得情绪情感上的生长,而且也不能很好地去认识和了解他们自己以及他们所处的生活,从而也就不利于他们整个的人的社会性发展,并最终影响到生命和生活的质量。当然,反过来来说,孩子对于情感的过于敏感也是不必要的,因为它不仅会导致对情绪情感的不恰当的认识,而且会因为放大情绪情感的作用,甚至是受控于情绪情感而错误地、情绪化地对待和处理生活中的各种事务,从而不利于甚至伤害到自己与他人。另一方面,引导并培育有益于个体情感和整个人发展的积极移情能力具有重要的情感教育意义。因为个体的移情能力在主观上是与他 / 她情感的丰富与深刻程度相关的,也是与个体的认知判断和社会交往关系相关的。因此,在教育中,在认识影响移情的各种因素的基础上,综合个体认知、社会交往以及他们生活中重要他人的情绪情感的状况来加以引导培育,尤其注意培养孩子建立在深刻认识、信念和理解基础上的"共情"能力,帮助他们实现更深层次的真实的移情的发生①就

---

① 移情有时候是虚假的或者不能发生。这种情况往往是与个体的认知、信念有关的。即移情能否发生、成功与否,一个重要的原因在于我们是否愿意相信我们看到的别人的情感表现和情感状态是真实的,即它是受到情感辨识情况的影响的。只有认同别人的情感,才会在情感上有移情发生,如果不是这样,我们都不愿意相信我们看到的情感状态,那么也就很难有真实的移情发生。在现代社会中,由于多种复杂因素的影响,使得我们在信念层面发生了很多危机:无论是社会交往还是教育中,我们越来越不相信别人,越来越怀疑我们看到的现象,因此也就越来越怀疑别人情感的真实性,常常能够听到的那句话"某某某欺骗了我的感情",如今正在人们的心里和口头语中出现。如此,则很少能够去体别人的情感,难以有真正的移情发生也就是自然而然的事情了。它是造成社会信任危机、人与人之间以及整个社会中人情自私、道德冷漠的重要的情感根源。

特别重要。而对于认知发展和判断能力发育还不完善的儿童个体来说,还应该注意减少并尽量避免由于对他人负面情绪情感状态的移情(更确切地说是模仿)而导致的不利于孩子们自身(情感)成长和发展的状况发生。

因此,教育者是否能够根据个体发展的阶段性特点,渐次丰富并深化他们的情感体验就具有十分重要的教育意义。深刻而丰富的情感体验有利于在儿童身上形成刻骨铭心的情感记忆和神经反应,在教育和儿童的发展中,"要使少年对周围世界的各种现象,特别是人与人之间的相互关系经常感到激动不安,要促使他去体验各种感情——从亲切的同情和分担别人的不幸,一直到对于恶行的愤懑不平——这是非常重要的"①。但是情感以及情感体验本身的性质和特点也决定了,它并非总是正面积极的,生活和教育中不仅有欢乐、高兴,也时常会有痛苦和悲伤。丰富的情感体验从来就不会都是诸如"快乐""高兴"等正面、积极的情绪情感,它还包含着在生活经历和历史的宏大背景中所经历的悲剧与史诗般的哀伤、痛苦乃至不幸。因此,对于孩子的发展和教育而言,还必须要有这样的意识,既看到深刻情感体验的必要性,又看到他们情感体验发展的阶段性特点,特别是对于那些认知与整个人的发展还不成熟,大脑神经和各方面的判断能力等都还在生长和发育中的婴幼儿来说,应该尽可能少地让他们经历和体验负面色调的情绪情感,而尽可能多地深化和丰富他们积极正向的情感体验。如果在儿童早期的生命活动和生活经验中建立了正向的情绪情感神经联结,他们积极的情感经验和记忆就会得到保护,从而在儿童心中埋下善良和美好的种子,有助于他们应对以后复杂多变的社会生活。

当然,就像尼采所言,"仇恨、嫉妒、贪婪、权欲等情感都是生命的必要条

---

① [苏]苏霍姆林斯基:《公民的诞生》,黄之瑞等译,北京:教育科学出版社,2002:226.

件……是贯穿于整个人生的经营中的基本要素"①,如果"人们只想到怎样保护他们的孩子,这是不够的。应该教他成人后怎样保护他自己,教他经受得住命运的打击,教他不要把豪华和贫困看在眼里,教他在必要的时候,在冰岛的冰天雪地里或者马耳他岛的灼热的岩石上也能够生活"②。尤其是对于那些能够引起学生内心情感变化,并且有利于他们发展的负向情绪情感,教育者最不应该回避。"如果教师力图扑灭那种希望战胜邪恶而点燃的情感的火花,就会使少年养成冷漠和伪善的性格。"③因此,当儿童神经系统和整个人的发育不断成熟,认知、判断能力以及社会交往范围不断扩大的时候,教育者就应该逐渐、适度地提供给他们体验负向和消极色调情绪情感的机会,让他们感受多样色彩的生活,体验来自生活的挫折与困难,丰富和深化他们的情感体验。这不仅不会轻易地击垮他们,相反,如果有良好的认知和伦理道德教育的辅助,还会更加有利于增进他们"同情""正义"等社会性情感的发育,培养他们的道德感、审美感以及在生活经历和时空中的历史感,从而帮助他们实现情感的超越,达到理智与情感的同步螺旋式上升,做一个各方

---

① [英]德波顿:《哲学的慰藉》,资中筠译,上海:上海译文出版社,2004:262.
② [法]卢梭:《爱弥儿》,李平沤译,北京:商务印书馆,1978:14.
③ [苏]苏霍姆林斯基:《公民的诞生》,黄之瑞等译,北京:教育科学出版社,2002:53.

面都得到发展的人。①

其次,作为一种主体间的情感实践形式,移情毫无疑问地对教育活动中师生关系的建立和发展以及教师自身的情感发展具有重要意义。一方面,教育实践中情感空间的存在"先在地"决定了它对于交往的影响。因为在教育活动的实践中,不管教师还是学生以至于家长,人们之间几乎注定要或多或少、或深或浅地共同感受、被带入特定的情感空间中,因此教育活动中的情感氛围以及人们彼此之间的情感体验、移情等也就必然影响到人们之间的关系,尤其是师生关系。积极良好的情感氛围有助于生成积极的移情,从而可能丰富并深化师生之间的情感体验,帮助他们化解矛盾和误会,跨越沟通障碍,建立融洽和谐的师生关系;相反,消极、负面的情感氛围则会借助个体的情感体验和移情而影响良好师生关系的建立,甚至生成压制、逃避、对立的关系。据此可以认为,交往与情感的关系是互相的,交往影响情感,而情感状况也影响交往关系的发生、性质与持续。无论哪一个方面,都与个体的情感体验和移情密不可分的。

---

① 从这个意义上说,教育中的"挫折教育"的意义就更加凸出,而与此相应的,时下流行的教育中的"幸福感"一词就应该得到检视。无论在学生还是教师专业发展中,"学习是为了使生活更幸福""要增加教师的职业幸福感"等话语无论在日常生活还是学术研究中都经常出现,然而究竟什么是"幸福",尤其是在教育中,从人的发展的角度而言,应该如何定义"幸福"等问题却没有得到很好的认真的思考。我们认为,作为人的主观精神的构成部分,"幸福感"也是一种主体的情感体验,它不等同于简单的"快乐""高兴","幸福感"总是包含着苦难在内的,在经历和苦难中我们才有可能体会到"成就感"。试想,无论是学习、工作还是生活的任何方面,如果一个人没有经过自己的努力的过程,没有体会过过程的精彩与艰辛,那么也就很难说他/她会有多少幸福。在教育中,如果一个学生没有经历过自己努力学习的艰辛以及受教育过程的压力、竞争而通过一些其他的手段轻而易举地获得了成功,一位教师在一切其他方面都很好,却唯独得不到学生的欢迎,那么他们就很难有幸福感可言。"人的自我完成不是通过避免痛苦,而是通过承认痛苦是通向任何善的自然的、必经的步骤而达到的。"(参见[英]德波顿:《哲学的慰藉》,资中筠译,上海:上海译文出版社,2004:236)教育与个体成长中必要的、适度的负面情绪情感体验是有必要的,它能够在加深个体在精神层面的印象,从而增加生活与成长经历的价值,增加个体生活与学习中的成就感,帮助实现个体的发展与成长。

另一方面,在师生间的交往中,教师自身的情感体验以及移情能力也十分重要。教师是否能够放下成人的架子和固有的观点与成见,经常性地站在学生的角度思考与解决问题,感受学生的情绪情感状态,对于良好师生关系的建立和师生之间更好的沟通、交往等都是大有裨益的。而且,教师的情感和移情能力以及建立于其之上的师生关系又反过来影响到他们对自身情绪情感状态的体验能力。"真正的教育者是一个情感领域宽广的人,他能深刻地感受欢乐和忧愁、悲伤和惊恐、愤慨和恼怒。"①教师是否能够经常性地,甚至习惯性地体验到丰富深刻的生活,尤其是体验到教学生活的积极、美好的一面,从而享受生活和教学生活的乐趣,不仅影响到教师在教育生活中的情感状态,而且也会影响到教师自身的生活质量、生命状态和精神状况。"学术和人生是连在一起的……情怀是根性的,不是无源之水、无本之木"②,"如果这个世界显示在你面前,如果你感觉到每个儿童都有个性,如果每个儿童的喜悦和苦恼都敲打着你的心,引起你的思考、关怀和担心,那你就勇敢地选择崇高的教师工作为职业吧,你在其中能找到创造的喜悦"③。教师贫瘠的情感和肤浅的生活经验不仅不会让他感受到教育生活的乐趣,更不能帮助他更好地开展对学生的情感能力的培育工作。

(二)表达与调节:情感能力的两种主要表征

个体在社会实践过程中不断实现情感潜能的现实化并表征为一定的情

---

① [苏]苏霍姆林斯基:《苏霍姆林斯基选集》(第3卷),蔡汀等主编,北京:教育科学出版社,2001:771.

② 王平:《寓德于情,以爱育人——专访情感教育研究的开拓与实践者朱小蔓教授》,《教师教育研究》,2014(3):72-73.

③ [苏]苏霍姆林斯基:《苏霍姆林斯基选集》(第2卷),蔡汀等主编,北京:教育科学出版社,2001:536.

感能力。主观层面的情感辨识和情感意愿提供了情感能力形成与发展的内部动力，而主体间的移情则意味着个体情感的社会化并推动社会实践活动的进行，无论哪一个方面又都同时作为个体情感能力的一部分而存在。不过，在广泛的社会生活中，作为一种潜能的情感的发展和整个情感品质的提升既表现在其内隐的情感修养方面，也同时包括其外部的情感行为方面。作为社会中的人，个体在参与社会生活中的情感表达与情感调节活动以及由此表现出来的情感能力，就是他们内在情感修养外化的过程和主要能力体现。

1.情感表达及其教育意义

情感表达是指个体通过一定的方式、方法将自己内在的情绪情感状态或者对于外部环境（包括环境中的人、物、事件）的情绪情感反应表达、外化出来的能力与过程。情感表达既是个体社会生活实践中的情感活动，也是个体内在情感修养外化、情感潜能现实化的主要途径，是个体情感能力在社会实践和外部行为中的重要体现。因此，无论对于情感发展还是社会生活来说，都具有十分重要的价值和意义。

无论是从广泛的社会生活还是就个体的发展来说，表达情绪情感都既是个体生命活动过程以及生命成长的需要，也是增加社会沟通和信息传递、维护社会团结、集聚社会凝聚力的需要。就个体层面而言，情感表达又是与个人的性格、气质、认知、意愿、道德修养等多个方面的因素相关。情感表达的目的大概有这样几个方面：①发泄、释放情绪情感；②通过表达情感，更好地解释某件事情；③表达某种态度或看法；④寻求理解与支持；⑤表达某种对于别人或行为的认识，如满意程度、认同程度、理解程度、支持程度等。

但是在教育活动和为了人的更好发展的目的下，情感表达便具有一定的伦理性和目的性——为了生命的健康成长、促进人际沟通、社会进步等目的的情感表达意味着生活实践中的情感表达不是毫无约束、放纵甚至是肆无忌惮地表达。就我们的理解来看,为了人的更好发展的、有助于促进和支持情感发展与人的进步的情感表达应该至少需要有这样一些基本的前提:①体验到某种情绪情感,也就是说,具有(或处于)某种情绪情感状态中;②有一定的表达情感的意愿和愿望;③对自己或他人所处环境作综合认知与判断;④必要的时候分析自己或他人的情绪情感状态及其原因,体验、辨识当前的情感氛围;⑤分析情感表达的目的,并寻找一定的方式与途径来表达情感。

具体一点来说,在教育生活中,无论是作为教育者的教师和家长,还是作为学习者的学生,都需要学会恰当、适时、不违背伦理地释放、表达自己的情感,注意和培养自己的情感表达能力。特别是在教育生活和教学当中,尤其需要注意:①教育活动中的情感表达不是为了表演,也不是流于形式,更不是为了表达情感而表达。它应该指向促进人的更好的发展①。②情感表达的基础应该是基于深刻的自我情感体验,是建立在情感体验的基础上的学生个体"有感觉""有冲动",有表达的"欲望"的"要表达"。这时候外界的引导和培育会帮助学生选择合适的、具有教育意义的表达方式,使他们的情感表达从"要表达"走向"会表达",并最终实现"表达好"。③情感表达能力既是建

---

① 从这个意义上说,情感表达的真实性、回应、倾听等要求应该受到质疑和审视。就促进人的发展和教育而言,无论是真实的情感表达,情感表达中的回应、倾听等原则的设置都是以有利于人的更好的发展为前提和基础的。在具体的教育场景中,真实的情感表达并不必然地会有利于促进人的发展,而回应和倾听也是要视具体的个体情况和场景来确定的,作为教育者的家长和教师不可能,也没有必要对学生的所有情绪情感表现都给予回应和倾听。有时候,根据情况,有选择性地虚假的情感表达、适当的不回应、不倾听甚至会收到更好的教育效果,更有利于促进人的发展。比如教师对学生课堂上的小动作不予情感上的回应与反馈,久而久之,学生就可能会由于得不到回应而不去做这个动作了。因此,为了人的发展的情感表达、适时、适当和恰到好处的情感倾听与回应才是我们所需要的。

立在对于自己以及他人的情感的体验和辨识基础上的，也是建立在对自己和他人的(生活历史、生命史等)全面的认识和理解基础上的，是一个认知、判断、理解和情感共同参与的复杂过程。④教师的情感表达，除了释放、表达和传递自己的情绪情感，促进教师自我生命的发展之外，还应该考虑到作为一名专业的"教师"，其在教育教学活动中的情感表达对学生情感成长与发展的引领作用，尤其是对学生情感表达能力发展的影响。

　　因此，情感表达具有重要的教育意义，而在教育中培育并促进人的情感表达能力的发展也就是情感教育乃至整个教育的重要目标之一。不过不能令人满意的是，当前，无论是在广义的教育生活还是狭义的课堂教学中，由于各种主观和客观上的原因，学生和教师对于情感表达的认识和操作还普遍存在各种各样的误区甚至是错误：在日常的教育生活中，学生不敢在家长和教师面前释放、表达自己的真实情绪情感，在父母和老师面前，孩子为了迎合大人们对所谓的"好孩子""好学生"的期待，而竭力地伪装和压抑自己，不愿同父母和老师讲自己的心里话的现象已经司空见惯。而很大一部分的家长与教师由于受到"权威"和传统"师道尊严"观念影响，在与孩子的交往和相处中，依靠伪装自己、封闭自己内心，不与或者少与学生交流真情实感等方式来树立在他们面前的所谓"尊严"和"权威"形象的做法就更加普遍了……可以说，在今天的学校生活中，仍然"充满了做作的情绪，并因此在师生交往中产生了很多误解"①。

　　要想改变这种状况，除了调整自己的教育观念、交往方式以外，教育者还应该从影响情感表达的主客观因素，尤其是从对儿童生活以及他们认知、思维发展的规律的认识入手，体味儿童情感表达的特征，抓住情感表达能力

---

① Hargreaves, A. The Emotional Practice of Teaching. *Teaching and Teacher Education*, 1998a (14)：839.

培育和引导的"关键期"。一般而言,儿童认知发展水平越低,越是不怎么看重和在乎外界的期望与评价,也就越有可能表达出他们真实的情绪情感状态,因此情绪情感的形塑性也就越强;相反,随着认知的发展,与自我意识和认知的干扰相关,孩子们往往更看重外部对他们的期望与评价,从而在表达情感的时候有更多的顾虑,也就相应地在主观层面调整自己的情感表达,这就给教育者辨别、认识并针对他们的情绪情感特点进行引导教育造成一定的困难。应该说,此时,教育者创造坦诚、平等、尊重、积极安全的环境就显得特别重要,因为它能够帮助孩子放弃前见和心中的顾虑,愿意并且可能与成人交朋友,从而也能够更好、更充分地表达他们自己的情绪情感。①

而在课堂教学,尤其是现代课堂教学中,由于多媒体技术的介入,往往多的是教师利用一系列的媒体、方法和技巧诱导学生表达自己的情绪情感,而少的是那种扣动人心、激发学生兴趣和求知欲,引发学生深入思考和运用策略与艺术化地表达自己情感的情感教育场景。这样充满热闹与喝彩声的课堂,看起来热热闹闹,教师神采奕奕,学生也活泼快乐,但实际上很难说有多少真正的收获。师生之间只是满足临场的热闹之中,当下课铃声响起,一切又都恢复正常,学生对于上课的内容难以记忆犹新。这样的课堂教学效果也是可想而知的。相反,真正的充满情感的课堂教学并不在于多么热闹非凡,也不去追求教师的妙语连珠、学生的对答如流,它是真实的学习场景,其中有疑问、错误、幼稚甚至是矛盾冲突,这些都无关紧要。重要的是,教师、学

---

① 当然,认知水平对情感表达和情感教育的影响是"双面"的:较低的认知水平提供了情感教育更宽广、简易和可能的空间,但同时也由于孩子们在情感表达的形式、方法、技巧等方面的缺乏和薄弱,而增加了情感表达和整个情感教育工作的难度。反之,越是高级的、成熟的、复杂的认识水平,对情感表达(真实性、方式、途径等)的干扰与影响越大。如果认知在其中产生负面的、消极的影响的话,那么情感教育工作也就越显得复杂和艰难;而如果能够发挥正面、积极的作用,则会有助于推动情感表达能力的发展和情感教育工作的开展。所以,处理并利用好认知在情感表达能力发展中的作用,也是整个情感教育的一个重要方面。

生之间能够彼此信任和尊重,用真情投入、用真诚倾听、用真心尊重,彼此之间虽然没有激烈的争论和热闹的话语,但是一切都细腻、温婉,是一种带有道德审美的、沁人心脾的情感交流和表达的过程。这样的课堂教学环境往往让人流连忘返,正如雅斯贝尔斯所言,它"脱离了世俗的教育评价,成为师生双方积极投入、共同创造和享受幸福的过程。他们或愤或悱、或悲或喜、或怒或笑,忘掉了一切杂念,甚至也忘了下课的铃声"①,其中充满了浓浓的教育之美和人性与精神的光华。而在这种情感表达环境和教育实践中成长的人,他们的情感能力以及整个身心的发展也都会是充实、善良和美丽的。

2.情感调节及其教育意义

与情感表达相关,无论是对于个体生活还是社会发展来说,人们都不希望成为情绪的"奴隶",而应该并且也可能做情绪情感的"主人"。尤其是在教育活动中,为了人的发展的积极健康情感品质的提升,就更是离不开对情绪情感的调节。狭义上的对于情感的调节主要指对个体情绪情感状态的调节。广义上的个体的情感调节能力,不仅指对情绪情感状态的调节能力,还应该包括对与之相关的情绪情感状态的认识与反思能力、对情感的意愿和希求、实现情绪情感的作用并指导行为的能力等。由此可见,对于情感的调节能力也是有前提和目的的,它同样受到个体的认知、判断和反思能力以及社会文化环境等多种复杂因素的影响,并且指向一定的行为目的。不仅如此,对于情感的调节能力还受到个体对于情感的意愿和希求的指引,个人意愿、相信并且希冀的情感状态和情感作用会影响到对于情绪情感的调节,指引对于情感调节的"方向"和情感调节所产生的行为"影响"。

莎士比亚说,"适当的悲伤可以表示感情的深切,过度的伤心却可以证

---

① ［德］卡尔·雅斯贝尔斯:《什么是教育》,邹进译,北京:生活·读书·新知三联书店,1991:67.

明智慧的欠缺"。对情绪情感的适当调节不仅不会破坏情感的自由性,而且符合人的伦理和审美需要,符合生命成长和人类社会文明进步的吁求,是引导情感潜能向着积极方向现实化、促进社会和谐的保证。对于情感的发展来说,情感调节具有重要的教育意义。

首先,情绪情感伴随着人的存在而存在,与人的发展而发展,无论悲伤还是喜悦,都是情绪情感的一部分,也是生活的常态。但是对于以促进人的幸福生活为目标的教育来说,如何通过一些适当的方式方法来避免或者减少情绪情感对人的发展的负面影响,而提高情绪情感在人的发展(包括教育活动)中的积极作用则是一个富有教育意义的话题。这就需要在教育中,通过教育引导和帮助人(包括教育者和学生)适当地调节自己的情感状态和情感性质(转化情感),使其向着有利于个人健康、积善、审美的方向发展,防止情感的情绪化。它涉及情感调节的"目标"和"标准"两个方面。就其"目标"来说,它表现在两个方面:一是为了让情绪情感以及与此相关的心理、精神本身得到很好的安顿和向着积极健康的方向发展;二是要更好地发挥情绪情感在人发展中的正面积极的作用和机制,促进人的更好的发展。①就情感调

---

① 无论是认知的发展还是道德行为的养成,都有赖于对于情感的适当合理的调节作用的发挥。这是因为对于情感的调节,其影响不仅表现在情绪情感本身,它实际上是一个人的整体内部状态共同参与的过程,其中尤以个体的认知、思考的参与为主。正如我们在前文所言,对于情感的调节不是外部的命令和强制,而是主体内部自我的觉醒和要求使然。这种伴随情感调节而发生的主体整体内部状态的调动,无论对于促进认知学习还是德性养成,都是十分重要的内驱力,具有重要的价值和意义。因为只有依靠内在的力量,孩子才能在学习中返回到自我内心的深处去深刻地认知自我,从而不断地改进自我。然而可惜与不幸的是,今天的学校教育中(尤其是高中以升学为唯一目的的应试教育阶段),课堂灌输、填充的内容太满,没有或者很少能够给孩子们以自由想象和思考的时间,导致孩子没有喘息的机会,不仅难以感受到理智上带来的愉悦,而且也没有时间和心力来关照自己的内心世界,更不能在学习中体会到情感上的满足和快乐,对学习的兴趣也就一点点地丧失掉。因此,怎样创造安静、自由的环境,让孩子放弃语言、身份的束缚,发挥他们自己的认知作用,提升学习的自觉意识,获得"内在性"的发展,是值得思考和探索的问题。

节的"标准"来说,就是要尽可能地发挥情绪情感对人的发展和教育的促进作用,减少和避免其对人的发展和教育的阻碍作用。在教育中,尤其应该注意从伦理和审美的角度来调节人(教师和学生)的情绪情感,将道德知识、道德规范与道德情感融合起来看,用道德上的"美"作为调节情感和情感实践的标尺之一。因为正如哈奇森所言,"任何适度的情感和爱是无害的,它们中的许多甚至是可亲的,是道德上的善:我们具有感觉和情感,引导我们走向公共的善,也走向个人的善;走向德性,也走向其他种类的快乐"①。那些拥有良好道德修养的人,总是能够适度地表达自己的情感,使得他/她的情绪情感与自己的道德融在一起,成为一种无形的人格魅力。在这种魅力中,道德知识也好、规范也好、情感也好,已经不再是可以分割的部分,而是融合的整体。无论教师还是学生,都理应以此作为情感表达和情感教育的追求与标准。

其次,教师和学生的情感调节能力之间是互相影响的。在教育中,一方面,教育者需要引导和培育学生对于"他们自己"情绪情感的调节能力。学生对他们自己情感的调节是与其自身以及外部他人的状况相关,也是受到多种因素综合影响的。教育者需要综合考虑这些方面的因素,运用各种手段、方法来引导和帮助学生提升、发展他们对于自己情感的调节能力。另一方面,教育者,尤其是教师的情绪情感也会对学生产生影响。特别是教师对于自己的情绪情感的调节能力,将在很大程度上影响他/她在学生面前以什么样的情绪情感状态出现,从而在无形中影响到学生的情绪情感状态;而学生对于自己情绪情感的调节也同样就在这种潜移默化中受到教师的情感状态影响。教师良好的情绪情感状态会让学生"见贤思齐""耳濡目染",从而在无形中形成并保持积极良好的情绪情感状态和个人情感意愿,并在他们内部

① [加]查尔斯·泰勒:《自我的根源:现代认同的形成》,韩震等译,南京:译林出版社,2001:400–401.

形成自觉地调节自己情绪情感的意愿和能力。因此,教师"在任何情况下都要按照最初的内心冲动所要求的那样做——这种冲动总是最崇高的。但同时,教师还应当会用理智控制自己的内心冲动,不要屈服于自发的情绪。在对学生的错误、冒失,一句话,不正确的行为需作处理时,这一点尤为重要"①,它比外部的要求和说教的作用要大得多。

最后,教师对自己情绪情感的调节不仅影响学生,同样影响到教师自身的职业幸福感和生命与精神状态。"我们的劳动处于经常变化的局面中,有时令人十分激动,有时情绪抑制。因此,要善于掌握自己、克制自己,是一种最必要的能力。它既关系到教师的工作成就,也关系到他的健康。"②一位优秀的教师一定是一个能够根据一定的标准,特别是道德上的"美"的标准调节自己的情绪情感状态,同时又在良好健康的情感状态中与学生和谐相处,关怀学生,共同展开教学活动的教师。苏霍姆林斯基曾经很深有体会并意味深长地告诫我们,"如果我关怀儿童,并培养他们的这种态度,他们就爱惜我的心和我的神经,在我心情沉重甚至很难说话时能理解我。学生觉察到我有情绪,感觉到我心情很沉重,他们甚至说话也轻声轻气,避免吵闹,力图使我在课堂上和课间休息时都能尽量得到安宁。我亲爱的同行,这种心连心的感觉,善于看到别人的内心,是使你保持健康的永不枯竭的源泉"③。这种和谐的师生关系和良好的教学氛围不仅能够帮助并促进学生的健康成长与发展,也帮助教师自己在其中体会到教师职业的幸福感和成就感,感受到自己

---

① [苏]苏霍姆林斯基:《苏霍姆林斯基选集》(第2卷),蔡汀等主编,北京:教育科学出版社,2001:538.
② [苏]苏霍姆林斯基:《苏霍姆林斯基选集》(第2卷),蔡汀等主编,北京:教育科学出版社,2001:542.
③ [苏]苏霍姆林斯基:《苏霍姆林斯基选集》(第2卷),蔡汀等主编,北京:教育科学出版社,2001:549.

生命的价值与意义,收获内在精神的升华和人生境界的提升。

(三)人的发展作为情感教育的终极目的

个体的情感能力是一个整体,对于情感的辨识、意愿、体验、表达、调节等一切活动都是相互联系甚至同时发生的, 表现为复杂的内外共同作用的情感实践活动和过程。不过,对于促进人的发展而言,作为人类一种特殊的实践活动形式和过程,"教育"本身是有价值倾向和意义的。①任何情感能力要获得成长并促进人的发展,都必须以一定的价值标准作为其成长与发展的依据。如果不能为人的发展和教育提供积极正面的作用和帮助,那么这种情感能力就难以发挥教育价值、体现教育意义,从而也就难以具有 "教育性"。一切教育活动都应该将关心人的幸福生活作为出发点②,应该在教育和人的发展中,引导、培育对人的发展具有正面的、积极意义的情感能力。

而作为人的一种对象化的实践活动,教育所产生的作用又总是相互的,成长与发展也是共同的——儿童从成人那里学习, 成人也在儿童的成长中收获自己的成长与幸福。因此,通过教育活动促进人的情感潜能的现实化和

---

① 英国教育哲学家彼得斯对此作了很好的归纳与说明,认为"教育的意义"至少具有这样三个方面的内涵:第一,在具体目的上,教育所获得的"成就"必须是"善的"和"有价值的",在终极目的上,教育必须帮助人们获得健康的"生活形式",树立一般的世界观,而不局限于纯粹功利或职业目的的达成;第二,在方法上,取得成就的教育方式必须是道德的或无可非议的;第三,在过程中,教育必须是有利于学生自主性确立和发展的。(Peters,R.S.(1967).*The Concept of Education*,R.K.P. ,pp.2-4.转引自石中英:《教育哲学导论》,北京:北京师范大学出版社,2004:257)

② 关注人的情绪情感的发展,并不是要忽视或者排斥人的其他方面。相反,正是因为情绪情感在人的一切方面的发展中具有全局性、恒定性、持续性的影响,因此重视情绪情感的发展也就是重视人的发展,而在教育中关注人的情绪情感,也就是要从整个人的发展的角度来认识和理解情感教育的价值和意义。情感教育既是对狭义的情绪情感成长与发展的引导和培育,也是对人的生命和生活质量的关心。情感教育在根本上是一个引导人求真、向善、粹美的,"使人拥有追求幸福生活的智慧、力量、勇气和信心"的关乎生活幸福的教育话题。(详细可以参见王平:《情感教育:一个关乎生活幸福的教育命题》,《教育理论与实践》,2014(28):3-6)

情感品质的提升也是相互的，教育活动中的每个人自己的情感表达和调节能力不仅影响他自己的情感品质，而且还会影响到他人的情感表达和调节能力的发展，进而影响到他人情感品质的提升。在教育中，仅仅从一个方面强调培育学生的情感表达和调节能力是不够的，它还尤其应当关注处于相互"关系"当中的教育者们的情感能力和情感品质。特别是对作为一种专业的"教师"而言，简单地、单向地强调教师要培育学生的情感，引导学生情感能力的发展，还不足以体现这种对象化实践活动中的情感教育的特征。特别是在今天，教育中只是强调教师对学生的爱、关心已经不够了，它还必须要考虑并不断地追问："教师为什么要爱学生""教师爱学生的动力来自哪里"等问题。换句话说，教师也是人，无论是教育还是人的发展，都不是学生和未成年人的"特权"，教师是教育者，也是学习者和处于发展中的人。不仅学生需要发展，学生的情感能力需要得到培育，教师的情感能力同样应该受到关注，教师对学生的情感、对自己职业的情感同样需要得到重视。因为教师的情感状况和情感能力不仅指向学生，影响学生情感能力的发展，也指向自我，影响教师职业和自身生命的质量。教师在引导、培育学生的情感能力的同时，也获得自身情感能力的发展。

此外，还应该区分两种极端的"情感能力"情况：一种是不具有"情感能力"或者"情感能力"不够、脆弱等，我们将其简称为"能力不及"。在心理学上把这种由于"情感能力"的不及所导致的问题称之为情感障碍，它"主要有两大类：一类是发生在人与客观现实关系方面的情感障碍，如情感淡漠、情感倒错和矛盾情感等；另一类是影响整个精神生活的情绪异常，如情绪高涨、情绪低落、焦虑、强迫性情绪、情感爆发、易激惹、情感脆弱、强制性哭笑、情感衰退等"①。还有一种情况是拥有控制性的"情感能力"或者"情感能力"理性化,我们将其简称为"能力过度"。由此而引起的问题主要有:试图用理性化的思维和方法来认识并控制情感、忽视情感自身的规律和特征、过于敏感的情感特质、情感适应转化的灵活自由性不够以及各个方面的"情感能力"不能很好地围绕人的发展而得到一个整体性的协调和发展。②

就教育和人的发展的目标而言,对情感教育目标与价值的衡量与评价,并不能完全以个体情绪情感在"质"或者"量"上的变化为依据,情感教育更不是要走向"唯情感论"的路上去。情感教育的最终目的应该是有利于促进人的更好的发展,而不是阻碍甚至是破坏人的发展,在教育中所强调的情感教育应该是具有伦理指向和教育意义的,应通过教育培育情感,支持引导情感潜能的现实化:情感教育就是在社会实践的基础上,基于教育的伦理追求对人类积极情感的培育和引导,它看重的不是"有没有"情感,不是情感"是否丰富深刻",而是情感"是否恰当""是否有助于个体的发展"。情感教育应

---

① 中国大百科全书总编辑委员会编:《中国大百科全书·心理学》,北京:中国大百科全书出版社,1991:253.

② 各种"情感能力"之间的关系并不是截然分开的,而是一个整体性的存在。因此就人类的一切认识活动都是为了一个更好的、更进步的目标的意义来说,无论是个体层面的情感辨识、情感意愿还是对象化实践活动中的移情、情感表达、情感调节等,最终的指向都是为了促进人的更好的发展。以"移情"为例,具有很好的移情能力并且能够实现移情的"作用",也未必就会对个体的发展和教育产生有益的或者善的作用。如果个体长期处于他人烦躁、负面的情绪氛围中,那么移情作用所带来的结果就只能是受到他人不良情绪状态的影响,尤其是对于认知发展还不够成熟的儿童来说,他人的痛苦和消极状态就会转化为个人自我的痛苦与消极状态,从而给儿童的发展带来消极影响。在这种情况下,适度的移情可能比过于积极敏感的移情更有利于促进人的发展和教育。

以整体性的"情感能力"的教育为重中之重①,而不是以某一个或者某些方面情绪情感的性质、价值、强弱来作简单化地评判和处理。

---

① 生活中有很多例子可以说明这一问题。例如"恐惧"可能是个体早期比较基础的情绪之一,甚至可以说是伴随着个体的存在而存在。我们谁都不愿意有这样的情绪情感,谁都不想去体验由"恐惧"所带来的那种不舒服的情绪情感体验。但是谁也没有能力去消除个体的"恐惧"。对于情感教育而言,其目的更不是要消除"恐惧",而是要利用"恐惧"这一情绪情感机制,发挥其有利于人的发展的一面,而尽量避免其不利于人的发展的作用产生。所以,在情感教育中,如果能够运用一定的策略方法,将个体在特殊时空环境中的"恐惧"上升为"敬畏",从而显现并发挥其有利于个体发展的作用,那么"恐惧"对于我们的成长和发展而言就不再只是具有负面作用的情绪情感了。这种从"恐惧"到"敬畏"的情感教育过程,就包含了情感能力的提升,即利用认知判断、移情、价值判断等情感质料,增强个体对于情感的调节能力,使其发挥有利于人的发展的作用。而如果不是这样,一味地想要消除"恐惧"或者只是强调情感体验的深刻、丰富,那么就只能是徒劳无益,甚至会增强"恐惧"的情绪体验,变成"胆怯",从而不利于甚至阻碍和破坏人的发展。类似的例子还有很多,"自信"是好的,"自尊"也是好的,但过分的自信,以至于发展为"自大",大概就是不利于我们发展的了,也不是情感教育中想要的结果。"自尊"也是一样,没有或者缺少"自尊"当然对人的发展来说都是不利的;可是过强的"自尊感"迟早会让个体认识到自己的"自尊"是不符合现实,没有事实基础的。在教育中,如果教师一味地为了维护学生的(不恰当)的"自尊",而去迎合学生,向学生妥协,甚至对于学生的错误和不道德行为也不敢批评教育,那么学生得到的将是一时的情绪情感上的"保护",失去的将是自我发展的机会和对自己清醒客观的认识。所以,在情感教育中,无论是教育者还是学习者,增强并且提升自己的情感能力,使得情感教育真正能够促进人的发展而不是成为简单的情感激发、保护、体验,才是更重要的任务。

尾　声　迈向情感文明：为了人的发展的教育

当代自然教育家约瑟夫·克奈尔说："科学是一种独特的语言，科学为我们提供知识。但科学有很大局限性，科学告诉我们的世界是不完整的。科学无助于我们内心对自然的感知。我认为应该呼唤人们对自然的情感，以补缀出一个完整的世界。"①对于自然是这样，对于社会和人的精神领域也是一样。在长期的生物进化和历史发展中，人自身以及整个人类文明都取得了巨大的发展和进步：人类"大脑在自然选择的过程中，被配置了产生复杂情感的构造，如羞愧、内疚、同情、自豪等情感，这些复杂情感在数量上超出了所有高等哺乳动物共同具有的基本情感"②。今天，无论是人自身的条件还是人类社会的现实状况，都要求并且也意味着人类可能也有必要重新认识作为生命整体的"人"。关注人的情感状况，通过教育培育人格健全的、能够参与现代社会生活并创造、引领社会文明进步的"人"，促进人乃至整个人类社会实现感性和理性在彼此交融中双重螺旋式发展进步并不断走向情感文明，既是人的发展要求，也是现代教育精神的体现，更是未来教育发展的必然趋势。

---

① 转引自王洪波：《感悟大自然的奇迹》，载《中华读书报》，2000-07-26.

② ［美］特纳、斯戴兹：《情感社会学》，孙俊才、文军译，上海：上海人民出版社，2007：255.

一、情感文明：在优化情感结构中提升生命质量

在漫长的进化和历史发展中，人对自然、社会和人类自身的不懈地科学探索，除了满足自己的好奇心之外，最主要的恐怕还与人类对自然、社会和自身的无知有关。为了摆脱这种由于无知而来的恐惧，人总是孜孜以求地希望通过借助理性和科学去弄明白我们所不知道的事情，从而增加自身以及自身以外的环境的确定性，以使他自身能够在认识和实践中做到未雨绸缪，获得更多的安全感。就是在作为个体的婴幼儿身上，我们也可以清楚地观察到这种天生的好奇心和对无知的害怕以及对确定性和已知的安全体验。

可是，无论是对于我们自身的认识还是对于自然、社会的了解，总是有各种各样新的疑团和困惑不断接踵而至。在今天这样一个科学与理性都空前发达的社会里，我们知道的很多，我们疑惑的也很多；在一个方面我们显得很有知识并不断取得进步，在另一个方面又显示了我们巨大的"无知"甚至是困顿："今天，我们意识到……人们的精神状态已发生逆转。虽然积极的成就依然在获取，但是由于这种逆转，我们已开始承认巨大的、几乎无法克服的困难将持久存在。客观征服的运动已达到终点，我们不再前进，而毋宁说是趋向后退。"①无论个体自身还是整个人类社会，都是在这种确定与不确定、探索求知与尊重混沌的状态中不断向前发展的，人类文明的进步是这样，情感的发展也是如此。

---

① ［德］雅斯贝斯：《时代的精神状况》，王德峰译，上海：上海译文出版社，1997：15–16.

（一）关注人的情感层面：人的丰富与教育意义的实现

人是教育的主体，对于教育的判断，就是对人的思考，对人的本性、生存状况、需求、成长与发展的判断。概言之，"对人的看法"决定了"对教育的看法"。然而"对人的看法"是不断变化的。一方面，古今中外，不同的人对人性的认识是不同的。认为人性恶，就实施束缚性的教育；认为人性善，就实施鼓励性的教育；认为人性稳定，则实施引导性的教育；认为人性潜藏，则实施开放性的教育。另一方面，"人"又是一个复杂的存在，其自身包含了多个维度的、不同的方面，对每个维度、不同方面的认识也影响了对教育的看法，例如对环境、遗传等的认识就会影响到教育的开展。在这个意义上讲，教育是，而且应该含有价值取向的[①]，对教育认识的改变也就是很自然的事情，并不存在一成不变的"好教育"的标准。

今天，随着科学与文明的不断进步，我们对于"人"的认识已经越来越多，对于人性、人的成长与发展规律的认识也逐渐丰富。教育所面对的不是一个认知与精神相分离，知识与情感不相容的，被过分物质化和过分抽象化、扁平化、个体化的人，而是一个完整的、饱满的、立体的"人"。"人"是一个活生生的生命体，是一个既有生理上的自然欲求又有社会性的伦理属性和在社会实践中发育出来的超越的精神和审美追求的人。人的存在高于一切。这是教育的全部复杂性所在。面对这样的复杂性，科学的力量显然是不够

---

①　在此，"教育"与"发展"之间有着本质区别。尽管二者都包含着人的自我成长和外部学习，但是"教育与发展的基本不同点就在于，后者主要是从存在（事实）的角度来考察人的变化与发展过程的。前者则从价值（规范）的观点，把人的发展看作为一种实践行为，这种实践行为是以引导人们所期待的方向的价值意识为基础的。教育观念的独特性，就在于连接存在与价值两个方面，形成人的价值这一目标意识。"（参见［日］筑波大学教育学研究会编：《现代教育学基础》（第 2 版），钟启泉译，上海：上海教育出版社，2003：72-73）

的。"我们不能仅仅着眼于科学技术的实用成果,培养能够对科学技术作出价值判断的个人才是当务之急。"①

对人的力量的确证,对人的复杂性和作为主体的精神的关注已经,并且正在影响到教育的方方面面。现代社会生活变迁以及由此而来的人的情感和精神上的问题和危机已经关联到对于人的教育中来,事实的情况是,"我们现在很难对人们进行教育,特别是对少年。难就难在他们除了学校之外,还能通过其他的途径获得很多知识,所有这些东西都需要理解、'消化'。很难对少年进行教育还有一个原因,就是他们极其敏锐地注意自己的精神世界"②。而伴随着经济与社会的发展,接受基本的教育已经成为一个人的权利,学习已经成为一个人自我提升的内在需要。可以说,现代社会,人与教育之间的主要矛盾已经不是"是否接受教育"的问题,甚至也不再是"接受什么样的教育"的问题,而是"个人认为什么样的教育更符合自己需要"和"如何参与并选择教育"的问题。我们不问"什么是教育",而问"对我而言,什么是教育";不问"什么知识最有价值",甚至也不问"谁的知识最有价值",而问"对我而言,什么知识是有价值的"。

这一方面意味着教育从外部的"给予—接受"形式转变为内部的"需求—选择"形式。不是教育决定我们的成长,而是我们的需求决定了教育的目的。因此教育必须改变单纯的从外部筛选和供给的模式,转向对真实的人的存在和需求的关注。另一方面,这种从"……为真/有价值"到"我相信……为真/有价值"的话语转变也意味着作为主体的"我"以及"我的选择"在教育中的重要性开始凸显。人们不再屈从于任何权威、真理,而代之以自己的爱好、

---

① [日]筑波大学教育学研究会编:《现代教育学基础》(第2版),钟启泉译,上海:上海教育出版社,2003:50.

② [苏]苏霍姆林斯基:《公民的诞生》,黄之瑞等译,北京:教育科学出版社,2002:35.

价值判断和选择。在这种情况下,人们如何认识自己,如何处理自己与外界以及自我的关系就变得十分重要。因此,个人对教育的主动选择和参与,不仅成为教育活动和教育事业有效开展的不可缺少的因素,而且直接影响到个体作为人的生活的存在状况的改善,涉及个人的认同、理解,其中包含着对自我的接纳和对他人的尊重。教育"完全有必要让每个人都对自己的精神世界具有某种看法,而且这种看法是正确的、具有高度的思想性"①,"……帮助人们理解和认识自己,使人们互相关心。这是人们相互进行精神上的交流和交流精神成就这一复杂过程的起点"②。做不到这一点,教育就会成为高居庙堂之上的事情,就会远离现代人的精神世界,就会成为堂而皇之的"骗业",因为它已经不符合人的需求,失去了对人的关照。

因此,如果说以往教育的目的是将人从个体的生物人培养成一个成熟的"社会人",那么今日社会和个体需求的变化,教育所面临的任务则是将个体人培养成符合他自身条件和潜能特征的,能够认可、理解、接纳并富有创造力地面对生活的"健全人",其核心是对人的主体精神的关注。教育"须根据每个人的传统和信仰,在充分尊重多元化的情况下,促使每个人将其思想和精神境界提高到普遍行为模式和在某种程度上超越自我的高度"③。其中,情感就是一个关键性、基础性的纽带。换句话说,现代教育只有回归到人的情感和精神层面,才可能称得上真正意义上的"关心人"——"只有在由我们最深层的回应所塑造的世界中,就像我在此所谈论的世界中,才能进行道德论证和探讨;……如果你想更好地区分在人身上什么东西让他们值得尊重,

---

① [苏]苏霍姆林斯基:《公民的诞生》,黄之瑞等译,北京:教育科学出版社,2002:35.

② [苏]苏霍姆林斯基:《公民的诞生》,黄之瑞等译,北京:教育科学出版社,2002:49.

③ 联合国教科文组织编著:《教育——财富蕴藏其中》,联合国教科文组织总部中文科译,北京:教育科学出版社,1996:5.

你就不得不询问心灵对人类苦难的感受是什么，为什么非正义是令人反感的，你对人类生命事实的敬畏何在。没有任何论证能够使某个人以中立的态度对待世界、洞察道德本体，这种态度或者是取自'科学'的要求，或者沦为病理学的结果。……我们应把我们最深层的道德本能，我们有关人类生命应得到尊重的根深蒂固的知觉，当作我们走向世界的模式，由此本体论要求是可以辨识的，也是可以理性地加以论证和筛选的"[①]。

情感在人类存在和生活中扮演重要的角色，无论是作为工具还是本体，它都在教育的内容选择、价值裁定、认知过程、自我反思等方面产生全息性影响。情感参与的过程是包含选择、评价、认知、接纳、赞同在内的一系列复杂的心理过程，在根本指向上是"向内的"。而这恰恰是与教育密切相关的，因为在教育中，包括知识学习、道德发展、精神成长以及潜能的积极现实化等几乎所有的过程在内的各个方面都指向"人"的发展和人格的健全，教育为了人，而人的发展需要教育并最终要经过人自己的反躬自省和内在发展。

人通过情感与教育的核心相连，而教育也需要回归到人的情感，并在情感中获得自身的价值，从而最终在人那里得到意义的确证，完成自身的职责和使命。我们要求儿童青少年一代要尊敬、要负责、要关心他人等，他们会问："为什么？"[②]缺少情感上的认同、体验和归属，不仅人无从生活，教育也会面临深刻的认同危机和困境。现代教育不仅要站在个人的立场上探讨一个人的情感发育和生长问题，而且要立足他人和整个社会，正视人的情感，融情感于精神之中，不断丰富人的内心世界，寻求人的发展进步，实现人成为

---

① ［加拿大］查尔斯·泰勒：《自我的根源：现代认同的形成》，韩震等译，南京：译林出版社，2001：10-11.

② 国际教育基金会编著：《培养心情与人格：人生基本目标教育》，北京：北京大学出版社，2005：7.

一个健全完整的人。"教育首先是一个内心的旅程"①,然而"现在是人们重建情感教育学术大厦的时候了。应该相信,教育是观念与情感的教育;师生互动,是情感与思想的交流;若要探索自然和社会,师生就要带着情感与期望上路"②。无论是教育实践还是教育理论,如果忽视情感的意义、放弃对情感的培育,将情感单纯地当作工具或者试图严密地控制情感,就等于放弃教育之为教育的意义,这样的活动或者理论甚至已经不能被称为"教育",它至多算是毫无生气的"教化""规训"罢了。

(二)情感文明:人和社会的发展在情感层面的重要标识

随着人类文明的不断进步,人们认识世界的手段,表达、呈现认识结果的方式方法越来越多样,人对世界的认识越来越全面、细腻、精确,其中也包括对于自身精神世界中的情感的认识。就个体层面而言,在基本的情感温饱和情感需求得到满足和发展的同时,高级情感品质和审美需求也应获得同等程度的提升和发展,二者之间互为促进,共同生长,并可能在整体上保持一种文明、和谐的状态。③就社会层面而言,"文明"的含义中应当包括"情感"

---

①　联合国教科文组织编著:《教育——财富蕴藏其中》,联合国教科文组织总部中文科译,北京:教育科学出版社,1996:86.

②　Linston,D.& Garrison,J(2003). *Teaching, Learning, and Loving: Reclaiming Passion in Educational Practice*. New York: Routledge Falmer,p.5.

③　因此,在社会学研究中,已经有人认为"情感"本身也是需要文明化的,并明确提出将"情感文明"作为衡量社会文明及其发展程度的一个指标,用情感的进步与开化程度来标示社会与个体的情感状况及其文明程度。(相关的系列研究可以参见:郭景萍:《情感文明建设:情感控制与情感赋权》,《广东社会科学》,2009,2;《情感文明理论的社会学研究探微》,《学术研究》,2009:3;《试析情感文明结构的四个基本层次》,《湖南师范大学社会科学学报》,2010,6;《试论情感文明的四个基本维度》,《社会科学》,2010,6)"情感文明"既是个体情感能力发展的一个重要目标,同时这一概念的提出也从社会学的视角阐述了"情感"与"文明"之间的密切联系,论证了情感在整个人类文明中的重要作用和不可替代的地位。受到这些研究的启发,这里我们提出的"情感文明"的概念,主要是从"情感"自身状态和品质方面而言的,看重的是在教育和发展中,人的情感结构和层次状态的变化和发展。

的成分,不管如何丰富的文明成果和科学的认识方法,都不能代替情感对于人的作用和情感在人类生活中的地位。认识不到这一点,就会本末倒置,就会用人类创造的文明成果束缚人类自身,造成"在个人直接的现实的周围世界中不再有任何东西是由这个个人为了他自己的目的而制造、规划或形成的了。……人失去了他自己的世界。人就是这样地被抛入了漂流不定的状态之中,失去了对于连接过去与未来的历史延续性的一切感觉,人不能保持其为人"①。这种将一切文明连同人类自身的根基丢掉的做法,也会最终造成人的被奴役。

个体和社会的情感文明进程是相互作用、融为一体的。就本研究的结论而言,至少有这样几个方面是至为关键也是较为可能的表现。

1.认知深化

"认知",不仅包括人对"物"的认知,还包括人对"人"、对"自己"的认知。可以说,无论是个体人的成长还是整个人类的发展,究其根本就是人不断深化认知、追求知识,处理好"人对物""人对人"以及"人对自己"的认识问题及其关系的过程。"认知"不是单纯以处理人与物的关系为特征的"理性化认知",而是带有人的生命特征的,求问"生存"而非"存在"之道的认知,它要解决的最终问题是:人如何像个人一样地活着并且获得其作为人的发展。在这个意义上,认知与情感不可分。认知的发展需要有情感作为动力,认知的过程和结果也是情感发生改变的过程。认知能够发生,首先离不开情感上的接纳和认可;认知能够稳定下来,更是一种情感上的改变、稳固的体现。不存在没有情感参与的、单纯的认知过程。认知深化的过程也就是借由情感体味生活的过程,人对"物""他人""自己"的认知越深刻,对自我与它们之间关系的体会也就越深入,其情感也就越强烈和深沉。

---

① [德]雅斯贝斯:《时代的精神状况》,王德峰译,上海:上海译文出版社,1997:35-36.

2.道德完善

不仅道德指涉人在生活中如何处理自己与自然、社会、他人以及自我之间的关系,而且整个伦理都是人类社会进步与发展的重要构成成分。伦理道德不仅仅是外部的规则与束缚,真正有效的、对于人的发展有积极意义的伦理道德一定是"发乎于内"的,因此它不是规则,而是道德上的"美",因而也是以情感的方式存在并实现的。道德与情感不可分。其一,道德认知要转化为道德行为,须经由情感的参与;而建立在道德认知基础上的相对稳定的道德习惯更是情感参与的表现,因为只有"由知生情",道德认知才会牢固并逐渐形成习惯,成为稳定人格的一部分。其二,不管是基于认知的道德行为还是自觉的道德行为,都是与情感不可分的。由于道德的认知而做出道德的行为,是需要有情感作为促合剂来实现的,而出于个体自觉的道德行为,就更是诸如孟子所言的"恻隐之心""羞恶之心""恭敬之心""是非之心"等自我道德情感作用的结果。

3.精神丰富

人不仅有基本的生理需要,也有心理和精神上的需要,只有实现对不同方面需要的满足,才能共同实现完满的人性。否定生理需要,放弃人的生物性、自然性的一面,就是否定人的生命根基,精神的存在也就成为无本之木;忽视内在情感的生长、精神的丰富,就等于否定人之为人的属性,将人降格为物,人性得不到彰显,人的发展也就难以实现,更不会完满。在现代社会中, 人的发展中的矛盾已经不再是或者说主要不再是处理人对物的认识和占有的问题,威胁人类存在的也主要不是物质上的缺乏。与那些基本的生物性、自然性的"生存条件"相比,社会性、精神性的"存在意义"变得更加重要,人对人、人对自己的关系的处理成为人不得不思考的问题。人穷其一生所追、所求,都是为了在温饱之后,不断地思考"何谓人""人应该怎样活着""人如何才能更好地活着"等终极性的人生问题,希求获得精神上的完满。

4.潜能开发

作为一个过程,人的发展中充满了各种未知、可能、变化和不确定性,因此也是最为复杂的过程。在这个复杂的过程中,各种内外因素交互影响、共同作用,将一个人塑造成他现在的样子,并且以一个整体展现出来。个体的发展首先是个体不断开发自己生命体中的未知和可能元素,实现自我潜能的过程。正确理解人的认识发生过程、尊重人的生命规律及其复杂性,符合人的发展特征地开发人的潜能,实现生命体按照其自身的规律获得发展是人的发展中的应有之义。它是一个生命各方面不断实现蜕变的复杂过程。而标志发展的另一个主要方面就是个体在认知、道德与精神方面综合发展基础上所呈现出来的自我发展愿望、意识等能动力的增强。尤其是通过对情感的重视与培育,引导个体不断思考"我要成为一个什么样的人",促进在人的主观意识和能动力驱动下的自我成长并不断增强人的自我学习能力是开发潜能、不断获得生命突破,从内部实现发展的重要方面。它不仅是影响发展的重要因素,甚至有时候还会改变外部的条件与环境,成为影响和开发生命发展的决定性要素。

以上无论哪一个方面,都不是独立完成的,它们集中地体现在作为人类精神的基础和人类主观性一部分的"情感"的不断发展并走向文明的过程。正如苏霍姆林斯卡娅所言,情感文明是情感教育的宗旨和主要目标,因为情感教育就是"让孩子去体验诸如交往、信念、尊敬、同情、悲哀、快乐、爱和互助等情绪、情感的教育,这样的教育将人的情绪、情感汇合在一起便会促成学生产生一种情感的美丽,也就是形成一种'情感文明'"[①]。作为"人类情感

---

① 朱小蔓等:《今天,我们如何认识苏霍姆林斯基教育思想——朱小蔓与乌克兰教科院院士苏霍姆林斯卡娅对话》,《中国教育报》,2005-03-10.

进步和开化的状态，比如情感具有教养、文采、开明、明智等素质特征，形成良好的情感生活方式与风尚等"①，"情感文明"意味着个体的情感结构层次在不断调整中走向一种和谐状态，并表现出情感在生物性以及伦理和审美方面的品质都不断得到生长和提升的过程。情感的文明化是个体的基本情感欲求得到合理满足的同时，情感的"人类的""社会的"价值和意义也逐渐丰富和升华的过程。其中，个体的情感越来越丰富饱满、理性也越来越发达完善，一面越来越"混沌无知"，一面又越来越"条理清晰"——情理在彼此交融中互为一体，共同走向更高、更和谐状态的人格层次，从而在个体内部支撑起一个"立体"的人。"如果情感教育让孩子们形成情感文明的话，就等于让他们有了多样生活的体验，从而具有了自我独立判断和选择的能力，哪怕在单独的环境里，也能作出关于道德方面的正确抉择。"②因此，建设并走向情感文明，既是作为个体的"人"自身不断发展并走向健全人格的一部分，而且也是整个社会文明不断进步、发展的重要标识。

二、为了人的发展：教育理论和实践的情感取向

人的发展的复杂性以及对价值与意义的追求，都离不开教育。现代人类在迈向情感文明的过程中，"在喧嚣尘世的各种处方面前，理应以教育学的方式，让内心深处的灵魂的回荡从一种全能的、基于沉思的、自我肯定的自主性出发，浮现出来；让老人幼童携起手来，同唱一曲赞美共同兴趣和自由智慧的空间的圣歌"③。无论在教育理论还是实践中，都应该将对人的情感的

① 郭景萍：《情感文明建设：情感控制与情感赋权》，《广东社会科学》，2009（2）：160-161.

② 朱小蔓等：《今天，我们如何认识苏霍姆林斯基教育思想——朱小蔓与乌克兰教科院院士苏霍姆林斯卡娅对话》，《中国教育报》，2005-03-10.

③ ［加］史密斯：《全球化与后现代教育学》，郭洋生译，北京：教育科学出版社，2000：232.

关注作为一个重要的方面。而与此同时，"情感"也在理论和现实的意义上可能成为解决现代教育问题、困惑的一个可以依托和着眼的重要方面。如康德所言，"对一种教育理论加以筹划是一种庄严的理想，即使我们尚无法马上将其实现，也无损于它的崇高。人们一定不要把理念看作幻想，要是因为实行起来困难重重，就把它只看成一种黄粱美梦，那就败坏了它的声誉"①。无论人的发展、人类情感文明的进步还是教育理论与实践自身的困惑，未来的教育理论和实践都应该着眼并重视人的"情感"，并将"情感"作为一个重要的变革维度和取向。

（一）教育观与教育研究范式的改变

教育学是研究教育之学，何谓"教育"？我们认为，它是对个体生命、成长、发展的好奇、尊重、关切、引导和培育，对包括人的情感在内的个体"内在性生长"的关心、支持和促进。教育学就是"人学"，教育研究在根本上就是研究人的发展。早在古希腊，先哲苏格拉底就看到研究与人之间的这种密切关系，他批判说，"我被那些研究搞得简直是头昏眼花，以至于失掉了自己和别人原来具有的知识；我忘掉了自己从前曾经以为知道的许多事情，连人生长的原因都忘了"②。人的情绪情感既是教育和发展的本体，又是影响教育和发展的条件。从"教"向"学"、从"教育学"向"学习学"的实践与理论转向，无不意味着对学习者个体生命及其自为性的尊重，对学习活动的条件（尤其是学习的内在支撑性条件）的看重。无论是直接从事教育工作的教师还是身处教育活动中的一切个人、组织，只有保持对生命及其发展的好奇心，尊重生命及其发展的规律，才可以在探索和研究工作中以对生命的敬畏、谦虚、负责

---

① ［德］伊曼努尔·康德：《论教育学》，赵鹏、何兆武译，上海：上海人民出版社，2005：6.
② ［古希腊］柏拉图：《柏拉图对话集》，王太庆译，北京：商务印书馆，2004：260—261.

的态度关心生命的成长,引导生命发展。教育研究就是研究生命及其生长发展。教育研究首先应该直面生命的复杂性,探索人的成长与发展中的各种问题,将促进人性的积极发育、人的各方面的完满发展以及帮助唤醒并提升个体自我意识、引导自我发展能力的生长作为研究的指导目标,而不被任何外部的规则、要求所迷惑、束缚和牵制。对于从事教育研究的人来说,教育研究要研究教育活动的过程,更要研究人的成长与发展的过程。教育研究要求并内在地促使研究者要用自己的生命经历去理解他人的生命,从对自己生命的感受、体验去感受、体验他人生命的奇特,发现生命的规律并引导其发展。从这个意义上来说,教育研究的过程就是研究者体悟自己生命,在经历生活中增加对生命、生活和人生的智慧的过程。

这个过程的实现并不容易,除了需要经历时间和生活的考验之外,研究者的情感在其中的作用尤为重要。因为无论是对生命的感受还是对生活经验的体会,都需要研究者用情感去获得经历中的意义,"只要某些东西不仅仅是被经历了,而且其所经历的存在获得了一个使自身具有永久意义的铸造,那么这些东西就成了体验"①。体验不同于观察,它是具有内在性的。深刻的体验往往灌注了深沉的情感。经历生活不一定就是体验,但体验一定是刻骨铭心的生活。喜怒哀乐、嬉笑怒骂,皆为生活,只有用情感、生命去体验的生活,才显得厚重、丰富。有了厚重丰富的生活体验,对于生活本身就会有更多的认识,对人生也就有更深入的思考。经常对生活与人生有深刻认识与思考的人,也就更容易理解生命、热爱生活,对人生意义的认识才会更清楚,从而才能够用自己的全副生命去研究教育,而不是简单地将教育作为对象物看待。用生命研究教育的人,他自身就是鲜活的教育范本,他自己的生活方

---

① [德]伽达默尔:《真理与方法》,王才勇译,沈阳:辽宁人民出版社,1987:87.

式就是教育研究的范式。在他那里,个人的生命、生活与教育研究是融在一起、不可分开的。

(二)教育实践与管理领域的变革

首先,由于教师工作是直接与人打交道的工作,教师个人的一切,教师基于生活经历上所形成的一切个人素质与能力都会影响学生的发展。因此,教师教育应该从整体上关注教师作为一个"人",作为将来要从事教育工作的"人"的成长。教师"知道什么""知道如何做"和"如何思考"固然重要,可教师"感受到了什么""如何感受"也十分重要。尤其是在现代社会中,作为一个完整的"人",教师既非圣贤,更非仅仅传道授业解惑的人,"我们工作的对象是正在形成中的个性的最细腻的精神生活领域,即智慧、感情、意志、信念、自我意识。这些领域只能用同样的东西,即智慧、感情、意志、信念、自我意识去施加影响。我们作用于学生精神世界的最重要的工具是教师的话语、周围世界的美和艺术的美,以及创造最能鲜明地表达感情的环境,也就是人际关系上的全部情绪领域"①。因此,未来教师的情感素质和与此相关的教师与学生之间在情感与精神上的沟通关系和能力就显得特别重要,"师生之间具有共同的善良愿望、真诚的同情、相互信任和细腻体贴的关系——这一切是我们教育工作中起决定作用的条件,它使孩子们能很好地领会教师说的话,更好地接受有关道德的指导、劝告和要求"②。在教师教育中,应该基于为了人(包括学生和教师自身)的发展的视角,重新认识教师角色,尤其是对作为未来教师的师范生的情感能力和情感素质的培养, 不仅对学生的发展具有意

---

① [苏]苏霍姆林斯基:《苏霍姆林斯基选集》(第2卷),蔡汀等主编,北京:教育科学出版社,2001:534.

② [苏]苏霍姆林斯基:《公民的诞生》,黄之瑞等译,北京:教育科学出版社,2002:222.

义，对未来社会中教师自身的生命状态、职业幸福和人生发展也很有意义，它是在新的时代背景中，重新定位教师职业地位，促进教师专业发展的一个重要着眼点。

　　其次，受经济技术发展，尤其是工业化时代以来企业工厂管理中的"确定性思维"影响，"人"以及与"人"相关的教育活动都成为管理的"对象"。教育管理者通过"管"来提高教育质量的想法本身没有错。可是，如果将教育改革简单化为对人的忽视、控制与束缚，那么为人们津津乐道的所谓教育中的"进步"也只会是以"进步"的名义割裂生活、漠视甚至是伤害生命。割裂生活、失去生命活力、没有"人"在场的教育改革只能是苍白无力的，因为它在根本上离教育越来越远，离"人"越来越远。"当代教育已出现下列危机征兆：非常努力于教育工作，却缺少统一的观念；每年出版不计其数的文章书籍，教学方法和技巧亦不断花样换新。每一个教师为教育花出的心血是前所未有的多……放弃本质的教育，却去从事没完没了的教学试验、做一些不关痛痒的调查分析，把不可言说之事用不真实的话直接表达出来，并不断地更换内容和方法做种种实验。"[①]这不仅不是教育的进步，甚至是教育的悲哀！教育管理和改革要回归人、回到教育本身，就必须从对"人"的认识开始。其中以人的情绪情感为核心的对人的全面了解、尊重和关心，尤其需要得到重视。在教育实践中，"很多改革者认为变革会遵循一种线性的、理性的模式，却对变革中的情绪体验视而不见，忽视了变革的情绪方面"[②]。这种对人的情绪情感的忽视不仅会由于人的阻碍而造成管理与改革的低效甚至失败，而且可能会由于管理和改革方案中缺少对人的全面了解与尊重，而出现改革方向和

---

　　①　[德]卡尔·雅斯贝尔斯：《什么是教育》，邹进译，北京：生活·读书·新知三联书店，1991：46.

　　②　Norman, S.J. The Human Face of School Reform. *National Forum of Educational Administration and Supervision Journal*, 2001(18E):4.

管理上的偏差甚至错误,从而造成管理与改革的失败与负面效应。无论是教育管理还是改革,就是对教育进行"松绑",让教育回到它应有的轨道上去。

最后,道德教育的机遇与变革。一直以来,由于其说教、管束的特征,道德教育始终给人以面目可憎的形象,而得不到人们的待见。道德和道德教育的这种"悲剧"与教育和思想领域长期被"唯理性""唯知识"的认识霸占有着密切的关系,也与"人的发展"这样一个简单而又崇高的命题的含义得不到真真切切的思考相关。蒙田的批评一针见血:"我们还敢说拥有理性的好处是为了缓解我们的苦难吗?(我们把理性抬得那么高,并且据此认为自己可以君临万物之上。)如果有了知识,我们失去了没有它反倒能够享受的宁静,有了知识,我们的生活状态还不如皮朗故事里的猪,那要知识作什么呢?"①由此,他对教育问题提出了深刻的反思,"我很愿意回到我们的教育之荒谬这个题目上来:这种教育的目的不是要我们变得更好、更智慧,而是更有学问。它成功了。它没有教给我们去追求美德,吸纳智慧……而我们应该做的是,看谁懂得最好,而不是谁懂得最多。我们只是为填满记忆而用功,却给理解力和是非观留下一片空白"②。无论理性还是知识,教育中的一切如果不能为了使人生活得更好,使人发展得更好,都将失去其价值和意义。然而不幸的是,现在的教育恰恰出现了蒙田所担心和批评的这种情况,其中尤其以道德教育受到的影响最为严重。本来是为了使生活更美好的道德教育,却成为对生命的束缚,更不要说在其中感受到生活的幸福了。道德教育必须而且仅仅是为了人的发展服务,我们是为了"人"才需要道德教育,而不是为了体现道德来"教育人"。在这个意义上,可以说一切教育都具有道德性,道德教育是教育的核心与重中之重。

---

① [英]德波顿:《哲学的慰藉》,资中筠译,上海:上海译文出版社,2004:129.
② [英]德波顿:《哲学的慰藉》,资中筠译,上海:上海译文出版社,2004:168.

　　现代社会生活的变化也对伦理和道德领域造成了极大的冲击，直接导致了伦理道德的一系列改变：首先是道德的中性化，对于各种事物与现象的道德判断越来越不是从以往的"好""坏"这样简单的、非此即彼的二分标准出发。在现代价值多元的社会中，似乎一切价值都有其存在的必要和合理性，很难进行道德上的是非判断。正如鲍曼所言，现代社会是"道德上无法解释的……没有在逻辑上连贯一致的统一准则可以'适应'在本质上利弊参半的道德境况"①。其次，社会生活本身就是复杂多变的，加上由于人的价值观念、时间、空间等的不同，并不存在绝对静止不变的事物与现象。因此，事物与现象的道德性质和伦理意义也就不会一成不变。与社会生活的快速变化相一致，处于越来越快的变化中的现象与事物也就自然地导致处理道德问题的原则不可能统一化。在这种情况下，建设统一的整体性社会伦理体系也就变得越来越困难和不切实际。普遍一致的伦理规范逐渐瓦解，无论是宗教中的神与上帝还是康德意义上的自由意志②都难以解决这个问题，社会伦理逐渐失去它的基础。

　　不过，这并不意味着道德的沦丧和道德价值的丢失。鲍曼预言了"伦理纪元"的终结和"道德纪元"的开始。在他看来，主导性的伦理模式将逐渐消失，取而代之的是每个人自身的个体道德："在一场喧闹的道德声音中……个体被抛回到他们自己的主体性当中，并以此作为最终唯一的伦理权威"，这样一种境况"为行动者恢复了道德选择与责任的丰富性，但是与此同时又从他们那里剥夺了他们将得到的普遍指引的安逸，这种安逸曾经是现代社会自信地承诺过的。"③我们认为，将来对于伦理问题的解决将越来越从依赖

① Zygmunt Bauman(1993).*Postmodern Ethics*. Oxford：Basil Blackwell，p.10.
② 康德将道德原则的"普遍性"建立在先验和抽象的"理性"以及"自由意志"上，在他那里，道德原则是不容质疑的普遍性原则。很显然，康德所谓的道德原则的"不容质疑"性在现代社会背景中是难以站住脚的，因而也是受到怀疑的。
③ Zygmunt Bauman(1992).*Intimations of postmodernity*. London：Routledge，p.xxii.

社会转向依靠个体。其中,着眼于情绪情感,建立有道德意义的情绪情感联系,从个体的人性根处扶植有利于德性生长的情感发育,将会为道德建设提供一个新的可能的视角。因为道德情感"如此深刻,以致我们不由得认为它们植根于本能,而其他的道德反应看起来更像教养和教育的产物。杀害或伤害另一个人似乎受到了自然的、与生俱来的良心的责备,人们自然地、天生地倾向于帮助受到伤害或处于危险中的人。文化和教养或许有助于界定相关的'他人'的界限,但它们似乎并不形成基本反应本身"①。在教育和个人的发展中,人们仍然可以在缺乏统一伦理标准和规则的情况下,在一个文化冲击不断、价值多元加快的社会中,实现道德教育的情感转向,用自己的方式、依靠人性的力量去追求道德与价值。

一位曾经经历过二战纳粹集中营生活的校长对他的教师们发出的呼吁,在今天仍然振聋发聩。他说,"亲爱的老师:我曾亲眼看见如此非人的情景:毒气室由有造诣的工程师建造,儿童被有学问的医生毒死,婴儿被训练有素的护士杀害,妇女和孩子被大学或中学毕业生枪杀、焚烧。因此,我怀疑教育⋯⋯我的请求是:帮助你的学生成为有人性的人。千万不要通过你的辛勤努力,培养出有学问的怪物,有技术的精神变态者,受过教育的艾克曼一类的屠夫。读、写、算只在能有利于培养更赋有人性的孩子时才具重要性"②。知识是"人"的知识,道德是"人"的道德。无论知识还是道德都是为了"人"而产生,但我们不能说"人"是为了拥有知识和体现道德而生存。教育的全部意义就在于为了培养健全的人、为了人的完整健全的发展,除此以外的其他一切都是人的发展的手段,因此也是教育的手段,而非目的。现代教育学和教

---

① [加拿大]查尔斯·泰勒:《自我的根源:现代认同的形成》,韩震等译,南京:译林出版社,2001:6.

② 国际教育基金会编著:《培养心情与人格:人生基本目标教育》,北京:北京大学出版社,2005:10.

育实践应当回应人的现实情感问题、重视人的情感以及与此相连的精神发育，通过引导并培育人的积极而饱满的情感品质，尊重并不断地完善和在整体意义上优化人的情感结构和生命质量，从而在人自身内部、在人类个体生命的结构层次上、在人类社会文明进步的基础上致力于支持人的自我发展、内生性发展和健全而饱满的发展。这一教育学的情感视角和维度意味着，重新审视人的发展的理论视角，并在这个过程中保护、尊重、支持、引导并循环重复而又富有创造力地优化和构造人的大脑，建设并提升人的情感文明程度，从而在整全的个体意义上帮助人获得促进他自身发展的动力、条件和能力。

　　本研究作为一个开始，尽管还很不成熟，但就像赖尔所言，也许在将来，"我们可以找到出路，那就是，不管典型的感受和有意识的评价，只对情绪概念作出具体的分析，即通过更复杂的分析模式说明情绪概念，搜集各情绪的典型特征，然后在此基础上揭示情绪的复杂本质"[1]。我们愿意并且也应该相信：无论生活中发生什么、社会如何变化，也无论世界如何发展、人类如何进步，情感都是人性中最深沉、持久的一部分。因为它的存在，每一件事物、每一个人对我们而言都是与众不同的，每一天对于我们来说都是新的。

　　人类的情感赋予世界以新的品质。正如泰戈尔所言，"源于伟大心灵体验的生命语言，其意义永远不会被某种逻辑体系加以详尽无遗的阐释，只能通过个性生活的具体经历来获得亲验和具身显示，并在各自的新发现之中增添更丰富的价值内容"[2]。积极的情感以及由此酝生的无尽动力和活力，不断激发人们追求真理、践行德善、求取生活与生命的美好，同时它也构成了拥有健全人格和智慧的"人"。

---

① ［英］赖尔：《心的概念》，刘建荣译，上海：上海译文出版社，1988：486.

② ［印］泰戈尔：《人生的亲证》，宫静译，北京：商务印书馆，1992：1.

参考文献

一、经典著作

1.《老子》。

2.《礼记》。

3.《论语》。

4.《孟子》。

5.《荀子》。

6.《阳明全书》。

7.《中庸》。

8.《马克思恩格斯选集》（第一——四卷），北京：人民出版社，1995 年。

9.《马克思恩格斯文集》（第一——九卷），北京：人民出版社，2009 年。

二、中文著作

1.巴金:《巴金散文精编》,杭州:浙江文艺出版社,1991 年。

2.陈涛主编:《国学问题争鸣集》,桂林:广西师范大学出版社,2010年。

3.辞海编辑委员会编:《辞海》(普及本),上海:上海辞书出版社,1999年。

4.辞海编辑委员会编:《辞海》(上、中、下),上海:上海辞书出版社, 1979年。

5.邓晓芒:《思辨的张力》,长沙:湖南教育出版社,1992年。

6.方李莉等:《艺术人类学》,北京:生活·读书·新知三联书店,2013年。

7.高新民、沈学君:《现代西方心灵哲学》,武汉:华中师范大学出版社, 2010年。

8.国际教育基金会编著:《培养心情与人格:人生基本目标教育》,北京: 北京大学出版社,2005年。

9.何静:《身体意象与身体图式——具身认知研究》,上海:华东师范大学 出版社,2013年。

10.何兆武口述,文靖执笔:《上学记》,北京:生活·读书·新知三联书店, 2013年。

11.黄仁发等:《情感与人生》,上海:上海教育出版社,1988年。

12.教育大辞典编纂委员会编:《教育大辞典》,上海:上海教育出版社, 1990年。

13.梁漱溟:《东西文化及其哲学》,北京:商务印书馆,1999年。

14.梁漱溟:《人生的三路向——宗教、道德与人生》,北京:当代中国出版 社,2010年。

15.梁漱溟:《中国文化要义》,上海:上海世界出版集团,2005年。

16.林建福:《教育哲学:情绪层面的特殊观照》,台北:五南图书出版股份 有限公司,2001年。

17.刘小枫:《诗化哲学》,上海:华东师范大学出版社,2007年。

18.陆谷孙主编,英汉大词典编纂处编纂:《英汉大词典》(第二版),上海:上海译文出版社,2007年。

19.罗竹风主编,汉语大词典编辑委员会、汉语大词典编纂处编纂:《汉语大词典》(第11卷),上海:汉语大词典出版社,1993年。

20.孟昭兰主编:《情绪心理学》,北京:北京大学出版社,2005年。

21.牟宗三:《四因说演讲录》,上海:上海古籍出版社,1998年。

22.倪梁康:《现象学及其效应——胡塞尔与当代德国哲学》,北京:生活·读书·新知三联书店,1994年。

23.彭漪涟、马钦荣主编:《逻辑学大辞典》(修订本),上海:上海辞书出版社,2010年。

24.石中英:《教育哲学导论》,北京:北京师范大学出版社,2004年。

25.石中英:《知识转型与教育改革》,北京:教育科学出版社,2001年。

26.童庆炳主编:《现代心理美学》,北京:中国社会科学出版社,1993年。

27.王文华:《逻各斯与自由:爱比克泰德人性论思想探源》,北京:北京大学出版社,2011年。

28.王一川:《意义的瞬间生成》,济南:山东文艺出版社,1988年。

29.伍蠡甫、胡经之主编:《西方文艺理论名著选编》,北京:北京大学出版社,1985年。

30.徐献军:《具身认知论——现象学在认知科学研究范式转型中的作用》,杭州:浙江大学出版社,2009年。

31.杨治良等:《记忆心理学》(第3版),上海:华东师范大学出版社,2011年。

32.郁振华:《人类知识的默会维度》,北京:北京大学出版社,2012年。

33.曾钊新、李建华:《道德心理学》,长沙:中南大学出版社,2002年。

34.张德兴主编：《二十世纪西方美学经典文本》（第1卷），上海：复旦大学出版社，2000年。

35.张君劢：《科学与人生观》，济南：山东人民出版社，1997年。

36.张志平：《情感的本质与意义——舍勒的情感现象学概论》，上海：上海人民出版社，2006年。

37.中国大百科全书总编辑委员会编：《中国大百科全书·心理学》，北京：中国大百科全书出版社，1991年。

38.朱小蔓：《关注心灵成长的教育》，北京：北京师范大学出版社，2012年。

39.朱小蔓：《情感德育论》，北京：人民教育出版社，2005年。

40.朱小蔓：《情感教育论纲》（第二版），北京：人民出版社，2007年。

41.朱自清：《背影》，南京：译林出版社，2012年。

三、中文译著

1.[澳]迈克尔·A.豪格、[英]多米尼克·阿布拉姆斯：《社会认同过程》，高明华译，北京：中国人民大学出版社，2011年。

2.[德]德里希·施勒格尔：《雅典娜神殿断片集》，李伯杰译，北京：生活·读书·新知三联书店，2003年。

3.[德]恩斯特·卡西尔：《符号·神话·文化》，李小兵译，上海：东方出版社，1988年。

4.[德]恩斯特·卡西尔：《人论》，甘阳译，上海：上海译文出版社，1985年。

5.[德]恩斯特·卡西尔：《语言与神话》，于晓等译，北京：生活·读书·新知三联书店，1988年。

6.[德]斐迪南·滕尼斯：《共同体与社会：纯粹社会学的基本概念》，林荣远译,北京:北京大学出版社,2010年。

　　7.[德]伽达默尔:《真理与方法》,王才勇译,沈阳:辽宁人民出版社,1987年。

　　8.[德]哈贝马斯:《交往行动理论》(第1卷),洪佩郁等译,重庆:重庆出版社,1994年。

　　9.[德]海德格尔:《存在与时间》,陈嘉映、王庆节译,北京:生活·读书·新知三联书店,2006年。

　　10.[德]海德格尔:《荷尔德林诗的阐释》,孙周兴译,北京:商务印书馆,2000年。

　　11.[德]卡尔·雅斯贝尔斯:《什么是教育》,邹进译,北京:生活·读书·新知三联书店,1991年。

　　12.[德]马克思:《1844年经济学哲学手稿》,刘丕坤译,北京:人民出版社,1979年。

　　13.[德]马克斯·舍勒:《伦理学中的形式主义与质料的价值伦理学》,倪梁康译,北京:生活·读书·新知三联书店,2004年。

　　14.[德]马克斯·舍勒:《舍勒选集》,刘小枫选编,上海:上海三联书店,1999年。

　　15.[德]米夏埃尔·兰德曼:《哲学人类学》,张乐天译,上海:上海译文出版社,1988年。

　　16.[德]斯宾格勒:《西方的没落》,吴琼译,上海:上海三联书店,2006年。

　　17.[德]韦纳特主编:《人的发展》,易进等译,重庆:西南师范大学出版社,2011年。

　　18.[德]雅斯贝斯:《时代的精神状况》,王德峰译,上海:上海译文出版社,1997年。

　　19.[德]伊曼努尔·康德:《论教育学》,赵鹏、何兆武译,上海:上海人民出版社,2005年。

20.[法]埃德加·莫兰:《复杂性理论与教育问题》,陈一壮译,北京:北京大学出版社,2004年。

21.[法]柏格森:《创造进化论》,肖聿译,北京:华夏出版社,2000年。

22.[法]柏格森:《时间与自由意志》,吴士栋译,北京:商务印书馆,1958年。

23.[法]保尔·朗格朗:《终身教育引论》,周南照、陈树清等译,北京:中国对外翻译出版公司,1985年。

24.[法]丹纳:《艺术哲学》(第2版),傅雷译,天津:天津社会科学院出版社,2007年。

25.[法]列维·布留尔:《原始思维》,丁由译,北京:商务印书馆,1997年。

26.[法]卢梭:《爱弥儿》,李平沤译,北京:商务印书馆,1978年。

27.[法]梅洛-庞蒂:《知觉现象学》,姜志辉译,北京:商务印书馆,2001年。

28.[法]让·雅克·卢梭:《论人类不平等的起源》,吕卓译,北京:中国社会科学出版社,2009年。

29.[古希腊]柏拉图:《柏拉图对话集》,王太庆译,北京:商务印书馆,2004年。

30.[古希腊]亚里士多德:《物理学》,张竹明译,北京:商务印书馆,2011年。

31.[加]查尔斯·泰勒:《自我的根源:现代认同的形成》,韩震等译,南京:译林出版社,2001年。

32.[加]马克斯·范梅南:《生活体验研究:人文科学视野中的教育学》,宋广文等译,北京:教育科学出版社,2003年。

33.[加]史密斯:《全球化与后现代教育学》,郭洋生译,北京:教育科学出版社,2000年。

34.《简明不列颠百科全书》(第6卷),北京:中国大百科全书出版社,

1986年。

35.联合国教科文组织国际教育发展委员会编著:《学会生存:教育世界的今天和明天》,华东师范大学比较教育研究所译,北京:教育科学出版社,1996年。

36.联合国教科文组织总部编著:《教育——财富蕴藏其中》,联合国教科文组织总部中文科译,北京:教育科学出版社,1996年。

37.[美]阿皮亚:《认同伦理学》,张容南译,南京:译林出版社,2013年。

38.[美]埃里克·H.埃里克森:《同一性:青少年与危机》,孙名之译,杭州:浙江教育出版社,1998年。

39.[美]埃里希·弗洛姆:《健全的社会》,孙恺祥译,贵阳:贵州人民出版社,1994年。

40.[美]爱因斯坦:《爱因斯坦文集》,许良英等编译,北京:商务印书馆,2009年。

41.[美]贝克:《儿童发展》(第五版),吴颖等译,南京:江苏教育出版社,2002年。

42.[美]达马西奥:《笛卡尔的错误:情绪、推理和人脑》,毛彩凤译,北京:教育科学出版社,2007年。

43.[美]丹尼尔·戈尔曼:《情感智商》,查波等译,上海:上海科学技术出版社,1997年。

44.[美]弗洛姆:《爱的艺术》,李健鸣译,上海:上海译文出版社,2011年。

45.[美]哈里斯:《儿童与情绪:心理认知的发展》,郭茜等译,北京:教育科学出版社,2012年。

46.[美]海森:《情绪发展与EQ教育》,庄素芬译,台北:桂冠图书股份有限公司,1999年。

47.[美]霍华德·加德纳:《多元智能》,沈致隆译,北京:新华出版社,1999 年。

48.[美]加登纳:《艺术与人的发展》,兰金仁译,北京:光明日报出版社,1988 年。

49.[美]曼弗雷德·S. 弗林斯:《舍勒的心灵》,张志平、张任之译,上海:上海三联书店,2006 年。

50.[美]曼纽尔·卡斯特:《认同的力量》,夏铸九、黄丽玲等译,北京:社会科学文献出版社,2003 年。

51.[美]米德:《心灵、自我与社会》,赵月瑟译,上海:上海译文出版社,1992 年。

52.[美]欧文·白璧德:《卢梭与浪漫主义》,孙宜学译,石家庄:河北教育出版社,2003 年。

53.[美]帕克·J. 帕尔默:《教学勇气:漫步教师心灵》,吴国珍等译,上海:华东师范大学出版社,2005 年。

54.[美]乔纳森·H. 特纳:《人类情感——社会学的理论》,孙俊才、文军译,北京:东方出版社,2009 年。

55.[美]乔治·瑞泽尔:《后现代社会理论》,谢立中译,北京:华夏出版社,2003 年。

56.[美]申克:《学习理论》,何一希等译,南京:江苏教育出版社,2012 年。

57.[美]舒尔茨等:《教育的感情世界》,赵鑫等译,上海:华东师范大学出版社,2009 年。

58.[美]苏珊·朗格:《情感与形式》,刘大基等译,北京:中国社会科学出版社,1986 年。

59.[美]特纳、斯戴兹:《情感社会学》,孙俊才、文军译,上海:上海人民出版社,2007 年。

60.[美]托宾·哈特:《从信息到转化:为了意识进展的教育》,彭正梅译,上海:华东师范大学出版社,2007年。

61.[美]维克托·S.约翰斯顿:《情感之源:关于人类情绪的科学》,翁恩琪等译,上海:上海科学技术出版社,2002年。

62.[美]谢弗勒:《人类的潜能——一项教育哲学的研究》,石中英、涂元玲译,上海:华东师范大学出版社,2005年。

63.[美]詹姆斯·W.范德赞登等:《人类发展》(第八版),俞国良等译,中国人民大学出版社,2011年。

64.[日]筑波大学教育学研究会编:《现代教育学基础》(第2版),钟启泉译,上海:上海教育出版社,2003年。

65.[日]佐藤学:《教师的挑战:宁静的课堂革命》,钟启泉等译,上海:华东师范大学出版社,2012年。

66.[瑞士]皮亚杰:《皮亚杰教育论著选》,卢睿译,北京:人民教育出版社,1990年。

67.[苏]巴赫金:《巴赫金全集》(第1卷),晓河、贾泽林、张杰等译,石家庄:河北教育出版社,1998年。

68.[苏]苏霍姆林斯基:《公民的诞生》,黄之瑞等译,北京:教育科学出版社,2002年。

69.[苏]苏霍姆林斯基:《苏霍姆林斯基选集》,蔡汀等主编,北京:教育科学出版社,2001年。

70.[苏]赞科夫编:《教学与发展》,杜殿坤等译,北京:文化教育出版社,1980年。

71.英汉双解大词典编译出版委员会编译:《新牛津英汉双解大词典》,上海:上海外语教育出版社,2007年。

72.[匈]阿格尼丝·赫勒:《日常生活》,衣俊卿译,重庆:重庆出版社,1990年。

73.[匈]阿格尼丝·赫勒:《现代性理论》,李瑞华译,北京:商务印书馆,2005年。

74.[意]维柯:《新科学》,朱光潜译,北京:商务印书馆,1989年。

75.[印]泰戈尔:《人生的亲证》,宫静译,北京:商务印书馆,1992年。

76.[英]德波顿:《哲学的慰藉》,资中筠译,上海:上海译文出版社,2004年。

77.[英]怀特海:《教育与科学 理性的功能》,黄铭译,郑州:大象出版社,2010年。

78.[英]怀特海:《思维方式》,刘放桐译,北京:商务印书馆,2010年。

79.[英]赖尔:《心的概念》,刘建荣译,上海:上海译文出版社,1988年。

80.[英]马林诺夫斯基:《文化论》,费孝通译,北京:华夏出版社,2002年。

81.[英]帕默尔:《语言学概论》,李荣等译,北京:商务印书馆,2013年。

82.[英]史密斯:《人类史》,李申等译,北京:社会科学文献出版社,2009年。

83.[英]斯图尔特:《解析全球化》,王艳莉译,长春:吉林人民出版社,2003年。

84.[英]休谟:《人性论》,关文运译,北京:商务印书馆,1982年。

85.中央教育科学研究所比较教育研究室编译:《人的发展》,北京:教育科学出版社,1989年。

四、报刊文章

1.崔新建:《文化认同及其根源》,《北京师范大学学报》(社会科学版),2004年第4期。

2.郭华:《新课改与"穿新鞋走老路"》,《课程·教材·教法》,2010年第1期。

3.郭景萍:《情感文明建设:情感控制与情感赋权》,《广东社会科学》,2009 年第 2 期。

4.郭景萍:《情感文明理论的社会学研究探微》,《学术研究》,2009 年第 3 期。

5.郭景萍:《试论情感文明的四个基本维度》,《社会科学》,2010 年第 6 期。

6.郭景萍:《试析情感文明结构的四个基本层次》,《湖南师范大学社会科学学报》,2010 年第 6 期。

7.郝文武:《实现三维教学目标统一的有效教学方式》,《教育研究》,2009 年第 1 期。

8.李恒威等:《表征与认知发展》,《中国社会科学》,2006 年第 2 期。

9.李恒威等:《"第二代认知科学"的认知观》,《哲学研究》,2006 年第 6 期。

10.林崇德、李庆安:《青少年期身心发展特点》,《北京师范大学学报》(社会科学版),2005 年第 1 期。

11.刘渊、邱紫华:《维柯"诗性思维"的美学启示》,《华中师范大学学报》(人文社会科学版),2002 年第 1 期。

12.庞学铨:《新现象学的情感理论》,《浙江大学学报》(人文社会科学版),2000 年第 5 期。

13.裴庆先:《情感是教学产生最佳效果的保证》,《教育探索》,1996 年第 5 期

14.彭凯平等:《道德的心理物理学:现象、机制与意义》,《中国社会科学》,2012 年第 12 期。

15.齐先海:《主观能动性的机制与特征试探》,《湖南师范大学社会科学学报》,1990 年第 5 期。

16.盛群力等:《界定三维教学目标之探讨》,《课程·教材·教法》,2010 年第 2 期。

17.史华罗:《中西的情感文明截然不同》,《社会科学报》,2014 年 12 月 11 日。

18. 孙亚斌等:《共情中的具身模拟现象与神经机制》,《中国临床心理学杂志》,2014 年第 1 期。

19.汪丁丁:《复杂秩序涌现与现代世界诞生》,《读书》,2013 年第 11 期。

20.王策三:《关于课程改革"方向"的争议》,《教育学报》,2006 年第 2 期。

21.王洪波:《感悟大自然的奇迹》,《中华读书报》,2000 年 7 月 26 日。

22.王平:《道德教育认识论基础的反思与重建——中西比较的视角》,《湖南师范大学教育科学学报》,2014 年第 3 期。

23.王平:《情感教育:一个关乎生活幸福的教育命题》,《教育理论与实践》,2014 年第 28 期。

24.王平:《寓德于情,以爱育人——专访情感教育研究的开拓与实践者朱小蔓教授》,《教师教育研究》,2014 年第 3 期。

25.杨宁:《儿童早期发展与教育中的身体问题》,《学前教育研究》,2014 年第 1 期。

26.叶澜:《世纪之交中国学校教育文化使命之思考》,《天津市教科院学报》,1996 年第 5 期。

27.张清华:《"底层生存写作"与我们时代的诗歌伦理》,《文艺争鸣》,2005 年第 3 期。

28.之光:《国外情感教学理论的发展及其启示——对教学过程本质的再认识》,《教育科学研究》,1987 年第 2 期。

29.朱松峰:《狄尔泰为海德格尔"指示"了什么——关于生活体验问题》,《江苏社会科学》,2006 年第 3 期。

30.朱小蔓等:《关于负责任的道德主体如何成长的一种哲学阐释》,《全球教育展望》,2011 年第 2 期。

31.朱小蔓等:《今天,我们如何认识苏霍姆林斯基教育思想——朱小蔓与乌克兰教科院院士苏霍姆林斯卡娅对话》,《中国教育报》,2005 年 3 月 10 日。

32.朱小蔓等:《情趣教育:一种有意义的情感教育探索》,《中国教育学刊》,2014 年第 4 期。

33.朱小蔓、朱永新:《中国教育:情感缺失》,《读书》,2012 年第 1 期。

五、外文文献

1.Anthony Giddens. *Modernity and Self-Identity:Self and Society in the Late Modern Age*[M]. Stanford:Stanford University Press,1991.

2.Anthony Giddens. *The Consequences of Modernity*[M].Stanford:Stanford University Press,1990.

3.Cornelius,R.R.*The Science of Emotion:Research and Tradition in the Psychology of Emotion*[M].Upper Saddle River,NJ:Prentice-Hall,1996.

4.Denzin,N.K.*On Understanding Emotion*[M]. San Francisco:Jossey-Bass,1984.

5.Fredric Jameson. Postmodernism, *Or, The Cultural Logic of Late Capitalism*[M]. Durham:Duke University Press,1991.

6.Hargreaves,A. *Changing Teachers, Changing Times* [M]. London:Cassell,1994.

7.Hargreaves,A. *Emotional Geographies of Teaching* [J].Teachers College Record,2001a,(6).

8.Hargreaves, A. *The Emotional Practice of Teaching* [J]. Teaching and

Teacher Education, 1998a (14).

9.Hillman, J. *Emotion*[M]. London: Routledge & Kegan Paul, 1960.

10.Jean Baudrillard. *The Mirror of Production* [M]. Translated by Mark Poster, St. Louis, Mo: Telos Press, 1975.

11.Lakoff, G. & Johnson, M. *Philosophy in the flesh: The Embodied Mind and Its Challenge to Western Thought*[M]. New York: Basic Books, 1999.

12.Linston, D.& Garrison, J. *Teaching, Learning, and Loving: Reclaiming Passion in Educational Practice*[M]. New York: Routledge Falmer, 2003.

13.Norman, S.J. *The Human Face of School Reform* [J]. National Forum of Educational Administration and Supervision Journal, 2001(18E).

14.Pritcharal, M.S. *Reasonable Children: Moral Education and Moral Learning*[M]. Lawrence: University Press of Kansas, 1996.

15.Roland Barthes. *Elements of Semiology*[M]. Translated by Annette Lavers and Colin Smith, London : Jonathan Cape, 1967.

16.Sutton, R.E.& Wheatley, K.F *.Teachers' Emotions and Teaching: A Review of the Literature and Direction for Future Research* [J]. Educational Psychology Review, 2003, 15(4).

17.Zygmunt Bauman. *Intimations of Postmodernity*[M]. London: Routledge, 1992.

18.Zygmunt Bauman. *Postmodern Ethics*[M]. Oxford: Basil Blackwell, 1993.

后　记

　　长期以来,对于"知识如何教"这一问题,在实践和理论上都积累了不少经验与成果。但是情感可以教吗? 如果可以,如何教才更有效? 这是自跨入情感教育领域学习研究以来,常常被同行以及一线教师问及的问题,也是一直困惑我的问题。尽管近年来随着神经科学、脑科学、心理学等学科的发展,对情感重要性以及情感的认识和了解都比过去更加深入,但是如何基于这些研究结论,进行更深入的教育学视野中的情感教育研究,开展更高质量的情感教育实践?

　　诚然,与"教知识"不同的是,情感之教的确有很多独特性,比如重视情境、体验、参与,强调教师和学生的移情能力、情感辨识能力等。但是倘若我们对"认知"作更深入的理解就会认同"认知不等同于理智认知"这一观点。多元智能理论早就已经表明,人的智能是多方面、多维度的。在人身上,既不存在剥离感性的所谓纯粹认知,也不存在脱离认知的感性,感性与知性共同构成并支撑起一个整全的人。作为人之存在的表征,情感(Affection)之中包含着感性和知性,二者在情感教育中互为影响、彼此交织。情感教育的目的就是要最大化发挥人的理性认知和感性体验在生命成长中的共同作用,呼吁以完整的教育培养完整的人。关于这一点,朱小蔓教授在其《情感教育论纲》中已经作了开创性地论证和阐释。然而由于种种复杂的原因,情感教育一直到今天仍然很难被人们完全理解。认知主义的理性逻辑、方法仍然是看待和处理儿童成长、教育的主要甚至是唯一视角;人的情感依然被等同于感性进而被作为知识教学的附庸。特别是在认识和思维层面上,还比较难真正做到用整体性的视角看待人的发展。

　　当然,情感又的确有其"非理性"的一面,完全清晰明白的情感也就不再是情感。苏霍姆林斯基说,情感是不能命令的。同样的道理,在一定意义上,情感也是不能书写甚至是难以研究的。由于这一认识,几年前,我在和朱小蔓教授谈起这一问题时,曾经也轻狂而又草率地认为情感教育具有浪漫主义的色彩。对此,先生虽不完全赞成,但她也认同,情感和情感教育是具有模糊性的,并且正是这种模糊性,使得情感教育更具有活力、富有魅力。

　　正是基于这些看起来令人纠结的状况,从教育哲学的视野对"情感"和"情感教育"作更清晰的"澄明"与阐释,就成为一个不得不面对的、令我痴迷的情感教育的认识论问题。在本书中,我尝试从对情感结构的剖析入手,逐渐引入对情感教育原理的思考,希望通过这一过程,层层深入,为认识论层面更加深入、微观地理解情感和情感教育,作一些探索性的工作。

　　将与人的心理和精神世界密切相关的情感及其培育作为研究的核心,需要的不仅仅是知识,还要有丰富的人生阅历和情感修养。教育学研究在很大程度上就是在考验研究者自身的生命和生活经验。而无论在哪一个方面,我都深知自己的欠缺与不足。研究过程常常需要兼顾情感的"清晰"与"模糊"状态,并在二者之间穿梭思考,心理上的困顿、迷茫甚至怀疑都常常伴随着我,写作过程备尝艰辛。研究中存在的诸多肤浅和缺憾,既是一种客观的存在,也构成我个人真实的情感体验,只能用更多的努力和敬畏之心去完善和弥补。

更为遗憾的是，在短短几年的时间内，恩师朱小蔓先生已经永远地离开了我。那些在先生身边读书、讨论学问的日子，永远地一去不复返了，留下的只有对她无尽的思念。而如果要说本书还有一些有价值的地方的话，那都要归功于我的恩师朱小蔓先生。老师在情感教育研究和实践领域几十年的思索与积累，为我的研究提供了很多有益的启发和无比珍贵的基础与财富。与先生相遇，是我一生的幸运与幸福。十几年耳濡目染老师的为人、为学，老师对生命的尊重、对学术的严谨、乐观的人生信念、强烈的使命感、润物无声的育人方式，都体现了一位长者和学者的人文情怀和高尚品质，让我仰慕，令我感动。老师于我恩重如山、情深意笃。在我心里，老师既是严师，也是慈母，在老师面前，我经常是"失语"的，但也常常是快乐的，情感与精神上的共鸣都使我不用为自己的不善言辞感到着急和尴尬。和老师在一起我从来不需要伪装什么，可以尽情地像孩子面对母亲一样，展现自己天真甚至常常是幼稚的一面。与老师的交往常常带给我厚重的历史感、随性的惬意感。老师本身就是一本书，从她身上看到的是人生的智慧、学术的执着信念与对生活的勇气。

我还要感谢冯建军教授、顾建军教授、程天君教授、刘慧教授、高伟教授、郑汉文博士、檀传宝教授、袁桂林教授、王啸教授、朱旭东教授、石中英教授、康永久教授、黄霍教授、佐藤学教授、奥里亚教授、卢乃桂教授、宁虹教授等诸多师长长期以来直接或间接给予我的关心和点拨。感谢我现在的工作单位南京师范大学以及教育科学学院、道德教育研究所的领导和同事们的关心和帮助。特别感谢李敏师姐在本书出版过程中给予的帮助，感谢天津人民出版社武建臣编辑在本书出版、编辑中的热心支持和严谨、细致的工作，他的努力和投入，让本书增色不少。

最后，感谢我的家人，没有他们在背后默默地奉献、支持，我不仅难以专心完成写作任务,也无法直观酸甜苦辣的情感世界。人因为情感而成其为人,也因为情感而体验生活、获得意义。但愿对于情感的研究和实践,能够让我们增加对生活的勇气和信心,追求并努力"诗意地栖居"于大地之上。

王 平

2023 年 10 月谨识于南京